Der Berliner Sänger und Schauspieler Klaus Hoffmann, Jahrgang 1951, arbeitet zur Zeit an einem Drehbuch und seinem neuen Album «wie tanzt man ‹Paso Doble›». Klaus Hoffmann, der in Berlin und Hamburg Theater spielte, feierte seinen Durchbruch 1976 in der Rolle des Edgar Wibeau in der Verfilmung des Plenzdorf-Romans «Die neuen Leiden des jungen W.». Während er sich früher stärker mit Vertretern des französischen Chansons wie Jacques Brel und Serge Reggiani auseinandersetzte, beschäftigte er sich in den letzten Jahren intensiv mit den ‹cantantori› wie Lucio Dalla und Paolo Conte und Song-writern wie Joni Mitchell und Suzanne Vega.

Discographie

Klaus Hoffmann RCA 26.21574/24.21574 MC. *Was bleibt* RCA 26.21798/24.21798 MC. *Ich will Gesang, will Spiel und Tanz* (2) RCA PL 70017/PK 70017 MC. *Was fang ich an in dieser Stadt* RCA PL 70653/PK 70653 MC. *Westend* RCA PL 28399/PK 28399 MC. *Ein Konzert* (2) RCA PL 28405/PK 28405 MC. *Veränderungen* RCA PL 28490. *Ciao bella* RCA PL 70225/PK 70225 MC. *Morjen Berlin* RCA PL 70851/PK 70851 MC. *Wenn ich sing* (2) RCA PL 71128/PK 71128/PL 7085. *Klaus Hoffmann* Virgin MC 408500630/CD 258500222/LP 208500630.

Von Klaus Hoffmann liegt als rororo-Band vor: «Wenn ich sing. Tschangzongs, vastehste?» mit einem Porträt von Alice Franck (Bd. 5754/1986)

Auszeichnungen:
1976 «Goldene Kamera» («Die neuen Leiden des jungen W.»)
1977 «Bambi» («Die neuen Leiden des jungen W.»)
1978 Kleinkunstpreis in der Sparte «Chanson»
1980 Schallplattenpreis der Deutschen Phonoakademie e.V. («Westend»)

In Liebe

Von Herz nach Schmerz

Gedichte, Lieder und Geschichten

Herausgegeben von Klaus Hoffmann

rororo

Rowohlt

rororo panther
herausgegeben von Alice Franck
Umschlaggestaltung Dieter Wiesmüller

Originalausgabe
Veröffentlicht im Rowohlt Taschenbuch Verlag GmbH,
Reinbek bei Hamburg, Dezember 1988

Gesetzt aus der Garamond (Linotron 202)
Gesamtherstellung Clausen & Bosse, Leck
Printed in Germany
1280-ISBN 3 499 12448 3

Danke, Malene und Alice!
'nen dicken Kuß für Eure Hilfe!

Inhalt

ZWISCHEN DEN LAKEN

IN LIEBE!

JE LÄNGER, JE LIEBER

EIN HAUS ZU BEWOHNEN

ADIEU UND VIEL GLÜCK!

IN LIEBE

Vorspiele, Nachspiele

Ich mag keine Vor-Worte.

Wozu sind Vorworte wichtig, wenn es doch gleich losgehen kann. Vorworte, Einleitungen erinnern mich immer an die Zeit der Pubertät. Wunderbare, elende Jahre, die bis heute andauern. *Himmel und Hölle* und immer wieder mein alter Hunger nach... Na ja, *je länger, je lieber...!*

Momente in Autokinos, Erinnerungen an Imbißhallen und Ramschbuden, wo wir in kneifende Jeans gepreßt Schwachsinn stammelten, 'nen Stones-Titel auf den Lippen, Schlaghosen – und alles überspielten an Gefühlen, an Innerlichkeiten. Whow! Vorspiel hieß das damals. *Sehnsucht*. Petting. *Erste Lieben*. Ohne Nachspiel...?

Vorspiele, Nachspiele. Das war mehr Nahkampftraining für Boxer. Da war viel Wind in den Segeln der trunkenen Schiffe, oder besser, das war einfach 'ne harte Zeit für uns, die wir erwachsen werden mußten. Von heute auf morgen.

Ich sehnte mich immer nach etwas ganz anderem. Nach 'ner echten Erlösung. Doch die blieb aus. Wir guckten, grapschten, knutschten, rochen, fühlten – aber was kam dann? Runter vom Abenteuerspielplatz der ersten Berührungen, *Umarmungen* und ab nach Hause. Wohin mit all dem Verlangen? Nicht schwänzeln, sonst setzte es was!

Ich war kein Held. Mutig war ich nicht. Hatte Angst vor Strafen, war immer pünktlich. Beachtete die Spielregeln im grauen Einerlei einer Welt von Erwachsenen so gut es eben ging. Eigene hatte ich nicht.

Zurück blieben ein paar Flecken auf der Hose, eine große Schuld im Herzen, der pochende Puls.

Das war mein Vorwort. Harte Sache, kein Spiel. Keine Erlösung.

Auf dem Bett lag ich dann abends, hatte so meine Sehnsucht, wußte auch wonach. Nach Nähe, nach Zärtlichkeit, nach süßen Worten eines verdammt gut aussehenden amerikanischen College-Girls, mit dicken Dutteln und langem schwarzen Haar. Die dann sagen sollte, eng an eng, «Du bist so lieb, mein Toller, mach mich glücklich, ich will es auch tun».

Nichts dergleichen. Nur das stete auf und ab der rechten Hand. Im Schummerlicht einer Taschenlampe, unter der Decke, *zwischen den Laken*, mit der alten Angst im Bauch entdeckt zu werden.

Nein, bitte kein Vorwort mehr. Keinen Nachsatz, keine klugen Reden. Schon gar nicht ‹in Liebe›.

Wenn ich das schon lese: Liebe. Ist doch kalter Kaffee, Schnee von gestern! Wen interessiert das heute noch? Zahlt sich nicht aus, schafft nur Magengeschwüre und hinterläßt hektische Flecken auf der Stirn.

Einer schrieb mal «Liebe gibt's nur im Kino».

Ja, das war Liebe. Hab ich gesehen. Zum Beispiel in den Fuzzy-Jones-Filmen, in denen der weiße Reiter die schöne Lady vor Gott und ihrer Welt bewahrt. Das war noch echte Liebe. Das sah doch jeder. Wie sich der Typ für die kühle Blonde abrackerte, dabei aber immer frisch, anständig und gut gebügelt, eben pflegeleicht. Das war Liebe. *Da hatte ich mein Leben noch vor mir.*

Zu Hause ging's nicht weiter. Wo gab's denn das Lieben im Übermaß? Obwohl wir liebten. So gut es eben ging. Unvollkommen. Jeder gegen jeden. Wer hatte denn von den Alten lieben gelernt? Nach all den deutschen Niederlagen, den vermeintlichen Siegen. Preußisch verzogen, mit eisernen Herzen, ohne große Regungen oder Gefühle. Hacken zusammen und durchgestanden. Dann war die Woche wieder um. Wo war da Platz für Liebe?

Und doch... Wenn jeder mal für sich war. Raus aus dem offiziellen Programm. Weg von der Rolle: des Geldanschaffers, der Mutter, Haushälterin, Verlierer, Jäger oder Kindfrau. Dann sah ich so was wie Liebe, spürte dies eigentümliche Ding. In den Augen sah ich's, in den Händen las ich's. Da kam es rüber. Ohne Kontrollen und ohne Zensur. Wie Kinder waren wir da. Feierten ein Fest. Unser Leben. Mit diesem Glitzern in den Augenwinkeln, mit Fox und Likörchen, ohne Last und doppelten Boden. Allein waren sie dann, einzeln und frei.

Da hab ich die Liebe gesehen.

Will nicht sagen, daß wir uns keine Mühe gaben. Aber fürs Lachen, für die warmen Umarmungen war selten Platz. Jeder war einfach außerordentlich beschäftigt. Mit Kommen und Gehen. Und dann noch das Finanzamt im Nacken. Da blieb wenig Zeit.

Und unsere Gesten wurden immer ärmer, immer kleiner, weniger. *Ein Haus bewohnen* – das wollten sie, diese Erwachsenen. Aber vor lauter Plackerei verpaßten sie den Einzug.

Genug!

Heute stolpere ich, als Hauptdarsteller meiner Geschichte, durch meine *Filme, die alten und neuen.* Voller *Happy-Ends. Frauen-Romanzen und Männer-Geschichten.* Und will das Drehbuch meines Lebens neu schreiben.

Aha!

Völlig anders soll es werden, als die Alten uns lehrten.

Soso!

Besser. Großzügiger. Mit viel mehr Leben und leben lassen. Mit Spiel und Spaß und Lachen, Weinen und all den wunderbar, schrecklichen Gefühlen. Und vor allem mit Liebe. Will ich, ja, ich will...

Jaja!

Das Glück kennt nur Minuten, sang die Knef. Der Rest ist Warteraum. Ach, Mann. Ging es doch leichter. Was weiß ich von der Liebe? Was weiß ich von den Männern und den Frauen? Was heißt denn das: Küssen, Kosen? Was ist denn das: Nähe und Distanz?

Kommt es dicke, kommt's mal ganz nah, dann schlägt doch immer noch mein Boxerherz. Dann spiel ich den weißen Reiter. *Sentimental Journey.*

Schreib was...

Es gibt sie doch, die Liebe!

Ich sah sie auf der Straße. Manchmal unter Fremden. In den Augen der Alten und Kinder. Bei den Huren, den Gauklern und all den Verrückten. Sogar im Gesicht eines guten Feindes hab ich sie gesehen, die Liebe.

Und meine Liebste und ich, wir glauben noch dran. Wir üben uns im Sehen. Täglich, doch vor lauter Wald...

Doch, doch.

Aber ich kann die Liebe nicht halten. Will ich sie besitzen, fliegt sie mir auf und davon. Wie ein kleiner Vogel.

Das ist mein Pech. Sie ist einfach nicht zu halten. Und, ist sie einmal fort, bleibt mir nur wieder dieses alte Verlangen, meine Sehnsucht. Wie damals unter der Decke. *Zwischen den Laken.* Ohne Happy-End.

Keine Erlösung. *Dann bin ich der, den du vergessen hast.*

Diese dumme, alte Sehnsucht nach dem Engel, der kommen und sagen soll «Du bist so lieb, mein Toller. Mach mich glücklich, ich will es auch tun». *Adieu und viel Glück!*

IN LIEBE

Klaus Hoffmann

DU HAST DAS LEBEN NOCH VOR DIR

Emil Ajar

Du hast das Leben noch vor dir

Ich kann Ihnen gleich schon als erstes sagen, daß wir zu Fuß im sechsten Stock gewohnt haben und daß das für Madame Rosa bei all den Kilos, die sie mit sich rumschleppte, und nur zwei Beinen ein richtiger Grund für ein Alltagsleben war, mit allen Sorgen und Mühen. Daran hat sie uns immer erinnert, wenn sie sich nicht gerade anderweitig beklagte, denn sie war auch noch Jüdin. Außerdem war ihre Gesundheit nicht die beste, und ich kann Ihnen gleich schon zu Anfang sagen, daß sie eine Frau war, die einen Aufzug verdient hätte.

Ich muß so drei Jahre alt gewesen sein, als ich Madame Rosa zum erstenmal gesehen habe. Vorher hat man nämlich keine Erinnerung und lebt in der Unwissenheit. Mit vier oder fünf Jahren habe ich aufgehört, unwissend zu sein, und manchmal fehlt mir das.

Es gab noch viele andere Juden, Araber und Schwarze in Belleville, aber Madame Rosa mußte die sechs Etagen allein hinaufkraxeln. Sie hat gesagt, daß sie eines Tages im Treppenhaus sterben würde, und alle Kinder fingen an zu heulen, weil man das immer tut, wenn jemand stirbt. Wir waren mal sechs oder sieben, mal noch mehr da drin.

Am Anfang habe ich nicht gewußt, daß Madame Rosa sich nur um mich kümmerte, um am Monatsende eine Geldanweisung zu bekommen. Als ich das erfahren habe, war ich schon sechs oder sieben Jahre alt, und es war ein harter Schlag für mich zu wissen, daß ich bezahlt wurde. Ich hatte geglaubt, Madame Rosa würde mich umsonst lieben und wir täten einander was bedeuten. Ich habe eine ganze Nacht deswegen geweint, und es war mein erster großer Kummer.

Madame Rosa hat natürlich gesehen, daß ich traurig war, und sie hat mir erklärt, daß die Familie überhaupt nichts zu bedeuten hat und daß es sogar Leute gibt, die in die Ferien fahren und ihre Hunde daheimlassen, an Bäume angebunden, und daß so jedes Jahr dreitausend Hunde sterben, die um die Liebe von Herrchen und Frauchen gekommen sind. Sie hat mich auf die Knie genommen und mir geschworen, daß ich das Liebste wäre, was sie auf der Welt hätte, aber ich habe sofort an die Geldanweisung gedacht und wieder losgeheult.

Ich bin hinuntergegangen in die Kneipe von Monsieur Driss und habe mich vor Monsieur Hamil gesetzt, der in Frankreich ambulanter Teppichhändler war und über alles Bescheid weiß. Monsieur Hamil hat schöne Augen, die allen um ihn herum guttun. Er war schon sehr alt, als ich ihn kennengelernt habe, und seitdem ist er immer älter geworden.

«Monsieur Hamil, warum lächeln Sie denn immer?»

«Ich danke auf meine Weise Gott jeden Tag für mein gutes Gedächtnis, mein kleiner Momo.»

Ich heiße Mohammed, aber alle nennen mich Momo, weil sich das kleiner anhört.

«Vor sechzig Jahren, als ich jung war, habe ich eine Frau kennengelernt, die mich geliebt hat und die ich auch geliebt habe. Das hat acht Monate gedauert, dann ist sie in ein anderes Haus gezogen, und ich erinnere mich immer noch an sie, sechzig Jahre danach. Ich habe zu ihr gesagt: Ich werde dich nicht vergessen. Die Jahre sind vergangen, ich habe sie nicht vergessen. Manchmal hatte ich Angst, weil ich noch viel Leben vor mir hatte, und was für ein Wort hätte ich mir selber geben können, ich, ein armer Mensch, wo doch Gott den Radiergummi in der Hand hat? Aber jetzt bin ich beruhigt. Ich werde Djamila nicht vergessen. Es bleibt mir nur noch sehr wenig Zeit, ich werde vorher sterben.»

Ich habe an Madame Rosa gedacht, ich habe ein wenig gezögert und dann gefragt:

«Monsieur Hamil, kann man ohne Liebe leben?»

Er hat nicht geantwortet. Er hat etwas Pfefferminztee getrunken, der gut ist für die Gesundheit. Monsieur Hamil hatte seit einiger Zeit immer eine graue Jellaba an, damit er nicht in der Weste überrascht wird, wenn er abberufen wird. Er hat mich angesehen und geschwiegen. Er hat bestimmt gedacht, daß ich noch für Jugendliche verboten bin und daß es Dinge gibt, die ich nicht zu wissen brauche. Ich muß damals so sieben, vielleicht auch acht Jahre alt gewesen sein, ich kann es Ihnen nicht genau sagen, weil ich kein Datum mitbekommen habe, wie Sie noch erfahren werden, wenn wir uns besser kennen, falls Sie finden, daß es die Mühe lohnt.

«Monsieur Hamil, warum antworten Sie nicht?»

«Du bist recht jung, und wenn man sehr jung ist, gibt es Dinge, die man besser nicht weiß.»

«Monsieur Hamil, kann man ohne Liebe leben?»

«Ja», hat er gesagt und den Kopf gesenkt, als ob er sich schämen würde.

Ich habe zu weinen angefangen.

Lange Zeit habe ich gar nicht gewußt, daß ich Araber war, weil mich niemand beschimpft hat. Erst in der Schule habe ich es erfahren. Aber ich habe mich nie geprügelt, das tut immer weh, wenn man jemanden schlägt.

Madame Rosa war in Polen als Jüdin auf die Welt gekommen, aber sie hat sich einige Jahre in Marokko und Algerien durchgeschlagen und sprach Arabisch wie Sie und ich. Sie hat auch Jiddisch gesprochen aus denselben Gründen, und wir haben uns oft in dieser Sprache miteinander unterhalten. Die meisten anderen Mieter des Hauses waren Schwarze. Es gibt drei schwarze Wohngemeinschaften in der Rue Bisson und zwei andere, wo sie in Stämmen zusammenleben, wie sie das in Afrika tun. Es gibt vor allem die Sarakollés, die am zahlreichsten sind und die Toucouleurs, die auch nicht von schlechten Eltern sind. Es gibt noch viele andere Stämme in der Rue Bisson, aber ich habe keine Zeit, sie Ihnen alle zu nennen. Die übrige Straße und der Boulevard de Belleville ist vor allem jüdisch und arabisch. Das geht so bis zur Goutte-d'Or, und dann fangen die französischen Viertel an.

Am Anfang habe ich nicht gewußt, daß ich keine Mutter hatte, und ich habe nicht einmal gewußt, daß man eine haben muß. Madame Rosa vermied es, darüber zu sprechen, um mich nicht auf dumme Gedanken zu bringen. Ich weiß nicht, warum ich auf die Welt gekommen bin und was eigentlich genau passiert ist. Mein Kumpel Mahoute, der ein paar Jahre älter ist als ich, hat mir erzählt, daß das nur wegen der hygienischen Verhältnisse ist. Er war in der Casbah von Algier geboren und erst hinterher nach Frankreich gekommen. In der Casbah gab es noch keine Hygiene, und er war auf die Welt gekommen, weil es kein Bidet und kein Trinkwasser und nichts gegeben hat. Mahoute hat das alles später erfahren, als sein Vater sich hat rechtfertigen wollen und ihm geschworen hat, daß es wirklich bei keinem schlechter Wille war. Mahoute hat mir auch gesagt, daß die Frauen, wo sich durchschlagen, jetzt eine Pille für die Hygiene haben, aber er war zu früh auf die Welt gekommen.

Bei uns gab es eine ganze Menge Mütter, die ein- oder zweimal die Woche gekommen sind, aber es war immer nur für die andern. Wir waren fast alle Hurenkinder bei Madame Rosa, und wenn sie für ein paar Monate in die Provinz gefahren sind, um sich durchzuschlagen, sind sie vorher und nachher gekommen, um nach ihren Bälgern zu sehen. So hat das angefangen, daß ich mit meiner Mutter Ärger bekommen habe. Mir schien, daß jeder eine hatte, außer mir. Ich habe richtige Magenkrämpfe und Zuckungen bekommen, damit sie mich besuchen sollte. Auf dem Bürgersteig von gegenüber war ein Junge, der einen Ball hatte, und der hatte zu mir gesagt, daß seine Mutter immer käme, wenn er Bauchweh hätte. Ich habe Bauchweh gekriegt, aber es ist nichts dabei herausgekommen, und dann habe ich Krämpfe gekriegt, auch umsonst. Ich habe sogar überall in die Wohnung geschissen, um aufzufallen. Nichts. Meine Mutter ist nicht gekommen, und Madame Rosa hat mich zum erstenmal einen Araberarsch geschimpft, denn sie war keine Französin. Ich habe sie angebrüllt, daß ich meine Mutter sehen will, und wochenlang habe ich überall hingeschissen, um mich zu rächen. Madame Rosa hat schließlich zu mir gesagt, wenn ich so weitermache, würde ich in ein Fürsorgeheim kommen, und da habe ich's mit der Angst gekriegt, weil das Fürsorgeheim das erste ist, was man den Kindern beibringt. Ich habe weiter geschissen, aus Prinzip, aber das war kein Leben mehr. Wir waren damals sieben Hurenkinder bei Madame Rosa in Pension, und alle haben angefangen, um die Wette zu scheißen, denn Kinder sind die schlimmsten Konformisten, und überall lag so viel Kacke herum, daß ich dabei gar nicht weiter auffiel.

Madame Rosa war schon so alt und schwach, und sie bekam das in den falschen Hals, weil sie schon als Jüdin verfolgt worden war. Sie kraxelte ein paarmal am Tag mit ihren fünfundneunzig Kilo und ihren zwei Beinen die sechs Etagen rauf, und wenn sie reinkam und die Kacke hat gestunken, hat sie sich mit allen ihren Paketen in ihren Sessel fallen lassen und angefangen zu heulen, denn man muß sie verstehen. Die Franzosen sind fünfzig Millionen Einwohner, und sie hat gesagt, wenn sie es alle so gemacht hätten wie wir, dann hätten es die Deutschen nicht ausgehalten und wären gleich abgehauen. Madame Rosa hatte Deutschland während des Krieges gut kennengelernt, aber sie war wieder zurückgekommen. Sie ist reingekommen, hat die Kacke gerochen und hat angefangen zu schimpfen: «Das ist Auschwitz! Das ist Auschwitz!» denn sie war nach Auschwitz deportiert worden, wo die Juden waren. Aber was die Rasse betrifft, war sie immer sehr korrekt. So hat es bei uns zum Beispiel einen kleinen Moses gegeben, zu dem sie dreckiger Araberarsch gesagt hat, zu mir aber nie. Ich hatte das damals nicht so mitgekriegt, daß sie trotz ihres Gewichts zartfühlend war. Ich habe schließlich mit dem Scheißen aufgehört, weil doch nichts dabei rausgekommen ist und meine Mutter sich nicht sehen gelassen hat, aber ich habe noch lange Zeit Krämpfe und Zuckungen gehabt, und selbst jetzt bekomme ich manchmal noch Bauchweh davon. Ich habe angefangen, in den Läden zu stibitzen, eine Tomate oder eine Melone in der Auslage. Ich habe immer gewartet, bis jemand hinschaut, damit man es sieht. Wenn der Inhaber herauskam und mir einen Klaps gab, habe ich zu heulen angefangen, aber er hatte sich wenigstens für mich interessiert.

Einmal habe ich vor einem Lebensmittelgeschäft gestanden und in der Auslage ein Ei gestohlen. Die Inhaberin war eine Frau, und sie hat mich gesehen. Ich habe überhaupt lieber dort gestohlen, wo eine Frau war, denn daß meine Mutter eine Frau war, war das einzige, was ich genau wußte, es geht nicht anders. Ich habe ein Ei genommen und es in die Tasche gesteckt. Die Inhaberin ist gekommen, und ich habe gewartet, daß sie mir eine klebt, um so richtig aufzufallen. Aber sie hat sich neben mich gehockt und hat mir über den Kopf gestreichelt. Sie hat sogar gesagt:

«Bist du aber niedlich!»

Zuerst habe ich geglaubt, daß sie auf die Gefühlstour ihr Ei wiederhaben wollte, und ich habe es fest in der Hand behalten, die tief in meiner Tasche steckte. Sie hätte mir zur Strafe ja einen Klaps geben können, jedenfalls hat das eine Mutter zu tun, wenn sie einen erwischt. Aber sie ist aufgestanden, ist an den Ladentisch gegangen und hat mir noch ein Ei gegeben. Und dann hat sie mich geküßt. Für einen Augenblick überkam mich eine Hoffnung, die ich Ihnen nicht beschreiben kann, weil es das nicht gibt. Den ganzen Morgen lang habe ich mich vor dem Laden herumgedrückt und gewartet. Ich weiß nicht, auf was ich gewartet habe. Manchmal hat mir die Frau zugelächelt, und ich bin weiter da stehen geblieben mit meinem Ei in der Hand. Ich war sechs Jahre alt oder so ungefähr, und ich habe geglaubt, es wäre fürs Leben, dabei war es nur ein Ei. Ich bin nach Hause gegangen und habe den ganzen Tag Bauchweh gehabt, Madame Rosa war auf der Polizei wegen einer falschen Zeugenaussage, um die Madame Lola sie gebeten hatte. Madame Lola war ein Transvestit aus der vierten Etage, die im Bois de Boulogne arbeitete und einmal Boxmeister im Senegal gewesen ist, bevor sie übers Meer kam, und sie hatte einen Kunden im Bois niedergeschlagen, der als Sadist an die falsche Adresse geraten war, denn er konnte das ja nicht wissen. Madame Rosa war als Zeugin aussagen gegangen, daß sie an diesem Abend mit Madame Lola im Kino war und daß sie danach zusammen Fernsehen geguckt hätten. Ich werde Ihnen noch mehr über Madame Lola erzählen, das war wirklich eine Person, wo nicht so war wie die andern, denn die gibt's. Ich habe sie dafür gern gehabt.

Kinder sind alle sehr ansteckend. Ist mal eins da, kommen auch gleich die andern. Wir waren damals zu siebt bei Madame Rosa, davon zwei nur tagsüber, die Monsieur Moussa, der bekannte Straßenkehrer, um sechs Uhr morgens ablieferte, wenn die Straßenreinigung begann, in Abwesenheit seiner Frau, die an irgendwas gestorben war. Er hat sie nachmittags wieder abgeholt, um sich selber um sie zu kümmern. Außerdem gab es Moses, der noch jünger war als ich, Banania, der sich ständig freute, weil er gutgelaunt zur Welt gekommen war, Michel, der vietnamesische Eltern gehabt hatte und den Madame Rosa seit einem Jahr keinen Tag länger behalten wollte, weil man sie nicht mehr bezahlte. Diese Jüdin war eine brave Frau, aber sie hatte ihre Grenzen. Doch die Frauen, die sich durchgeschlagen haben, sind oft weit fortgegangen, wo sie sehr gut bezahlt worden sind und wo die Nachfrage groß war, und sie haben ihr Kind Madame Rosa anvertraut und sind dann nicht mehr wiedergekommen. Sie sind weggegangen und peng. Das sind alles die Geschichten von Kindern, wo sich nicht rechtzeitig haben abtreiben lassen können und wo nicht notwendig waren. Madame Rosa hat sie manchmal in Familien untergebracht, die sich allein gefühlt haben und die eins gebraucht haben, aber das war schwierig, denn da gibt es Gesetze. Wenn eine Frau sich durchschlagen muß, bekommt sie die elterliche Gewalt abgeholt, das ist so wegen der Prostitution. Deshalb hat sie Angst, daß sie ihr Kind verliert und versteckt es, damit es nicht andern gegeben wird. Sie gibt es bei Leuten in Verwahrung, die sie kennt und wo Diskretion gewahrt wird. Ich kann Ihnen gar nicht sagen, wie viele Hurenkinder ich bei Madame Rosa habe kommen und gehen sehen, aber solche wie mich, die für immer da waren, hat es nur wenige gegeben. Am längsten nach mir waren Moses, Banania und der Vietnamese geblieben, der schließlich von einem Restaurant in der Rue Monsieur-le-Prince aufgenommen worden ist und den ich nicht mehr wiedererkennen würde, wenn ich ihm heute begegnen würde, so lange ist das schon her.

Als ich angefangen habe, nach meiner Mutter zu verlangen, hat mich Madame Rosa einen kleinen Wichtigtuer geschimpft, und alle Araber wären so, man gibt ihnen den kleinen Finger, und sie wollen gleich die ganze Hand. Madame Rosa selber war nicht so, sie hat das nur wegen der allgemeinen Vorurteile gesagt, und ich habe genau gewußt, daß ich ihr Liebling war. Wenn ich zu schreien anfing, haben die anderen auch zu schreien angefangen, und Madame Rosa stand da mit sieben Knirpsen, die nach ihrer Mutter verlangten und dabei um die Wette schrien, und sie hat einen regelrechten Anfall kollektiver Hysterie bekommen.

Sie hat sich die Haare gerauft, die sie schon gar nicht mehr hatte, und Tränen vergossen über die Undankbarkeit. Sie hat ihr Gesicht in den Händen versteckt und weiter geheult, aber dieses Alter kennt kein Mitleid. Sogar Gips ist von der Wand gefallen, nicht weil Madame Rosa geweint hat, es waren nur materielle Schäden.

Peter Rühmkorf

Aufwachen und wiederfinden

Also gut, dein Unendlichkeitsfimmel,
also schön, mein Sterblichkeitswahn –
Aber oben im Drehkipphimmel
geht das große Lachstreiben an.

Wie die Liebe entbrennt und sich windet
im zugigen Brautgemach –
Immerzu! was am Abend nicht zündet,
das glüht am Morgen nicht nach.

Solang deine Backen noch rot sind,
immerzu! und die Seufzer beseelt:
Wenn alle Beteiligten tot sind,
ist es gerade dies, was uns fehlt –

Und bin ich ein reisiger Schwalber,
dann verlang nicht nach ewiger Ruh;
aber zähle gerechtigkeitshalber
auch die Stunden d a v o r mit dazu.

Und bin ich der Fliegende Robert,
dann vergiß, was du sonst noch so siehst:
Wie Efeu den Birnbaum erobert
und ein halbes Jahrhundert umschließt –

Der Mond, der skalpierte Apatsche,
sieht schon alles in tieferem Rot,
dich, mich und mein Wehmutsgequatsche
leichthin über Liebe und Tod …

Sich verlieren aus vielerlei Gründen –
Sich verschlucken am letzten Salü –
Und erwachen – und wiederfinden
die Liebste morgens früh –

Hildegard Knef

Für mich soll's rote Rosen regnen

Mit sechzehn sagte ich still: Ich will,
will groß sein, will siegen,
will froh sein, nie lügen.
Mit sechzehn sagte ich still: Ich will,
will alles – oder nichts...

Für mich soll's rote Rosen regnen,
mir sollten sämtliche Wunder begegnen;
die Welt sollte sich umgestalten
und ihre Sorgen für sich behalten.

Und später sagte ich noch: Ich möcht'
verstehen, viel sehen,
erfahren, bewahren;
und später sagte ich noch: Ich möcht'
nicht allein sein – und doch frei sein...

Für mich soll's rote Rosen regnen,
mir sollten sämtliche Wunder begegnen;
das Glück sollte sich sanft verhalten,
es soll mein Schicksal mit Liebe verwalten.

Und heute, sage ich still: Ich sollt'
mich fügen, begnügen,
ich kann mich nicht fügen,
kann mich nicht begnügen,
will immer noch siegen,
will alles – oder nichts...

HAB SO
'NE SEHNSUCHT

Michael Krüger

Postkarte nach Berlin

Manchmal stehen die Menschen hier abends
so still in den Hecken, als wollten sie
Teil werden des toten Grüns.
Sie fallen dir auf, wenn du schon
längst wieder im sorglosen Licht bist;
dann hörst du erschrocken ein Lachen.

Manchmal, wenn ein hartnäckiges Fragen
den Ort der Antwort besetzt hält,
treten aus den stillen Buchseiten Sätze
wie: *Ein Glück bleibt den Besiegten,*
kein Glück noch fürder zu hoffen.
An solchen Tagen muß ich mein Zimmer

eiligst verlassen und in der Finsternis
mich in die dunkle Hecke mischen.
Dort, wenn überhaupt, erhalte ich Antwort,
und manchmal höre ich deine Stimme,
die klagt: wer auch gemeint sei, ich
schnappe sie auf, mich zu retten.

Sarah Kirsch

Zwischenlandung

Wenn es auf Weihnachten geht
kehren die Dichter
zu ihren tüchtigen Frauen zurück
Ach was sind sie das ganze Jahr
über die Erde gelaufen
was haben sie alles gehört was
nachgedacht, ihre Zeitung geschrieben
durch Fabriken gestiegen, den Kartoffeln
brachten sie menschliche Umgangsformen bei, sahn
dem Rauch nach der kriecht und steigt
sie haben alles geschluckt manchmal Manhattan-
Cocktails wegen des Namens, sie verschärften
den Klassenkampf meditierten
über das Abstrakte bei Fischen, bis eines Tags
durch ihre dünnen Mäntel die Kälte kommt
Sehnsucht
nach einem wirklichen Fisch in der Schüssel
sie jäh überfällt und Erinnrung
an die Frau die sich am Feuer gewärmt hat
da bleibt
der Zorn in den großen Städten zurück, sie kommen
mit seltsamen Hüten für ihre Kinder
spüln sogar Wäsche spielen Klavier, bis
sie es satt haben nach Neujahr, da
brechen sie Streit vom Zaun, gehen erleichtert
weg in den Handschuhn von unterm Weihnachtsbaum

Helga M. Novak

große Entfernung

für Józef

ich weiß nicht wer an deinen Schultern
schläft und wessen Blicke
über den Wölbungen deiner Augen wachbleiben
während das Baltische Meer
die Kreide aus den hellen Küsten wäscht

soll ich bis zur Ohnmacht Schildkröten
zählen oder mir bei Mitternacht
Seerosen auf die Brust legen Lotosblumen
wovon die Liebenden sterben

solange wir nicht zusammen sind
werde ich dauernd Salz essen kiloweise
und werde erstarrt zu einer Säule warten
daß es regnet am Japanischen Meer
alsdann werde ich losstürzen
ein salziger Strom
der den Gewässern zueilt die uns trennen

Grace Paley

Liebe

Zuerst schrieb ich dieses Gedicht:

Den Schieferweg des Uniparks entlang
unter dem Quasi-Vollmond   die braunen Eichenblätter
*   rot wie Ahorn*
hab die jungen Leute angeschaut
die reden und sich umarmen
und ihretwegen, dacht' ich, wollt' ich eintauchen
in Erinnerung an Liebe   so   ließ ich mich fallen
*   Schritt für Schritt*
bis meine Füße den Gartenboden
der Vesey Street berührten

Ich sagte meinem Mann, grad habe ich ein Gedicht über Liebe geschrieben.

Prima Idee, sagte er.

Dann sprach er von Sally Johnson vom Winnipesaukee-See, die zwölfeinhalb war, als er vierzehn war. Dann sprach er von Rosemarie Johnson vom Sunapee-See. Dann sprach er von Jane Marston in Concord High, und darauf sprach er von Mary Smythe aus Radcliffe, als er als Lyriker in Harvard lebte. Darauf sprach er von zwei berühmten Lyrikerinnen, einer blonden und einer dunklen, beide schon gestorben, als er insgeheim dichtete, während er eine passable Stelle in einem fensterlosen Büro hatte. Als er zu guter Letzt zu meiner Zeit vorgedrungen war – das sind die letzten fünfzehn Jahre oder so –, sprach er von Dotty Wasserman.

Moment mal, sagte ich. Was heißt hier Dotty Wasserman? Sie ist eine Romanfigur. Sie ist keine lebende Person.

Also gut, sagte er. Und wieso Vesey Street? Was soll denn das?

Nichts Besonderes. Ich war da in diesen Typ verliebt, der Sträucher einkaufte. In der Vesey Street war das Gartenzentrum mitten im Geschäftsviertel der Stadt, damals, als es noch wunderbare Einkaufsgegenden in der Stadt gab. Damals hab ich dort die Kinder ausgefahren, als sie halbschläfrige Kinderwagenbabies waren, manchmal bin ich mit der Fähre nach Hoboken übergesetzt. Jahre später bin ich da dann sonntags Fahrrad gefahren, immer drumherum gefahren. Ich hab ihn sogar ungefähr dreimal gesehen.

Soso, sagte mein Mann. Und wieso kenn ich den Typ nicht?

Pah, die Blödheit der Liebenden. Es geht um dich, sagte ich. Übrigens, was soll der Quatsch mit dir und Dotty Wasserman?

Nicht von Bedeutung. Sie war doch das verrückte Huhn, das immer in den Kneipen herumhing. Aber getrunken hat sie nie. Tatsächlich, weißt du, nur wegen der Männer. Auch ich habe nicht – zuviel getrunken, meine ich. Ich hab nur darauf gewartet, hier und da zu vögeln oder eine zu treffen, um mich bis über beide Ohren in sie zu verlieben.

So romantisch ist er. Manchmal frag ich mich, ob bei diesem unserem häuslichen Leben in den mittleren Jahren – mit zwei Paar Pantoffeln, eins für den Sommer, Sandalenart, und eines für den Winter mit heimeligem Schafwollfutter –, ob es nicht für ihn eine ziemliche Enttäuschung bedeutet, mich zu lieben.

Höflich überbrückte er meine Mutmaßungen. Er sagte, sie war auch diese irre Mutter im Park. Jahre danach, als wir alle mit der Kommunalpolitik zu tun hatten und ich mit Josephine verheiratet war. Dotty und ich waren Delegierte bei dem berühmten Kansas City National Meeting of Town Meetings N. M. T. M. Erinnerst du dich? Tolle Frau.

Nein, sagte ich, stimmt nicht. Man hat sie aufgebaut, pure Erfindung der späten Fünfziger.

Ah so, sagte er, dann muß das danach gewesen sein. Muß sie nachher kennengelernt haben.

Er ist dickschädelig, also ließ ich das Thema fallen und ging einkaufen. Unsere schrumpfende Familie braucht mehr Kaffee, mehr Eier, mehr Käse, weniger Butter, weniger Fleisch, weniger Orangensaft, mehr Grapefruits.

Und als ich die Straße runterlief, ohne auch nur einen Nachbarn zu treffen, summte ich eine kleine Raufrunter-Melodie, und mit Hilfe meines braven Kundschafter-Hirns legte ich mich weiter mit der Zeit an. Hier war ich also, um die alte Welt der Vesey Street wieder zu erleben, atmete mit weit größerer Aufmerksamkeit als üblicherweise am Spätvormittag ein und aus – alles der Liebe wegen. Vermutlich. Interessant das Gleiten von den echten erinnerten Gespenstern zu den prägnant erfundenen Gestalten: Mein Gott, dachte ich, der Geliebte ist Wirklichkeit. Das Herz des Geliebten schlägt weiter. Seine Art von Reklame, von Geburt an.

Ich kam am hiesigen Buchladen vorbei, der gut lief, nicht ohne *The Joy of All Sex* als Stütze seiner Prosperität. Der Buchhändler schenkte mir, der verläßlichen Kundin weniger angepriesener Bücher, ein liebevolles Lächeln. Er hatte großen Erfolg. (Er wußte nicht, daß drei Jahre später seine Miete verdreifacht und er als trauriger Versager dastehen würde, und der Hauseigentümer, ein ausgefuchster Unternehmer, Stern am mikroökonomischen Himmel, würde den berühmten Erfolg haben.)

Schon aus der Entfernung eines halben Blocks konnte ich den Kohl in der Kiste des Gemüsehändlers sehen. Eisklümpchen schimmerten an den dunklen Blättern. Mein inneres Gegenbild zeigte mir die Felder meines Mannes im Norden des Landes. Gleich murmelte ich ein neues Gedicht:

In der Gemüsekiste schimmert der grüne Kohl
im Norden des Landes wächst er
süß durch den Frost
dunkel und lockig in einem Garten mit hellbraunem Heu
und leichtem weißem Schnee ...

Leicht weiß – ich sagte es nachsinnend mehrere Male. Plötzlich sah mein äußeres Auge eine gutaussehende Frau, die Margaret hieß und seit zwei Jahren nicht mit mir gesprochen hatte. Wir waren jahrelang politisch einer Meinung, bis irgendwelche Dinge, die mit der Sowjetunion zu tun hatten, uns auseinanderbrachten. In den verärgerten Monaten, als wir beide in vielerlei Dingen recht hatten, zog sie meine beste Freundin Louise in ihr politisches Lager und in ihre tägliche Freundschaft, meine lebenslange Park-, P. T. A.- und Kriegsgegnerfreundin, Louise.

In einem nebelhaften Wirrwarr aus Liebe und großblättrigem Gemüse bemerkte ich Margarets gutes Gesicht, und bevor ich an unsere ernsthaften Auseinandersetzungen dachte, lächelte ich. Im selben Augenblick erkannte sie mich und lächelte. So töricht sind wirklich Liebende, wenn ihre Liebe erwidert wird, daß ich im Vorbeigehen ihre Hand nahm, mich über sie neigte, sie an meine Wange drückte und mit meinen Lippen berührte.

Beim Abendessen beschrieb ich dies alles meinem Mann. Na klar, sagte er. Kennst du das nicht? Das Lächeln war für Margaret, aber eigentlich fehlt dir Louise sehr, und der Kuß war für Louise. Wir sagten beide: Aha! Dann sprachen wir beide darüber, daß das SALT-Abkommen mehr nach unten als nach oben deutete, lasen ein Gedicht, das eine seiner Töchter geschrieben hatte, sahen einen Fernsehfilm, der den Niedergang der europäischen Textilindustrie vor Augen führte, und danach liebten wir uns.

Am Morgen sagte er, weißt du, du bist eine tolle Liebhaberin. Bist du wirklich. Du erinnerst mich stark an Dotty Wasserman.

Christoph Klimke

Siamesische Zwillinge

Wollt ich dich trennen, wär ich dein Tod. Und bin es auch so. Berühr mich, wir kennen uns ja. Von Anfang an das Ende. Ja, schaut nur zu, will liebend euch gehören, dann kennt auch ihr die Nacht. Unser Raum: ein Meter mal zwei Meter. Komm leg dich auf mich. Pflanzen wir uns fort, dann wächst das Holz und brennt die Erde. Bohr deine Augen durch die meinen, daß sie zerfließen. Schließ den Mund zu meinem, die Lippen zerklumpen. Schneid dir ein Ohr ab, bei mir ist's ganz still. Leg dich auf mich und streich durchs Gesicht. Zu Wurzelgeflecht verwachsen, zu Fleischmäandern. Leg meine Hand ins Feuer, da dampft die Haut, verfliegen die Reste, da kreisen die Zungen, flackern wir auf und machen Platz.

Peter Härtling

Alte Liebe

Woher weißt du,
daß meine Knie
schmerzen,
daß Knoten meine
Finger teilen,
daß mir mein Atem
Mühe macht,
wenn ich dich liebe.
Woher weißt du,
daß ich fremd
gehe,
wenn ich heim will?

HIMMEL
UND HÖLLE

Karl Krolow

Himmel und Hölle

Mit Kreide hast du aufs Pflaster geschrieben –
den Himmel hier und die Hölle dort.
Himmel und Hölle: ich könnte dich lieben
an dem einen oder am anderen Ort.

Zwischen den Zähnen die Zungenspitze,
spielst du noch einmal das alte Spiel,
das Straßenspiel in der Sommerhitze.
Himmel und Hölle gelten gleich viel.

Ich sehe ihm zu, dem kindlichen Hüpfen.
Das Paradies und die Hölle sind weit.
Ich spüre dich schon zum Flüchten bereit.
Ich fühle dich unter den Händen entschlüpfen.

Klaus Hoffmann

Für det bißchen Zärtlichkeit

Ick würd die ganze Nacht telefonieren,
ick würd bis 5 Uhr früh noch Kippen ziehn,
ick wär der beim Cognac ohne Raum und Zeit –
für det bißchen Zärtlichkeit.

Ick würd wie 'n krankes Tier zum Wasser gehn,
«bitte» sabbelnd uff der Brücke stehn,
wär der mit dem unbegrenzten Selbstmitleid –
für det bißchen Zärtlichkeit.

Ick würd dich suchen,
würd dich finden,
wäre bei dir,
wäre außer mir,
ick wäre echt für jeden Scheiß bereit –
für det bißchen Zärtlichkeit.

Ick würd vor deiner Tür Wache stehn,
theatralisch uffn Knien gehn
und wär der, der an sich nie verzeiht –
für det bißchen Zärtlichkeit.

Ick wär der Narr, der große Worte baut,
ick wär det Kind, der mit der Schippe haut
und wär der erste, der «verschwinde!» schreit –
für det bißchen Zärtlichkeit.

Bommi Baumann

Wenn die Herren aus dem Hause sind, tanzen die Frauen

Die Frauen sind auch im Swat alle schwarz und verschleiert, bis auf die Nomaden-Frauen und die jungen Mädchen. Aber ansonsten alles unter Verschluß. Allerdings: In den ganz frommen Bergnestern, wo sie vor Frömmigkeit schon ausflippen, kommst du wieder an Frauen ran. Da schlägt es dann um. Der Trick ist folgender: Freitag mittag rennen sie alle in die Moschee. Wenn der Muezzin am Freitag mittag ruft, setzt eine Völkerwanderung ein. Da kommen sie aus allen Winkeln und Häusern und hasten der Moschee entgegen. Und sobald die Männer in der Moschee sind, stehen alle Frauen aus dem Dorf auf den Dächern. Wenn die Kerle weg sind, stehen sie unverschleiert auf den Dächern und pfeifen und grölen runter, wenn du da langläufst. Das habe ich durch Zufall mal beobachtet und daraufhin richtig ausprobiert. Ein paar Schlauköppe unter denen gibt es natürlich auch, die nicht mit in die Moschee gehen und unauffällig pfeifend an der Ecke stehen. Man darf sich eben nicht erwischen lassen. Wenn einer einen anderen im Haus erwischt, legt er ihn auf der Stelle um. Interessiert den gar nicht. Aber bitte schön, wenn man die Nerven hat, kann man in jedes Haus reinrennen.

In ganz Asien ist das so. Die Frauen machen dich zwar an, aber nur, wenn es keiner mitkriegt. Keine Gesellschaft kann eben vollkommen geschlechtslos leben.

In Kafiristan, heute heißt das Nuristan, das ist ein Tal vor dem Swat Valley, leben die Kafiren. Kafir heißt ungläubig. Kafiristan ist also das Land der Ungläubigen. Die haben überhaupt keine Religion und hatten auch nie eine. Das ist ein uralter Stamm. Sie bauen Wein an. Einige behaupten, von Alexander dem Großen abzustammen. Beim Kuhtrieb im Herbst und im Frühjahr werden opulente Feste gefeiert. Alle besaufen sich, und alles fickt kreuz und quer. Die sind überhaupt nicht puritanisch. Die Frauen sind grundsätzlich unverschleiert, obwohl sie auch alle schwarze Kleidung tragen, mit Muscheln und Silber dran. Das sind sehr freundliche Leute. Sie führen kaum Krieg, und Blutrache ist ihnen fremd. Ungemütlich werden sie nur, wenn man an ihre Gräber geht. Sie haben zwar keine richtige Religion, aber einen Ahnenkult.

In Kalam und Uschtrud im Swat, direkt an der russischen Grenze, gibt es zwei uralte sakrale Bauwerke, wahre architektonische Meisterwerke. Wenn du auf die Dinger zugehst, denkst du, da fliegt ein riesiger Baumstamm durch die Luft. Kein Mensch weiß, wer die Dinger gebaut hat. Baumstämme von dieser Größe gibt es auf der ganzen Welt nicht mehr, nicht mal mehr im Himalaja. Die haben einen Durchmesser von ungefähr 20 Metern. Unvorstellbar groß und von oben bis unten mit Schnitzereien besetzt. So ein Baumstamm wird ja nach oben immer schmaler, und sie haben immer nur den Teil mit dem größten Durchmesser genommen, der vielleicht nur 15 Meter lang ist. Das Ganze steht nur auf ein paar Rundhölzern, die sie hochgestapelt haben. Der Stamm balanciert darauf. Von weitem sieht das aus, als ob das Ding in dem Tal irgendwo in der Luft hängt. Die Moslems haben noch ein Holzminarett drangebaut. Das ist neuer, hat auch andere Schnitzereien. Den alten Teil müssen diese Kafiren oder irgend jemand sonst gebaut haben. Der runde Raum unter dem Baumstamm muß irgendwo Versammlungs- oder Kultraum gewesen sein. Dadurch, daß sie Palisaden um diesen ganzen Raum gebaut haben, ist das wie eine Moschee. Die Moslems benutzen das jetzt auch als Moschee. Davor muß es ein Kultraum gewesen sein, sonst hätten sich die Leute nicht diese Wahnsinnsarbeit gemacht, den Baum mit seinem Riesengewicht hochzustemmen.

In den Tälern stehen auch buddhistische Stupas. Swat war mal ein buddhistisches Zentrum. Gleich nach dem Tod von Buddha ist sein Lieblingsschüler ins Swat Valley gezogen und hat dort die ersten buddhistischen Klöster gegründet.

Dieses Gebiet ist noch eine richtige Wildnis. Im Wald gibt es Schneeleoparden, Bären und Wölfe. Die Flüsse sind voll mit Forellen und Lachsen. Auch Adler sieht man, Bussarde, Greifvögel jede Menge. Schlangen. Gott sei Dank nicht so viele, weil es zu kalt ist. Dort herrscht ein ähnliches Klima wie in Deutschland, im Winter ein bißchen kälter und im Sommer ein bißchen wärmer. In der Tribal Area sieht es auch fast aus wie hier. Das Klima ist angenehm und belastet dich nicht, und an die dünne Luft gewöhnst du dich. Aber einmal habe ich in Swat Valley eine Naturkatastrophe erlebt, na schönen Dank auch. Da hat es 48 Stunden geregnet. Da konntest du die Hand nicht mehr vor Augen sehen. 48 Stunden tiefste schwarze Nacht. Das war kein Regen mehr, das waren richtige Sturzfluten. Damals sind zwölf Leute ertrunken und 200 Stück Vieh, weil sie nicht mehr schnell genug in ihr Dorf reingekommen sind. Die vielen kleinen Flußläufe werden plötzlich zu richtigen Strömen, die alles mitreißen. Das ganze Tal verwandelt sich in

Minutenschnelle in eine gewaltige Wassermasse. Wenn du in so einem engen Tal bist, und plötzlich kommt das Wasser, dann bist du verloren.

Swat Valley gehört erst seit 1969 zur Tribal Area. Davor herrschte dort ein König. Das Tal war ein eigenes Königreich.

Den Wali von Swat habe ich mal kennengelernt. Ich wußte gar nicht, daß das der König ist. Da war ich zwei Tage in ein Seitental hochgetrampt, danach ins Hunzatal nach Gilget. Ich war zwei Tage unterwegs, richtiges Trecking durch die Berge. Abends bin ich angekommen. Dort stand ein Haus im Fünfziger-Jahre-Stil, an einen Hang gebaut, mit einer riesigen Panorama-Scheibe, durch die man den K 2, den Nanga Parbat, die ganzen hohen Berge sehen konnte, die höchsten Berge der Welt. Der K 2 ist der zweithöchste Berg, er hat seinen Namen nach einem Vermessungspunkt, der Nanga Parbat der dritthöchste. In dem Haus wohnte ein freundlicher Herr mit einem Schnauzer, der uns zum Tee einlud. Wir haben also Tee getrunken und geredet, Allgemeinsätze, und dann sind wir wieder gegangen. Danach haben uns die anderen erzählt, das er ihr König gewesen ist, der König von Swat. Früher hatte er etwa 300 000 Untertanen. Er hatte auch ein richtiges Schloß mit zwei Kanonen vor Saidu Sharif. Später hat er von selbst abgedankt. Dem war das alles zuviel, seine Leute murrten über ihn. Und jetzt haben sie einen Vertrag mit den Pakistanis geschlossen. Früher hieß die Gegend Malakant, so haben die Engländer sie genannt. Man erreicht sie über einen gewundenen Paß, der nur aus schwarzem Basaltfelsen besteht. Am obersten Punkt liegt das Grab eines Heiligen. Von dort aus sieht man in das Tal von Peshawar und Madan. Der Horizont ist unendlich weit. Hinter dem Grab fährt man noch mal über einen Paß, noch mal ein Fort, dann kommt das eigentliche Tal, wo sich der Weg ins Swat Valley gabelt. Auch dieses Tal haben die Engländer zu erobern versucht und sind dabei zurückgedrängt worden. Nach der Unabhängigkeit haben das die Leute dort über den ganzen Felsen geschrieben: «Churchil's retreat», mit riesigen weißen Buchstaben über den ganzen Berghang. Sie haben Churchill geschlagen.

Auch hier ist jeder bewaffnet, jeder kann mit einer Waffe umgehen. Den Jungs bringen sie schon mit zehn Jahren das Schießen bei. Die Knarren haben sie im Schwarzhandel gekauft oder selbst gebaut. Sie sind darin ziemlich autonom. Auch Munition stellen sie selber her. Oben in Dir gibt es Schmiede, die noch Klingen herstellen können wie die Damaszener, oder Toledo-Klingen. Solche Klingen sind seit Jahrhunderten nicht mehr in Gebrauch. Sie sind völlig biegsam, eigentlich sind das ziemlich lange Messer, mit denen du durch einen Stein schneiden kannst. Das sind schon sagenhafte Klingen. So ein Ding kostet dort über 1000 Dollar. Und dann muß der Schmied dich auch noch mögen. Du mußt mit dem erst dealen und dann noch reichlich Geld bezahlen. Es dauert mehr als eine Woche, so eine Klinge herzustellen. Immer wieder lassen sie sie in Kameldung glühen. In einem europäischen Waffengeschäft kostet sie dann ein paar tausend Mark.

Früher haben sie mit diesen Dolchen auch Kavallerie-Attacken abgewehrt, sich einfach flach auf den Boden gelegt, in jeder Hand ein Messer, und wenn die Pferde gescheut haben, dann sind sie hochgesprungen, haben die Fesseln des Pferdes durchgeschnitten. Als der Reiter runterkam, haben sie ihm mit dem andern Messer die Kehle durchgeschnitten.

Auch hier herrscht Blutrache. Die Leute sind sehr schweigsam. Sie laufen stolz und aufrecht umher.

Wenn ich alles zusammenzähle, war ich über ein Jahr oder noch länger da oben. Ich bin nachher immer den ganzen Sommer über geblieben, wegen des Klimas. Unten in den Tälern ist es einfach zu heiß.

UMARMUNG –
über die Verführung
von Engeln

Rolf Dieter Brinkmann

Ihr kleines Gesicht

Wir saßen an dem kleinen, niedrigen Ecktisch am Fenster. Wir konnten auf den freien Platz vor dem Café sehen, das war der Bahnhof der Straßenbahnen, und die Straßenbahnen fuhren ständig ein, was einem Stolpergeräusch nicht unähnlich war, so, als fiele jemand mit einer Holzkiste hin, rumpelnd, und wenn sie einbogen zur Haltestelle, war es auch ein jedes Mal der kurze, helle Klingelton – beim Anfahren dann war es wie splitterndes Glas, die Räder auf den Schienen wie ein Glasschneider, wobei auch ein bläulicher, phosphorartiger Lichtschnitt an der Stromleitung aufleuchtete. Gegenüberliegend war die eigentliche Innenstadt mit den Hochhäusern, Geschäften, Banken, Verwaltungsgebäuden, von vielen kleineren Büros und dem lärmenden Drängen in den Straßen, Kaufhallen, Kinos, farbige Leuchtschriften, die liefen an den Häuserwänden entlang, auf den Dächern, unaufhörlich im Pulsschlag wechselnd mit Farbskala, ein verwirrender Tanz von Buchstaben und Wörtern, Reklamen, die sich im Auge drehten, aufflammten, erloschen, minutenlang, und doch auch von einer Verzauberung, das war schon entzündet, obwohl es noch nicht einmal richtige Dämmerung war, eher ein Staubiges, das sich langsam niederließ von den Dächern, kam und war da. Das Café war nur mäßig besucht. Ich saß ihr gegenüber, und wir hatten uns lange nicht gesehen, ich sah zu ihr hin, ihr kleines, noch immer kleines Gesicht, beinahe noch Mädchengesicht hob sich von der Fensterfläche deutlich ab, sie hatte sich in dem Sessel zurückgelehnt, hob sich ab von dem Staub und der Dämmerung draußen, die kurz geschnittenen Haare, braun, dünngewölbt die Augenbrauen und ihre schwarznachretuschierten Wimpern, wie sie mir gegenübersaß, der Mund, blaßbelegt mit einem Rouge, klein und rundlich das Kinn, der Hals, wir tranken Kaffee und rauchten, und: – wie lange ist es her –, da waren wir doch noch fast Kinder gewesen, ziemlich jung, siebzehn, ein wenig verwildert auch in unseren Gefühlen, gierig das, Händedruck, Blick, das Ertasten, Körper zueinanderhin beim Küssen, Berührungen mit geschlossenen Augen, die Schwellpunkte genau aber gewußt, das leise Kitzeln dort, und wie ich immer danach die

Erregung meines Geschlechts schamhaft vor ihr zu verbergen gesucht hatte, deswegen Hände in die Hosentaschen geschoben zur Faust geballt und so weiter, Kinder fast noch aber auch schon nicht mehr, und wir sagten alles, was uns damals als einziges wichtig war: daß ich sie liebte, daß sie mich liebte, und wir flogen über die Tierwälder, und in der Sternenschaukel hin und her, ausgestreut mit leichter Hand, Luftballons, was Gedanken waren, schnell und leicht stiegen sie auf und lösten sich im Blau der Nachmittage. Bube sticht Dame aus, dieses Spiel, gedankenlos begonnen, aufgeflogen weil mit falschen Karten gespielt, gesetzt auf Gewinn und verloren, und nun, da sie mir gegenübersitzt Erinnerung. Nur einige Jahre waren vergangen, nicht viele, wir sprachen über dieses und jenes, was unvermeidlich war, sagten: – wie geht es –, und: – was machst du jetzt –, und während wir darüber sprachen, merkte ich, daß ich sie doch schon vergessen hatte. Das Vergessen ist ein Langdauerndes in uns. Wir sagen ein Wort, sprechen es noch aus, während wir doch schon längst den Inhalt verschüttet haben, nur der Klang, der ist auf der Zunge geblieben, ein nicht genau auszusprechender Geschmack, vielleicht lauschen wir noch nach, Worte, die wir nie ganz begriffen hatten, Namen, den wir sagten, bis er wiederholt wird, das ist dann später, wir denken nicht daran, verwenden es und entschuldigen uns noch nicht einmal dafür. Ich sah zu dem Vorplatz hin, die Straßenbahnen fuhren, über den plattförmigen Dächern und über den Leuchtschriften war das Stückchen Himmel und zwischen der Straßenflucht ein hellerer Flecken Licht.

Von welcher farbe war dein rock damals? ich weiß: du trugst einen rock, blau und die weiße bluse, das weiß der bluse (sie war am hals geöffnet) war doch staubig. es war ein heißer augustnachmittag, mitte des monats august vor jahren (aber gar nicht so lange her). hatte ich dich da getroffen?

Da war der hellere Lichtfleck über den Dächern ausgeschüttet, der mit zunehmender Dämmerung – wie mir schien – noch weißlicher geworden war, ein farbloses Weiß, Wiese, es war ein Feldstrich, der Jahrmarkt wurde dort immer abgehalten, drei Tage immer, und die ganze Stadt stand Kopf und schien nicht an Arbeit zu denken, immer um die Mitte des Monats August, nachdem die Äcker und Felder abgeerntet waren, die großen Schulferien hatten kurz vorher geendet, dieser Jahrmarkt: der bunte Geschmack der Zuckerstangen, Lebkuchenherzen und Staub, mit Bratwürstchendämpfen, die immer hungrig machten, und allem Durcheinander, Stimmen, Gesichter, die Losverkäufer, Ausrufer, Schaubuden und Karussells, Boxkämpfer, Tänzerinnen, die Bauchtänze vorführten, Schießbuden, Lachen, Bewegungen, Gerassel von Schellen und Musik, Blechmusik und Schlagern, Kettenkarussells und die Achterbahn und der Zirkus fehlte auch nie, Cowboys, Fakire, Dressuren, Eisbären, Tiger, Elefanten, mit all dem Bettlerpack, besoffen und Postkarten verkaufend, die Besoffenen grölten, immerzu das Biergetrinke, Männer, Frauen, Kinder, besonders das ein großer, prächtiger Zauber für die Kinder, Flitterwelt, sie hatten bunte Papierhüte auf dem Kopf und große Lebkuchenherzen umgehängt –, montags hatten wir schulfrei, wir gingen schon meist am Morgen wieder zum Markt heraus, trieben uns da herum, Glücksspielstände und Spielzeugläden, abends der Lampionreigen, der über die Wege und die Wege entlang gespannt war, Lampions und bunte Lichter, rote, grüne, gelbe und rote Lichter, Glühbirnen, die Musik, aus jeder Ecke Musik, Lachen, Drehorgelmusik, Musik aus den Lautsprechern, dazwischen lagen die Bettler, beinlos und manche auch besoffen, boten den Vorübergehenden mit weinerlicher Stimme Postkarten an, Postkarten oder Schnürsenkel, hielten die Mützen hin zu denen, die vorübergingen. Fuselgeruch, alles verrücktspielend, und wir mittendrin, tobten herum, tranken viel Bier, waren jung, lachend, verstaubt, unrasiert, herumtobend mit den Mädchen, und die Bettler, sabbernd, zeigten ihre Arm- und Beinstümpfe, plumpe Gestalten, Krüppel, Mißgeburten, war das immer ein Markt. An dem schulfreien Tag nachmittags, da sie an der Mondbahn gestanden hatte, da hatte ich sie getroffen, uns gegenüber stand sie mit den anderen Mädchen aus ihrer Schulklasse unter den Lautsprechern hinter dem herzförmigen Aushängeschild. Da kam es rockin'and-rolling heraus: Bill Haley und seine Cometen, see you later, alligator, und sie wippten im Rhythmus mit, und wir sagten den Text mit und lachten, waren schon leicht angetrunken gewesen, Bier und Kornschnaps, welch ein Durcheinander, gröhlten mit, wir waren alle mächtig laut, besaßen diese ganze verrückte Welt für einen Tag und die Mädchen, und mir war sie mit ihrem kleinen Mädchengesicht unter all den anderen Gesichtern aufgefallen, ganz braune Rehaugen, und wir waren scharf auf die Mädchen, die Mädchen an diesem Nachmittag gar nicht prüde, wir luden sie ein, knutschten sie, machten sonst noch was, als das Verdeck zum Ende einer Fahrt heruntergelassen wurde, und die ließen sich das gefallen, bis die Lichter wieder angeschaltet wurden und die Fahrt zu Ende war, das Verdeck hob sich.

– Ich hatte sogar zuerst so etwas ähnliches wie Angst, als du herüberkamst und mich fragtest, ob ich nicht mit dir zusammen eine Fahrt nehmen wolle, ich kam mir da ziemlich dumm vor und während der Fahrt hielt ich mich am Sitz fest, um nicht zu dir herüberzurutschen... sagte sie, wobei sie mich ansah und ich sah an ihr vorbei, das heißt: ihr Gesicht lag auf derselben Ebene wie meine Augen, war vor mir, ich sah aber an ihr vorbei, eine kleine Spanne, nicht viel, nur eine Handbreit entfernt waren wir voneinander, das schon zu weit entfernt war, aber da war der Lichtfleck über dem Platz und der Straßenschlucht, es war gänzlich Abend geworden, der Lichtplatz war leer.

– Du hattest immer zu mir herüber gesehen, oder vielleicht hab ich es mir da auch eingebildet, und dann seid ihr zu uns herübergekommen, und verstanden hab ich überhaupt nichts, das war doch ein Lärm und leise seid ihr auch nicht gewesen, und du hast doch nur darauf gewartet, daß ich zu dir herüberrutschen würde während der Fahrt...

Sie lachte. Sie sagte:

– Das war vielleicht eine Aufregung, ich muß ziemlich in dich verliebt gewesen sein...

Ich sah sie nun an, wie sie mir gegenübersaß und die Zigarette rauchte, die halbleere Tasse vor sich, sah ihren gelben Pullover, nahm die Rundung ihrer Brüste in mir auf, kleine ovale Buchtungen, der Zipfel darauf angedeutet, sie rauchte, ich war ihr gegenüber, ich dachte: – das Karussell mit den weißen Holzpferden, Schwäne, die Mondbahn, es schaukelt uns hin und her, zurück und vorwärts, die Schaukel, in der wir sitzen, Tauben am Morgen, die wir an der Hausmauer entlangstürzen sahen, nur der Schatten, dann für einen Augenblick Zärtlichkeit vertauscht, gefolgt von einer Bestürzung, Bestürzung worüber –, was hatten wir damals gesagt:

– Ich liebe dich.

– Sag das noch einmal!

– Ich liebe dich.

(hatte sie es nicht buchstabiert? hatte ich es verstanden?) das war nicht geflüstert, vielmehr geschrien, weil es so laut war, wir hörten den Lärm und das Lachen um uns herum, das sich drehte, drehte sich auf uns zu, federte zurück, kam neu, flog auf uns zu, zerplatzte, ein Lachen und die Musik, der Lärm, es war auf dem Rummelplatz, aber nicht weit davon entfernt, ein Zimmer, in dem wir atmeten, wir waren Marionetten, tanzten, wir konnten leichter unsere Hände bewegen, zeigten, tanzten, Stoffpuppen, die für Augenblicke lebendig geworden waren, die sprechen konnten, dann war es nicht mehr, einige Wiederholungen, gewiß, doch war es vorbei, die Tanzfiguration war auseinander gefallen, die Augen schließen, sich umarmen, den anderen Körper in sich aufatmen, die Speicheldrüsen werden stärker zu Absonderungen angeregt, Worte, Worte, das war austauschbar geworden.

– Du sagtest damals, daß du mich liebst.

– Ich sagte dir, wie lieb ich dich hatte.

– Was ist das gewesen?

– Es war nichts.

– Du meinst.

– Ich weiß. Was ich damals zu dir sagte, warum sollte ich gelogen haben? Mußten wir nicht alles so sagen, daß du mich liebst, daß ich dich liebe, und du hast geantwortet, und ich hab geantwortet. Zurufe, nichts anderes, was das war, und sag nicht, daß es eine herrliche Zeit war, weil es doch auch oft Anderes war, was dahinter sich verborgen hielt und das wir doch nie sagten, obwohl wir es doch genau wußten.

Ich trank den Kaffee aus. Der Kaffee war kalt geworden. Er schmeckte schal. Plötzlich wußte ich gar nicht, weshalb wir hier saßen und miteinander sprachen. Es war so überflüssig geworden. Wir waren in zwei verschiedene Zeiten eingespannt, zwei verschiedene Zeiten Gegenwart, das zwischen uns sich aufgetan hatte. Es war nichts mehr als nur ein lichter Fleck Taglicht gewesen, der über dem Platz sich nach und nach aufgelöst hatte. Es war nun schon Abend. Wir saßen an dem kleinen, ovalen Tisch am großen Fenster, von wo aus wir auf den Platz sehen konnten. Das Fenster nahm die ganze Wand des Caféraumes ein. Wenn ich meinen Arm nur etwas vorgeschoben hätte, ich hätte sie berühren können, aber das wäre ein fremder Gegenstand gewesen, was ich berührt hätte, wir waren tausend Jahre voneinander entfernt wie jede einzelne Sekunde von der anderen, wir hatten zusammen Kaffee getrunken, saßen uns gegenüber, wir hatten uns unterhalten, wir hatten uns lange Zeit nicht gesehen, es war ein großer Jahrmarkt gewesen, bunt und der Nachmittag, wir hatten uns zufällig wiedergetroffen, und dann: als ich nachher allein an der Haltestelle zurückblieb, die Türen hatten sich mit einem leisen Luftdruck geschlossen, ich konnte noch sehen, als der Wagen langsam anfuhr, wie sie sich die Karte löste bei der Schaffnerin, die Straßenbahn war angefahren, ich drehte mich um und überquerte den Platz, hatte vor mir die breite, helle Fensterwand des Cafés, ging daran vorbei, da dachte ich an ihr kleines Gesicht zurück, halb Mädchengesicht noch, das doch ganz nah gewesen war, und ich erstaunte, daß ich es mir schon nicht mehr vorzustellen vermochte.

Uli Becker

Das wird ja immer schöner

Julietta!
Julietta!!
Julietta!!!

Deine Kinderportion Wäsche, behutsam geborgen
in meiner offenen Faust wie ein Vögelchen,
aus dem Nest gepurzelt, splitterfasernackt
und mutterseelenallein: Die Mama wird's kaum
mehr wollen, jetzt wo's nach Mensch riecht.

Daß deine Lippen aber nicht dünngewetzt sind
wie die Füße unserer Lieben Frau in Lourdes
von der Küsserei! Ich bestaune dich, wie du
so vor mir liegst, ein Buch, das von allein
sich an den entsprechenden Stellen aufschlägt.

Das Erwachen neben dir ist es immer wieder!
Flaum im Nacken und deine eselsmilchige Haut,
der ich den Blick verdanke für was Gips ist
und was Marmor: Zween Schenkel weiß wie Lilien,
mit denen du mich fest in die Arme schließt

und ans Herz drückst, alles Menschenmögliche
an Nähe. Enger zueinanderkommen können nur
der Zirkusdompteur und sein Lieblingslöwe.
Die Lust, eine Sache um ihrer selbst willen
zu tun: Spaß in der Liebe, Ernst im Spiel.

Keine falsche Bewegung! Zum Glück haben wir
die Ruhe weg wie Orangpärchen auf Borneo,
die stundenlang hoch in den Bäumen baumeln
beim süßesten dolce far niente, und natürlich
weit und breit kein Apfel, keine Schlange.

Zwei der dafür so oft bemühten Ertrinkenden,
ein Klammerblues im Strudel, der uns verzehrt?
B. B. or not B. B. – was soll hier die Frage,
bei meiner blonden Butterflocke will ich sein
oder nicht sein: Ich sähe nicht der Mühe Wert.

Rein steuerlich haben wir nichts zu erwarten.
Ob wir es trotzdem machen? Nur für den Spaß,
mit einem Rattenschwanz rappelnder Büchsen
an der Stoßstange im Autokino einzulaufen
und langsam beschlägt von innen das Glas.

Wir haben es lange in der Enge getrieben
und uns treiben lassen, aber heute im Traum
hast du mit einer Toblerone das Gitter zersägt:
Verdünnisieren wir uns! Gehen gemeinsam durch
dick und doof, bis daß am Tod wir scheitern.

Sarah Kirsch

Don Juan kommt am Vormittag

Don Juan kommt am Vormittag
So schrieb er im Telegramm was
Mich nachdenken ließ ich hatte den Mond
Eingeplant und Fontänen nun blieb
Nicht viel Zeit nicht mal die Augen
Größer malen die Füße nicht waschen
Ich stand wo sie anfängt die Stadt sah ihn
Im wehenden Mantel auf einem Rennrad
Den weißen Schal von der Schulter flattern
Herannahn die Lippen zersprungen und tief
Lagen die Augen ich fragte ihn
Weshalb er so früh sei sicher später
Ein Rendezvous mit einer Schönheit
Achwasdummheit er stellte das Rad
Schräg in die Luft er nahm den Hut ab
Legte uns beide ins Gras das rings
Üppig zu werden begann zog Vögel
Aus Metall auf die fingen zu singen
An daß es schallte Variationen
Über ein Thema von Mozart ich kenn das
Sagte er und alle Platten-
Spielersysteme Schönberg und
Ich werd dich jetzt das wird aber gut sein

Klaus Hoffmann

Eine Schönheit ist sie nicht

Sie ist kein Titelblatt
ist auch kein Püppchen
und ihr Lächeln macht noch kein Plakat
ihr Name steht an keiner Wand
sie ist gänzlich unbekannt
eine von vielen, die es gibt
eine die lacht, die weint, die liebt
mehr eine Frau, als ein Gedicht
nein
Eine Schönheit ist sie nicht

Sie ist kein Topmodell
sie tritt nicht auf, sie kommt herein
das übersieht man schnell
sie sagt auch wirklich was sie denkt
sie tut auch wirklich was sie sagt
liegt damit sicher nicht im Trend
sie zeigt die Falten, die sie hat
sie hat ein richtiges Gesicht
nein
Eine Schönheit ist sie nicht

Sie hat keine toten Augen
und ihr Lachen ist noch echt
und wenn sie geht,
geht sie bestimmt ohne zu rechnen

ihr Leben ist kein Bankgeheimnis
kein Soll und Haben, kein Kredit
und Liebe ist für sie kein Ersatz
sie nimmt sich einfach, was sie gibt.

sie muß nicht glänzen
sie ist Licht
nein
Eine Schönheit ist sie nicht

Michael Krüger

Ferngespräch über Poesie

Bist du das? Ja.
Die Sätze werden unvollständig,
Worte springen ab, lassen sich
nieder in anderen Sprachen.
Zu viele wollen mitreden,
seit es so billig geworden ist.
Also sprich leise, die Welt hat
Ohren. Zeittakt. Bitte
buchstabieren Sie. Wer spricht?
Bist du noch da?

ERSTE LIEBEN

Oriana Fallaci

Brief an ein nie geborenes Kind

Heute nacht erfuhr ich, daß du da bist: ein Tropfen Leben, dem Nichts entkommen. Ich hatte die Augen weit in das Dunkel hinein aufgerissen, und plötzlich flammte in diesem Dunkel ein Strahl von Gewißheit auf: ja, du bist da. Es gibt dich. Es war, als würde einem eine Kugel in die Brust geschossen. Mein Herz stockte. Und als es wieder zu schlagen begann mit dumpfen betäubenden Schlägen des Staunens, war mir, als stürzte ich in einen Schacht, wo alles Unsicherheit und Schrecken ist. Hier bin ich nun, eingesperrt in eine Angst, bei der mir Gesicht, Haar und Gedanken naß werden. Und ich verliere mich in ihr. Vielleicht kannst du es verstehen: es ist nicht die Angst vor den andern. Die andern kümmern mich nicht. Es ist nicht die Angst vor dem Schmerz. Den fürchte ich nicht. Es ist die Angst vor dir, vor dem Zufall, der dich aus dem Nichts gerissen hat, um dich an meinen Leib zu hängen. Ich war niemals darauf vorbereitet, dich aufzunehmen, obwohl ich dich sehr erwartet habe. Immer habe ich mir die schlimme Frage gestellt: wenn du nun gar nicht geboren werden möchtest? Wenn du es mir eines Tages zum Vorwurf machen und mich anschreien würdest: «Wer hat dich denn gebeten, mich zur Welt zu bringen, warum hast du mich überhaupt zur Welt gebracht?» Das Leben ist so eine Mühsal, Kind. Es ist ein Krieg, der sich Tag für Tag wiederholt, und seine Momente der Freude sind kurze Parenthesen, für die man einen schrecklichen Preis zahlt. Wie kann ich erfahren, daß es falsch wäre, dich wegzuwerfen, wie soll ich erraten, daß du dem Schweigen gar nicht wiedergegeben sein willst? Du kannst ja nicht mit mir reden. Dein Tropfen Leben ist erst ein Knäuel kaum begonnener Zellen. Vielleicht ist er noch gar kein Leben, aber Lebensmöglichkeit. Doch ich würde wer weiß was darum geben, wenn du mir mit einem Zeichen, einem Hinweis helfen könntest. Meine Mutter behauptet, ich hätte es getan, und darum hätte sie mich zur Welt gebracht.

Weißt du, meine Mutter wollte mich nämlich gar nicht. Ich hatte aus Irrtum begonnen, in einem Augenblick der Unaufmerksamkeit anderer. Und damit ich nicht geboren würde, löste sie jeden Abend eine

Medizin im Wasser auf und trank sie weinend. Trank sie bis zu dem Abend, als ich mich in ihrem Leib bewegte und ihr einen Fußtritt gab, um ihr zu bedeuten, daß sie mich nicht wegwerfen sollte. Sie war gerade dabei, das Glas Wasser an die Lippen zu führen. Sie nahm es augenblicklich weg und goß den Inhalt auf den Boden. Einige Monate danach kullerte ich mich siegreich in der Sonne, und ob das nun gut oder schlecht gewesen ist, weiß ich nicht. Wenn ich glücklich bin, denke ich, daß es gut gewesen ist, und wenn ich unglücklich bin, denke ich, daß es schlecht gewesen ist. Aber selbst wenn ich unglücklich bin, denke ich, daß ich es bedauern würde, nicht geboren zu sein, weil es nichts Schlimmeres gibt als das Nichts. Ich sage dir noch einmal, daß ich mich vor dem Schmerz nicht fürchte. Er entsteht mit uns, wächst mit uns, an ihn gewöhnt man sich wie an die Tatsache, zwei Arme und zwei Beine zu haben. Eigentlich fürchte ich mich auch nicht vor dem Sterben: wenn man stirbt, heißt das nämlich, daß man geboren worden ist, daß man aus dem Nichts herausgetreten ist. Das Nichts fürchte ich, das Nichtsein, sagen zu müssen, nicht dagewesen zu sein, und wenn auch nur durch Zufall, Irrtum, Unaufmerksamkeit. Viele Frauen stellen sich die Frage: warum eigentlich ein Kind in die Welt setzen? Damit es Hunger und Kälte leidet, damit es betrogen und beleidigt wird, damit es von Krieg oder Krankheit gemordet wird? Und leugnen die Aussicht, daß sein Hunger gestillt, sein Frieren erwärmt werden könnte, daß Treue und Achtung ihm freundlich sein könnten, daß es lange leben und versuchen könnte, Krankheiten und Krieg zu tilgen. Möglicherweise haben sie auch recht. Aber soll man das Nichts dem Leben vorziehen? Sogar in Momenten, wenn ich über meine Mißerfolge, meine Enttäuschungen und Nöte weine, komme ich zu dem Ergebnis, daß leiden immer noch dem Nichts vorzuziehen ist. Und wenn ich das auf das Leben erweitere, auf das Dilemma, geboren oder nicht geboren zu werden, muß ich am Ende mit aller Bestimmtheit sagen, daß geboren werden doch besser ist als nicht geboren zu werden. Aber darf man auch dir eine solche Überlegung aufzwingen? Ist das nicht, als würde ich dich nur für mich selbst zu Welt bringen? Ich habe kein Interesse daran, dich nur meinetwegen zur Welt zu bringen. Um so weniger, als ich dich überhaupt nicht nötig habe.

Du hast mir keine Fußtritte gegeben und mir keine Antworten geschickt. Wie solltest du auch? Du bist erst so kurze Zeit da: würde ich den Arzt um eine Bestätigung bitten, er würde nur spöttisch lächeln. Aber ich habe mich für dich entschieden: du wirst geboren werden. Ich habe mich auf Grund deiner Fotografie entschieden. Nicht genau deiner

Fotografie, natürlich nicht: es ist die Fotografie irgendeines drei Wochen alten Embryos, veröffentlicht in einer Zeitschrift zusammen mit einer Reportage über das werdende Leben. Und während ich sie ansah, verging mir die Angst rasch wie sie gekommen war. Du siehst aus wie eine geheimnisvolle Blume, eine durchscheinende Orchidee. Oben erkennt man eine Art Kopf mit den beiden Protuberanzen, die sich zum Gehirn entwickeln werden. Weiter unten eine Art Vertiefung, die sich zum Mund entwickeln wird. Drei Wochen alt, bist du kaum zu sehen, erläutert die Bildunterschrift. Zweieinhalb Millimeter groß. Und doch wächst in dir eine Spur von Augen heran, etwas, das einem Rückgrat gleicht, einem Nervensystem, einem Magen, einer Leber, einem Darm und Lungen. Dein Herz ist schon ausgebildet und groß: neunmal so groß wie meines in der Proportion. Seit dem sechzehnten Tag pumpt es Blut und klopft regelmäßig: Könnte ich dich wegwerfen? Was spielt es für eine Rolle, ob du durch Zufall oder Irrtum begonnen hast. Hat nicht auch die Welt, auf der wir leben, aus Zufall oder gar aus Irrtum begonnen? Einige sagen, daß im Anfang nichts als große Ruhe, großes regungsloses Schweigen war, dann gab es einen Funken, einen Riß, und was vorher nicht gewesen war, das wurde jetzt. Dem Riß folgten bald weitere Risse: zunehmend unerwartet, sinnlos, in Unkenntnis der Konsequenzen. Und unter diesen Konsequenzen tat sich eine Zelle auf, auch sie durch Zufall, womöglich durch Irrtum, die sich augenblicklich millionenfach, milliardenfach vermehrte, bis Bäume, Fische, Menschen entstanden. Glaubst du, jemand hätte sich vor dem Knall oder vor der Zelle die Frage gestellt? Glaubst du, er hätte sich gefragt, ob es ihnen paßt? Oder er hätte sich den Kopf zerbrochen, ob sie Hunger haben, frieren, unglücklich sein werden? Ich sage nein. Selbst wenn es diesen Jemand gegeben hätte, beispielsweise einen mit Anfang und Ende vergleichbaren, über Zeit und Raum stehenden Gott, so fürchte ich, er hätte sich um Gut und Böse nicht gekümmert. Alles geschah, weil es geschehen konnte, folglich geschehen mußte im Sinn einer Anmaßung, welche die einzige legitime Anmaßung war. Und für dich gilt die gleiche Überlegung. Ich übernehme die Verantwortung für die Wahl.

Ich übernehme sie ohne jeden Egoismus, Kind: dich zur Welt zu bringen, das schwöre ich dir, ist mir kein Vergnügen. Ich sehe mich nicht mit dickem Bauch auf der Straße gehen, sehe mich nicht, dir die Brust geben, dich baden, dir das Sprechen beibringen. Ich bin eine berufstätige Frau und habe eine Menge anderer Verpflichtungen und Interessen: ich sagte dir ja schon, daß ich dich nicht nötig habe. Trotzdem werde ich dich austragen, ob es dir paßt oder nicht. Trotzdem werde ich dich jene Anmaßung fühlen lassen, die auch ich und meine Eltern und meine Großeltern und die Großeltern meiner Großeltern zu fühlen bekamen: bis hin zum ersten menschlichen Wesen, das von einem menschlichen Wesen geboren wurde, ob es ihm paßte oder nicht. Hätte man dem – ihm oder ihr – die Freiheit der Wahl gelassen, wäre es wahrscheinlich erschrocken und hätte geantwortet: nein, ich will nicht geboren werden, nein. Doch niemand fragte es nach seiner Meinung, und so wurde es geboren und lebte und starb, nachdem es ein anderes menschliches Wesen geboren hatte, ohne es zu fragen, und dieses machte es ebenso durch Jahrmillionen bis hin zu uns, und jedesmal war es eine Anmaßung, ohne die wir nicht existieren würden. Hab Mut, Kind. Meinst du denn, ein Baumstamm braucht keinen Mut, wenn er in die Erde dringt und keimt? Ein einziger Windstoß kann ihn herauslösen, ein Mäusepfötchen kann ihn zerquetschen. Aber er keimt und hält stand und wächst und wirft andere Samen. Und wird ein Wald. Schreist du mich eines Tages an: «Warum hast du mich zur Welt gebracht?» dann antworte ich dir: «Ich habe nur getan, was die Bäume jahrmillionenlang schon vor mir taten, und ich dachte, es wäre recht so.»

Wichtig ist, seine Meinung nicht durch die Überlegung zu ändern, daß menschliche Wesen keine Bäume sind und das Leiden eines menschlichen Wesens tausendmal größer ist als das eines Baumes, weil es sich dessen bewußt ist, daß nicht alle Baumsamen auch Bäume hervorbringen: in ihrer übergroßen Mehrzahl gehen sie verloren. Eine solche Kehrtwendung ist nicht möglich. Kind: unsere Logik steckt voller Widersprüche. Kaum hast du etwas behauptet, erkennst du auch schon das Gegenteil. Und merkst vielleicht, daß dieses Gegenteil ebenso gültig ist wie deine Behauptung. Demnach könnte mein Gedankengang von heute ohne weiteres, so im Handumdrehen, umgekehrt werden. Bitte: schon fühle ich mich verwirrt und durcheinandergebracht. Vielleicht, weil ich mich außer dir niemandem anvertrauen kann. Ich bin eine Frau, die sich entschieden hat, allein zu leben. Dein Vater ist nicht bei mir. Und das bedaure ich nicht, obwohl mein Blick zuweilen die Tür sucht, durch die er mit seinem festen Schritt hinausgegangen ist, ohne daß ich ihn zurückgehalten hätte, fast, als hätten wir uns nichts mehr zu sagen.

Ich habe dich zum Arzt gebracht. Mehr noch als die Bestätigung wollte ich ein paar gute Ratschläge. Als Erwiderung schüttelte er nur den Kopf und meinte, ich wäre ungeduldig, er könnte sich noch nicht äußern, ich sollte in vierzehn Tagen wiederkommen und mich auf die

Entdeckung gefaßt machen, daß du nur ein Produkt meiner Einbildung gewesen wärst. Ich werde nur deshalb wiederkommen, weil ich ihm beweisen will, daß er ein Ignorant ist. Seine ganze Wissenschaft kann meine Intuition nicht aufwiegen, und wie soll auch ein Mann eine Frau verstehen können, die vor der Zeit behauptet, daß sie ein Kind erwartet? Ein Mann wird nicht schwanger, aber sag mal, weil wir gerade davon reden: ist das eine Bevorzugung oder eine Benachteiligung? Bis gestern hielt ich es für eine Bevorzugung, ja für ein Privileg. Heute halte ich es für eine Benachteiligung, geradezu für einen Mangel. Im eigenen Körper ein anderes Leben zu umschließen, sich zu zweit und nicht allein zu wissen, das hat schon etwas Glorreiches. Manchmal erfüllt einen sogar ein Gefühl des Triumphs, und in der Gelassenheit, die den Triumph begleitet, kann einen nichts beunruhigen: nicht der körperliche Schmerz, den man auf sich nehmen muß, nicht die Freiheit, die man aufgeben muß. Wirst du ein Mann oder eine Frau? Ich wünschte, eine Frau. Ich wünschte, du würdest eines Tages empfinden, was ich empfinde: ich teile keineswegs die Meinung meiner Mutter, die es für ein Unglück hält, als Frau auf die Welt zu kommen. Wenn meine Mutter sehr unglücklich ist, stöhnt sie: «Ach, wäre ich doch nur ein Mann!» Ich weiß: unsere Welt ist eine von Männern für Männer gemachte Welt, ihre Diktatur ist schon so uralt, daß sie sogar bis in die Sprache hineinreicht. Im Italienischen sagt man uomo (Mann, Mensch) und meint damit Mann und Frau, man sagt bambino und meint damit Junge und Mädchen, man sagt omicidio und meint damit die Ermordung eines Mannes und die einer Frau. In den von Männern erfundenen Legenden zur Erklärung des Lebens ist das erste Geschöpf nicht etwa eine Frau: es ist ein Mann mit Namen Adam. Eva kommt nachher, um ihn zu amüsieren und Unheil anzurichten. Auf den Gemälden, die ihre Kirchen zieren, ist Gott ein alter Mann mit einem Bart: niemals eine alte Frau mit weißem Haar. Und alle ihre Helden sind Männer: von jenem Prometheus, der das Feuer brachte, bis zu jenem Ikarus, der zu fliegen versuchte, und bis hin zu jenem Jesus, den sie als Sohn des Vaters und des Heiligen Geistes erklärten: schon fast, als wäre jene Frau, die ihn geboren hat, ein Brutschrank oder eine Amme gewesen. Und trotzdem oder vielleicht gerade darum ist es so faszinierend, eine Frau zu sein. Es ist ein Abenteuer, das so viel Mut erfordert, eine Herausforderung, die einem nie zuviel wird. Du wirst so viel zu unternehmen haben, wenn du als Frau auf die Welt kommst. So wird dich, um gleich damit anzufangen, die Behauptung einen Kampf kosten, daß Gott, wenn es ihn gibt, ebensogut eine alte weißhaarige Frau oder ein schönes Mädchen sein könnte. Es wird dich auch einen Kampf kosten, darzulegen, daß die Sünde nicht an dem Tag entstand, als Eva einen Apfel pflückte: an dem Tag wurde eine wunderbare Tugend geboren, die Ungehorsam heißt. Schließlich wird es dich einen Kampf kosten, zu beweisen, daß in deinem glatten, gerundeten Körper eine Intelligenz existiert, die danach schreit, angehört zu werden. Mutter zu sein ist kein Beruf. Es ist nicht einmal eine Pflicht. Es ist nur ein Recht unter vielen anderen. Das hinauszuschreien wird sehr schwer für dich sein. Und du wirst oft, fast immer den kürzeren ziehen. Aber du darfst den Mut nicht verlieren. Kämpfen ist bedeutend schöner als siegen, reisen macht viel mehr Spaß als ankommen: wenn du angekommen bist oder wenn du gesiegt hast, fühlst du eine große Leere. Und um diese Leere zu überwinden, mußt du dich von neuem auf die Reise begeben, mußt dir neue Aufgaben stellen. Ja, ich hoffe, du bist eine Frau: mach dir nichts daraus, wenn ich Kind zu dir sage. Und ich hoffe auch, du wirst nie so sprechen wie meine Mutter. Ich habe es nie getan. Aber wenn du als Mann geboren wirst, soll es mir auch recht sein. Vielleicht noch mehr, weil dir dann so viele Demütigungen, so viel Unterdrückung, so viele Mißdeutungen erspart bleiben. Wenn du als Mann geboren wirst, brauchst du zum Beispiel keine Angst zu haben, auf dunkler Straße vergewaltigt zu werden. Brauchst dich keines hübschen Gesichts zu bedienen, um augenblicklich eingestellt zu werden, keines schönen Körpers, um deine Intelligenz zu kaschieren. Man wird nicht schlecht über dich reden, wenn du schläfst mit wem du magst, man wird nicht zu dir sagen, daß die Sünde an dem Tag entstand, als du einen Apfel pflücktest. Du wirst viel weniger Mühe haben. Du wirst einen leichteren Kampf haben mit der Behauptung, daß Gott, wenn es ihn gibt, ebensogut eine alte weißhaarige Frau oder auch ein schönes Mädchen sein könnte. Du wirst ungehorsam sein können, ohne verlacht zu werden, wirst lieben können, ohne eines Nachts mit dem Gefühl aufzuwachen, in einen Schacht zu stürzen, wirst dich wehren können, ohne beschimpft zu werden. Freilich erwarten dich andere Zwänge, andere Ungerechtigkeiten: auch für einen Mann ist das Leben nicht leicht, weißt du. Weil du stärkere Muskeln hast, werden sie von dir verlangen, daß du größere Bürden trägst, und werden dir willkürlich Verantwortung aufladen. Weil du einen Bart hast, werden sie lachen, wenn du weinst und sogar, wenn du Zärtlichkeit brauchst. Weil du einen Schwanz hast, werden sie dich dazu abkommandieren, im Krieg zu töten oder getötet zu werden, und deine Mittäterschaft bei der Fortführung der Tyrannei fordern, die sie einst in den Höhlen errichtet haben. Trotzdem oder gerade darum ist es ein ebenso wundervolles Abenteuer, Mann zu sein: ein Unternehmen, das dich nie enttäuschen wird. Jedenfalls hoffe ich es. Denn wenn du als Mann geboren wirst, hoffe ich, daß du so ein Mann wirst, wie ich ihn mir immer erträumt habe: freundlich zu den Schwachen, zornig zu den Überheblichen, großmütig zu denen, die dich gern haben, unversöhnlich zu denen, die dich herumkommandieren. Und schließlich ein Feind aller, die erzählen, der oder jener sei Sohn des Vaters und des Heiligen Geistes: nicht etwa der Frau, die ihn geboren hat.

Kind, ich gebe mir Mühe, dir zu erklären, daß Mann sein nicht bedeutet, einen Schwanz zu haben: es bedeutet, eine Person zu sein. Mir ist vor allem daran gelegen, daß du eine Person bist. Das Wort Person ist ein herrliches Wort, denn es legt einem Mann oder einer Frau keine Beschränkungen auf, errichtet keine Barrieren zwischen denen, die einen Schwanz haben, und denen, die keinen haben. Im übrigen ist die Unterscheidung zwischen denen, die einen Schwanz haben, und denen, die keinen haben, eine höchst fragwürdige: es handelt sich doch nur um die Fähigkeit, ein Geschöpf in seinem Körper heranreifen zu lassen oder nicht. Herz und Verstand kennen kein Geschlecht. Nicht einmal das Verhalten. Wenn du eine Person von Herz und Verstand wirst, dann vergiß nicht, daß ich bestimmt nicht zu denen gehöre, die dir Vorschriften machen werden, dich so oder so, wie ein Mann oder eine Frau zu verhalten. Nur um das eine werde ich dich bitten: das Wunder, geboren worden zu sein, wohl zu nutzen und dich nie von der Feigheit verleiten zu lassen. Sie ist eine ständig auf der Lauer liegende Bestie, diese Feigheit. Sie fällt uns alle an, Tag für Tag, und es gibt nur wenige, die sich nicht von ihr niedermachen lassen. Im Namen der Vorsicht, im Namen der Zweckmäßigkeit, bisweilen im Namen von Klugheit und Weisheit. Feige, solange sie von Gefahr bedroht sind, werden die Menschen übermütig, wenn die Gefahr vorüber ist. Du darfst der Gefahr nicht aus dem Wege gehen, niemals: auch nicht, wenn die Angst dich zurückhalten will. Schon auf die Welt zu kommen, birgt ein Risiko: später zu bereuen, daß man auf der Welt ist.

Vielleicht spreche ich dir allzu früh von solchen Dingen. Vielleicht sollte ich dir vorläufig noch Abscheulichkeiten und Trauriges verschweigen, dir lieber über eine Welt von unschuldigen und fröhlichen Dingen berichten. Doch das hieße, dich in eine Falle locken. Es hieße, dir vormachen, Kind, das Leben sei ein weicher Teppich, auf dem man barfuß laufen kann, und nicht eine Straße voller Steine. Steine, über die man stolpert und fällt, an denen man sich verletzt. Steine, vor denen man sich mit eisernen Schuhen schützen muß. Und nicht einmal das ist ausreichend, denn während du deine Füße schützt, gibt es immer irgendeinen, der einen Stein aufhebt, um ihn dir an den Kopf zu werfen. Nun, für heute bin ich am Ende, mein kleiner Sohn, meine kleine Tochter. Ist die Lektion bis zu dir gedrungen? Hätte mich jetzt jemand gehört, wer weiß, was er dazu sagen würde. Würde er mich für verrückt oder ganz einfach für grausam erklären? Ich habe mir deine letzte Fotografie angesehen; mit fünf Wochen bist du nicht einmal einen Zentimeter groß. Du veränderst dich ziemlich stark. Jetzt gleichst du nicht mehr so sehr einer geheimnisvollen Blüte, sondern eher einer ganz entzückenden Larve, nein, einem kleinen Fisch, dem eilig die Flossen sprießen. Vier Flossen, die Beine und Arme sein werden. Die Augen sind schon zwei winzige schwarze Krümelchen, umgeben von einem Kreis, und unten am Körper hast du ein Schwänzchen! Die Bildunterschrift erläutert, daß es in diesem Stadium fast unmöglich ist, dich von dem Embryo irgendeines anderen Säugetiers zu unterscheiden: wärst du eine Katze, würdest du mehr oder weniger auch so aussehen, wie du jetzt bist. Es ist ja kein Gesicht da. Nicht einmal ein Gehirn. Ich rede mit dir, Kind, und du weißt es nicht. In der Dunkelheit, die dich umhüllt, weißt du nicht einmal, daß du existierst: ich könnte dich wegwerfen, und du würdest nie wissen, daß ich dich weggeworfen habe. Es wäre dir gar nicht möglich, jemals zu erkennen, ob ich dir nun ein Unrecht getan oder eine Wohltat erwiesen habe.

Gestern hatte ich einen Augenblick schlechter Stimmung. Du mußt das Gerede entschuldigen, daß ich dich wegwerfen könnte, ohne daß du überhaupt wüßtest, ob ich dir ein Unrecht getan oder eine Wohltat erwiesen hätte. Gerede, nichts weiter. Meine Entscheidung hat sich in keiner Weise geändert, auch wenn dies in meiner Umgebung Erstaunen auslöst. Heute nacht sprach ich mit deinem Vater. Ich sagte es ihm, daß du bist. Ich sagte es ihm am Telefon, denn er ist weit weg; und gemessen an dem, was ich da hörte, habe ich ihm wohl keine gute Nachricht gebracht. Vor allem hörte ich ein langes Schweigen: gerade als ob die Verbindung abgebrochen wäre. Dann kam eine stotternde heisere Stimme: «Was braucht es denn?» Ich antwortete, ohne zu begreifen: «Ich denke, neun Monate. Nein, nicht einmal mehr acht jetzt.» Da war die Stimme auf einmal nicht mehr heiser, sondern wurde schrill: «Ich rede von Geld.» – «Was für Geld?» fragte ich. «Das Geld, um es loszuwerden, was denn sonst?» Ja, er sagte wirklich «loszuwerden». Als wärst du irgendein Bündel. Und als ich ihm dann, so ruhig es ging, erklärte, daß ich etwas ganz anderes vorhätte, hielt er mir eine lange Rede, in der Bitten und Ratschläge, Ratschläge und Drohungen, Drohungen und Schmeichelworte einander abwechselten. «Denk doch an deine Karriere, überleg dir mal, was für eine Verantwortung, eines Tages könnte es dir leid tun, was werden denn die Leute sagen.» Er muß ein Vermögen für dieses Telefongespräch ausgegeben haben. Ab und zu schaltete sich das Fräulein vom Amt ein und fragte erstaunt: «Sprechen Sie noch?» Ich lächelte fast amüsiert. Aber ich fand es sehr viel weniger amüsant, als er dann, ermutigt durch mein schweigendes Zuhören, zum Schluß meinte, daß wir uns die Kosten teilen könnten: im Grunde genommen wären wir ja «beide schuld». Mich ekelte. Ich schämte mich für ihn. Ich legte den Hörer auf und dachte, daß ich ihn einst geliebt hatte.

Hatte ich ihn geliebt? Eines Tages werden wir uns, ich und du, ein wenig über diese Angelegenheit unterhalten müssen, die man Liebe nennt. Ich habe nämlich, ehrlich gesagt, noch nicht begriffen, um was es sich dabei handelt. Ich vermute, es handelt sich dabei um einen Riesenbetrug, den man sich ausgedacht hat, um die Leute bei Laune zu halten und sie abzulenken. Von Liebe reden Pfarrer, Werbeplakate, Literaten, Politiker, Leute, die zusammen schlafen, und indem sie von der Liebe reden und sie als Allheilmittel für jede Tragödie ausgeben, verwunden und betrügen und morden sie Seele und Körper. Ich hasse dieses Wort, das es überall und in allen Sprachen gibt. Ich-liebe-das-Gehen, ich-liebe-das-Trinken, ich-liebe-das-Rauchen, ich-liebe-die-Freiheit, ich-liebe-meinen-Geliebten, ich-liebe-mein-Kind. Ich bemühe mich, dieses Wort nie zu gebrauchen, mich nicht einmal zu fragen, ob das, was mir Verstand und Herz verwirrt, auch das ist, was man Liebe nennt. Tatsächlich weiß ich nicht, ob ich dich liebe. Ich denke nicht in Begriffen der Liebe an dich. Ich denke in Begriffen des Lebens an dich. Und dein Vater, ja, weißt du: je länger ich nachdenke, um so fester glaube ich, daß ich ihn nie geliebt habe. Ich habe ihn bewundert und mich nach ihm gesehnt, aber ich habe ihn nicht geliebt. Ebensowenig die andern, die vor ihm waren, enttäuschende Spukgestalten einer stets gescheiterten Suche. Einer gescheiterten? Zu etwas war sie immerhin gut: begriffen zu haben, daß nichts die eigene Freiheit so sehr bedroht wie jenes rätselhaft überschwengliche Gefühl, das ein Geschöpf für ein anderes empfindet, ein Mann für eine Frau oder eine Frau für einen Mann. Keine Fesseln, keine Ketten, keine Gitter zwingen dich in eine so blinde Sklaverei, in eine so verzweifelte Ohnmacht. Wehe, du schenkst dich jemandem im Namen dieses Überschwangs an Empfindung: es führt nur dazu, dich selbst, deine Rechte, deine Würde, also deine Freiheit zu vergessen. Wie ein Hund, der sich im Wasser abstrampelt, bemühst du dich vergeblich, ein Ufer zu erreichen, das es gar nicht gibt, das Ufer mit Namen Liebe und Geliebtwerden, und am Ende bist du ausgeschaltet, verlacht, bitter enttäuscht. Allenfalls fragst du dich dann noch, was dich dazu getrieben hat, ins Wasser zu springen: die Unzufriedenheit mit dir selbst, die Hoffnung, in einem andern das zu finden, was du in dir selbst nicht gesehen hast? Die Angst vor Einsamkeit, Eintönigkeit, Schweigen? Das Bedürfnis, Besitz zu ergreifen und besessen zu werden? Einige meinen, dies sei die Liebe. Aber ich fürchte, sie ist bedeutend weniger: ein Hunger, der einem, wenn er einmal gestillt ist, eine Art Magenverstimmung zurückläßt. Ein Übergeben. Und doch, Kind, und doch muß ja irgend etwas imstande sein, mich über die Bedeutung dieses verdammten Wortes aufzuklären. Irgend etwas muß mich doch herausfinden lassen, was sie ist und daß es sie gibt. Ich habe sie so nötig, mich hungert so sehr nach ihr. Und in dieser Not und diesem Hunger denke ich mir: vielleicht ist es richtig, was meine Mutter immer behauptet hat, die Liebe sei das, was eine Frau für ihr Kind fühlt, wenn sie es in die Arme schließt und merkt, wie allein, wehrlos und schutzlos es ist. Solange es wehrlos und schutzlos ist, beschimpft es dich wenigstens nicht und enttäuscht dich nicht. Wenn es nun dir vorbehalten wäre, mich den Sinn dieser fünf absurden Buchstaben entdecken zu lassen? Gerade dir, der du mich mir selber entziehst und mein Blut saugst und meinen Atem atmest?

Eine Andeutung gibt es. Liebende, die einander fern sind, trösten sich mit Fotografien. Und ich halte deine Fotografien immer in der Hand. Das ist jetzt schon zu einer Art Zwangshandlung geworden. Sowie ich nach Hause komme, greife ich nach jener Illustrierten, rechne die Tage, dein Alter nach und suche dich. Heute bist du sechs Wochen alt geworden. Ja, hier bist du mit sechs Wochen, von hinten fotografiert. Wie niedlich du geworden bist! Nicht mehr Fisch, nicht mehr Larve, nicht mehr ein unförmiges Etwas, sondern du gleichst schon einem Kind: mit diesem großen, kahlen, rosa Kopf. Das Rückgrat ist gut zu sehen, ein weißer, innen dunkler Strich, deine Arme sind keine ungewissen Auswüchse mehr, auch keine Flossen, sondern Flügel. Dir sind Flügel gewachsen! Man hat richtig Lust, sie zu streicheln. Wie fühlt man sich so in einem Ei? Die Fotografien zeigen dich schwebend in einem durchsichtigen Ei, und das läßt an eine Kristallkugel denken, in die man eine Rose legt. Du an Stelle der Rose. Vom Ei geht eine Schnur aus, die in einer fernen weißen Kugel mit roten Äderungen und blauen Flecken endet. Auf den ersten Blick scheint sie unsere Erde zu sein, aus einer Entfernung von Tausenden und Abertausenden von Meilen gesehen. Ja, es ist geradeso, als ginge von der Erde ein unendlich langer Faden aus, so lang wie der Gedanke des Lebens, und käme aus diesen abgelegenen Weiten bis zu dir. Auf eine so logische und vernünftige Weise. Wie kann man denn nur behaupten, das menschliche Wesen sei ein unglücklicher Zufall der Natur?

Der Arzt hatte gesagt, ich sollte nach sechs Wochen wiederkommen. Morgen gehe ich zu ihm. Nadeln der Unruhe bohren sich in meine Seele, wechseln mit Aufwallungen von Freude.

Arthur Rimbaud

Spürung

Durch die blauen AbEND – Sommer
die Spuren der Pfade gehn
geSTIchelt vom Korn
stiefeln auf zartem Gras
will ich
Träum=end an den Füßen dessen FRISCHE spüren
und lässig den Schopf
im Wind spülen

Werd keine Worte machen
keine Sachen denken
Aber grenzenlose Liebe
wird mein Herz beschenken
Und weit, ganz weit will ich ziehn, zigeunern
durch die Natur
selig wie mit einer Frau …

Hildegard Knef

Laß mich bei dir sein

Laß mich bei dir sein,
so nah bei dir sein,
daß dein Atem meiner wird,
dein Gesicht verschwimmt,
alle Ängste nimmt,
und dein Mund bestimmt die Zeit.

Nur ein Spiegel sein,
ohne ich zu sein,
mich verliern in deinem Arm,
wortlos zu verstehn,
dich nur anzusehn
und zu wissen, du bist da.

Dir so nah zu sein,
so vertraut zu sein,
daß kein Laut uns mehr erreicht;
deine Stimme hörn,
nichts mehr zu begehrn,
Wenn dein Lächeln mich umarmt.

Laß mich bei dir sein,
so nah bei dir sein,
daß dein Atem meiner wird,
wenn der Tag beginnt,
uns die Stille nimmt,
ist die Nacht schon nicht mehr weit.

ZWISCHEN DEN LAKEN

Bertolt Brecht

Über die Verführung von Engeln

Engel verführt man gar nicht oder schnell.
Verzieh ihn einfach in den Hauseingang
Steck ihm die Zunge in den Mund und lang
Ihm untern Rock, bis er sich naß macht, stell
Ihn das Gesicht zur Wand, heb ihm den Rock
Und fick ihn. Stöhnt er irgendwie beklommen
Dann halt ihn fest und laß ihn zweimal kommen
Sonst hat er dir am Ende einen Schock.

Ermahn ihn, daß er gut den Hintern schwenkt
Heiß ihn dir ruhig an die Hoden fassen
Sag ihm, er darf sich furchtlos fallen lassen
Dieweil er zwischen Erd und Himmel hängt –

Doch schau ihm nicht beim Ficken ins Gesicht
Und seine Flügel, Mensch, zerdrück sie nicht.

Anna Langhoff

Schweigsam wirst du mich nicht …

Schweigsam wirst du mich nicht lieben.

Meine Lippen bewegen sich unaufhörlich bist du mir fern. Ich rede. Ich lache.

Ich weiß ich lache, die Kristalle klingen, fallen sie heraus aus meinem Mund auf den Boden, den ich nicht unter meinen Füßen habe. Die Leinwand, dreidimensional WIE IM LEBEN, dreht sich und immer schneller um mich, schluckt die stillstehenden Bilder, schleudert einer Zentrifuge gleich bunten Brei gegen den Horizont meiner Wahrnehmung. Die Leinwand, wie im Leben so nah, wickelt mich enger und enger, schon spüre ich den Stoff mich berühren, sehe trotzdem noch die Projektionen undeutlich vorbeiflimmern, und meine Hände liegen nicht mehr ruhig im Schoß, stricken unaufhörlich farbige Lappen, die will ich dir umhängen, will ich zusammenfügen zu einer großen schekkigen Decke, die soll dich wärmen, wärmen, da ich es nicht kann.

Meine Augen irren umher, wandern ohne mich, gehen fremd auf der Suche nach dir:

Ein Schatten in der Toreinfahrt, ein Gesicht, Blick aus der Menge bist du. Bist du es gewesen?

Die Pupillen klammern sich an die Vision, die sie überrascht, die sie mir bringen, die mich überrascht, die vergeht wie ein Traum, eine Fata Morgana, die sich auflöst in meiner überfüllten Wüste Einsamkeit.

Du bist es nicht? Wo bist du? Wohin bist du … und …

Schweigsam wirst du mich nicht lieben.

Wo du bist (auf dem Boden, der mir fehlt), stehen meine Füße selten neben, vor dir. Einmal, zweimal in der langen Zeit schaue ich dich an, kurz, schicke meinen Blick hastig zurück, halte die Hände ruhig im Schoß dann, knöpfe mir die Bluse zu bis unter das Kinn. Du sollst mich nicht schön haben für nichts.

Ich lache nicht mehr. Stechen noch Splitter mir in die Brust, wollen herausbrechen, um deinen Boden zu bedecken?

Wollen meine Hüften tanzen, meine Arme dich halten, festhalten bevor du verfliegst, die Zunge dich schmecken, will mein Herz aus der

Brust geschnitten werden und in deine Kissen bluten? Will ich? Will ich mit dir auf der Insel liegen, die Dielen das Meer ungewischt verschmutzen lassen, neben Wellen den Bettüchern mit dir Tränen tauschen, Geheimnisse verschenken, Geheimnisse ausplaudern, die dir gehören seit eh und jeh? Will ich das Staubtuch sterben lassen – mein Stück Arbeit im Untergang, das Wasser, mit dem ich mich wasche am Morgen, vergessen, will ich die Fenster ergrauen sehen und nicht blank putzen, nicht die Briefe öffnen, die sich türmen irgendwo, will ich nicht mehr essen, schlafen, nur noch auf unserer Insel verwildern mit dir?

Will ich, daß die Haare verfilzen, mich niemand mehr erkennt als du, du und nur du, daß in der Küche die Reste verschimmeln, wir aber keinen Hunger kennen als den nach immer neuen Verletzungen auf der bebenden Haut?

Meine Lippen bewegen sich doch, die Hände stricken hektisch jetzt an der endlosen Decke, ich bin nicht bei dir, will mich nicht ergeben. Noch nicht. Nicht mehr. Vielleicht.

DAS EDELWEISS SO BLUTIG ROT WAS MACHST DU MIT DEM KNIE LIEBER UND BRICHST DIE KNOCHEN DER STOLZESTEN FRAU'N, immer, immer wieder daran denken, daß die Lektion gelernt wurde, daß die Wahrheit hart ist, zu hart für das weiche Hirn. Immer wieder die Erinnerung hervorkramen, den Text wiederholen, drei Seiten immer den einen Satz aufschreiben, sauber und ordentlich: ICH WERDE NIE MEHR DIE HINRICHTUNG SCHWÄNZEN. Immer, immer wieder die Sekunde einfrieren, den Moment unterbrechen, in dem der Schrei aus der Geige, das Wort von den brennenden Lippen überspringen will als Funke.

Stumm bleiben, schweigsam schweigen, wegsehen, stolz ohne den Kopf zu wenden, in die andere Richtung gehen, in die andere Dunkelheit, ein wievieltes Mal? Die gelernte Lektion im Kopf hämmern hören: Schweig, ergib dich nicht, nicht die Wunde zeigen, die Haut, die vernarbten Stellen, nicht den Schatten unter den Wimpern, nicht die Hilflosigkeit. IMMER AUF DAS SCHLIMME.

Schweigsam wirst du mich nicht lieben.

Ich weiß, wortlos magst du mich nicht. Ernst magst du mich nicht, mißtrauisch auf deine Faust wartend magst du mich nicht.

Soll ich endlich plappern, kichern, hopsen, auf und ab?

Kann ich, wenn ich auf (d)einem Boden stehe plötzlich, die Füße sich wie Hände festkrallen in der Angst zu rutschen, kann ich dann ein

Kleid sein, lila Mund, ein Augenstern? PÜPPCHEN DU BIST MEIN AUGENSTERN ICH HAB DICH ZUM FRESSEN GERN.

SCHNEE VON GESTERN.

Bin ich bei dir, wird alles Reden Stille sein, wirst du in meinen Augen alles sehen und erschrecken, werden meine Augen dir zu tief sein – wie die schwarzen Löcher im Mond, wirst du nicht hinunter wollen, um keinen Preis, werde ich keinen Preis nennen können.

Schweigsam wirst du mich nicht...

Schaust du mir nach? Ich bin schuldig, alles vergessen zu haben, kein Amt mehr zu haben, alles verraten zu wollen für dich, die Nelken im Garten nicht mehr zu gießen, die Steine auf dem Gehweg nicht mehr mit Achtung zu betrachten, das Lächeln der Frau an der Getränkekasse nicht zu erwidern, meine Schuhe schief zu treten, meine Kleider nicht mehr zu bügeln, die Fingernägel schwarz auf eine Türklinke zu legen, ungebeten, meine Aufgabe als mein eigener Schließer, mein Bewacher, zu vernachlässigen, schuldig, den Schlüssel abends nicht zweimal herumzudrehen und mir zur Flucht zu verhelfen, mich entkommen zu lassen.

Ich bin schuld, daß mir kein Goldzahn wächst, weil ich so brav bin, habe die Gesetze verletzt, meinen Wert unterboten. Jetzt wird mit mir nicht mehr gehandelt. Jetzt ist der Lack ab.

Jetzt ist der Lack ab, ist ein Leck drin, jetzt greif ich in meine Brust.

Und ganz am Ende stehst du hinter der heruntergerissenen Leinwand (ein Bein gegen die Wand) und sagst: Schweigsam könnte ich dich lieben:

Ian McEwan

Zwischen den Laken

In dieser Nacht hatte Stephen Cooke einen feuchten Traum, den ersten seit vielen Jahren. Nachher lag er wach auf dem Rücken, die Hände hinter dem Kopf, während die letzten Bilder in der Dunkelheit verblaßten und sein Erguß, der sich sonderbarerweise in seinem Kreuz befand, erkaltete. Er lag still, bis das Licht bläulich-grau war, und dann nahm er ein Bad. Er lag auch dort lange Zeit und starrte schläfrig auf seinen hellen Unterwasserleib.

Am Vortag war er zu einer Verabredung mit seiner Frau in einem Leuchtstoffröhren-Café mit roten Resopaltischplatten erschienen. Er kam um fünf Uhr und beinahe im Dunkeln. Wie erwartet war er vor ihr da. Die Kellnerin war ein Italienermädchen, neun oder zehn Jahre alt vielleicht, mit einem von Erwachsenensorgen niedergedrückten und stumpfen Blick. Mühsam schrieb sie das Wort «Kaffee» zweimal auf ihren Notizblock hin, riß das Blatt mittendurch und legte das eine Stück sorgfältig mit der Vorderseite nach unten auf seinen Tisch. Dann schlurfte sie davon, um die riesige und funkelnde Gaggia-Maschine in Betrieb zu nehmen. Er war der einzige Gast im Café.

Seine Frau beobachtete ihn vom Gehsteig draußen. Billige Cafés waren ihr zuwider, und bevor sie hereinkam, vergewisserte sie sich stets, daß er da war. Er bemerkte sie, als er sich auf seinem Stuhl drehte, um dem Kind den Kaffee abzunehmen. Sie stand hinter der Schulter seines eigenen Spiegelbilds wie ein Geist, halbversteckt in einem Hauseingang auf der anderen Straßenseite. Sie glaubte zweifellos, er könne aus einem hellen Café nicht in die Dunkelheit sehen. Um sie zu ermutigen, rückte er mit seinem Stuhl, damit sie mehr von seinem Gesicht zu sehen bekam. Er rührte seinen Kaffee um und beobachtete die Kellnerin, die wie in Trance an der Theke lehnte und sich jetzt einen langen Silberfaden aus der Nase zog. Der Faden riß und schnappte auf die Spitze ihres Zeigefingers, eine farblose Perle. Sie stierte sie kurz an und verschmierte sie auf den Schenkeln, so verschwand sie schließlich.

Als seine Frau hereinkam, sah sie ihn zuerst nicht an. Sie ging direkt zur Theke, bestellte bei dem Mädchen einen Kaffee und brachte ihn sich selber an den Tisch.

«Ich wünschte», zischte sie, als sie ihren Zucker auswickelte, «du würdest dir nicht Lokale wie dieses hier aussuchen.» Er lächelte nachsichtig und kippte seinen Kaffee auf einen Zug. Sie leerte ihren in achtsam schmollenden Schlückchen. Dann holte sie einen kleinen Spiegel und ein paar Papiertaschentücher aus ihrer Handtasche. Sie tupfte sich die roten Lippen und wischte von einem Schneidezahn einen roten Fleck. Sie zerknüllte das Papiertaschentuch auf ihrer Untertasse und ließ die Handtasche zuschnappen. Stephen sah das Papiertaschentuch das Kaffeefußbad aufsaugen und grau werden. Er sagte: «Hast du für mich auch eins?» Sie gab ihm zwei.

«Du wirst doch wohl nicht weinen?» Bei einem dieser Treffen hatte er geweint. Er lächelte. «Ich will mir die Nase putzen.» Das Italienermädchen setzte sich an einen Nebentisch und breitete mehrere Blatt Papier aus. Sie überflog sie und beugte sich dann vor, bis ihre Nase Zentimeter vom Tisch weg war. Sie begann Zahlenkolonnen auszufüllen. Stephen murmelte: «Sie macht die Abrechnung.»

Seine Frau flüsterte: «Es gehört verboten, ein Kind in dem Alter.» Weil sie sich in seltener Übereinstimmung befanden, wandten sie die Blicke voneinander.

«Wie geht's Miranda?» sagte Stephen schließlich.

«Gut.»

«Ich werde sie diesen Sonntag besuchen kommen.»

«Wenn du unbedingt möchtest.»

«Und das andere...» Stephen nahm seinen Blick nicht von dem Mädchen, das nun mit den Beinen baumelte und tagträumte. Oder vielleicht hörte es zu.

«Ja?»

«Das andere ist, daß ich möchte, daß Miranda zu Ferienbeginn kommt und einige Tage mit mir verbringt.»

«Sie hat keine Lust dazu.»

«Das würde ich lieber von ihr persönlich hören.»

«Selber wird sie es dir nicht sagen. Sie wird Schuldgefühle bekommen, wenn du sie fragst.» Er knallte mit der flachen Hand heftig auf den Tisch.

«Hör zu!» Er schrie beinahe. Das Mädchen blickte auf, und Stephen spürte den Vorwurf. «Hör zu», sagte er ruhig, «ich werde am Sonntag mit ihr sprechen und mir mein eigenes Urteil bilden.»

«Sie wird nicht kommen», sagte seine Frau und ließ ihre Handtasche erneut zuschnappen, so als läge innen drin zusammengerollt ihre gemeinsame Tochter. Sie standen beide auf. Das Mädchen stand auch auf und kam herüber, um bei Stephen zu kassieren, und strich anerkennungslos ein großes Trinkgeld ein. Vor dem Café sagte Stephen: «Also, bis Sonntag.» Doch seine Frau ging schon davon und hörte nicht.

In dieser Nacht hatte er den feuchten Traum. Der Traum an sich betraf das Café, das Mädchen und die Kaffeemaschine. Er endete in plötzcher und heftiger Lust, doch im Augenblick ließen sich die Einzelheiten nicht zurückrufen. Er stieg heiß und schwindlig aus dem Bad, er glaubte sich am Rand einer Halluzination. Er stützte sich auf den Wannenrand und wartete darauf, daß sie abklang, diese Raumverzerrung zwischen Gegenständen. Er zog sich an und ging nach draußen in den kleinen Garten absterbender Bäume, den er mit anderen Mietern am Square teilte. Es war sieben Uhr. Drake, Gartenaufseher von eigenen Gnaden, kniete bereits bei einer der Bänke. In der einen Hand einen Farbspachtel, in der anderen eine Flasche mit farbloser Flüssigkeit.

«Taubendreck», bellte Drake Stephen an. «Taubendreck und keiner kann sich hinsetzen. Keiner.» Stephen stand hinter dem alten Mann, die Hände tief in den Taschen, und verfolgte, wie er die grauen und weißen Flecken bearbeitete. Er fühlte sich getröstet. Um den Garten herum verlief ein schmaler Pfad, den der tägliche Verkehr von Gassigehern, blockierten Schriftstellern – und krisengeschüttelten Ehepaaren zu einer Rinne ausgetreten hatte.

Dort unterwegs dachte Stephen jetzt, wie so oft, an Miranda, seine Tochter. Am Sonntag würde sie vierzehn werden. Heute müßte er ihr eigentlich ein Geschenk besorgen. Vor zwei Monaten schickte sie ihm einen Brief. «Lieber Daddy, paßt du auf dich auf? Kann ich bitte fünfundzwanzig Pfund haben, um einen Plattenspieler zu kaufen? Mit den allerherzlichsten Grüßen, Miranda.» Er antwortete postwendend und bedauerte es im selben Augenblick, da er den Brief aus den Händen gab. «Liebe Miranda, ich passe auf mich auf, aber nicht genug, um einzuwilligen, in... etc.» In Wahrheit war es seine Frau, an die er sich gewandt hatte. Auf der Sortierstelle sprach er mit einem verständnisvollen Beamten, der ihn am Ellbogen mitführte. Sie möchten einen Brief zurücknehmen? Hier entlang, bitte. Sie passierten eine Glastür und traten hinaus auf einen kleinen Balkon. Der freundliche Beamte bedeutete mit einem Handschwenk den grandiosen Anblick, ein knapper Hektar mit Männern, Frauen, Maschinen und laufenden Fließbändern. Wo hätten Sie denn nun gerne, daß wir anfangen?

Als er das dritte Mal zu seinem Ausgangspunkt zurückkehrte, stellte er fest, daß Drake weg war. Die Bank war fleckenlos und roch nach Spiritus. Er setzte sich. Er hatte Miranda dreißig Pfund geschickt, drei nagelneue Zehn-Pfund-Noten in einem eingeschriebenen Brief. Er bedauerte auch dies. Die fünf Pfund zusätzlich machten sein Schuldgefühl so deutlich. Er verbrachte zwei Tage über einem Brief an sie und stümperte, ohne besonderen Bezug, Gefühlsduseleien hin. «Liebe Miranda, ich habe neulich etwas Popmusik im Radio gehört und mußte mich doch über den Text wundern, der...» Auf so einen Brief konnte er keine Antwort erhalten. Doch sie kam etwa zehn Tage später. «Lieber Daddy, danke für das Geld. Ich habe einen Musivox Junior gekauft, den gleichen wie meine Freundin Charmian. Mit den allerherzlichsten Grüßen, Miranda. P.S. Er hat zwei Lautsprecher.»

Wieder im Haus machte er Kaffee, nahm ihn mit in sein Arbeitszimmer und sank in jene milde Trance, die es ihm erlaubte, dreieinhalb Stunden ohne Pause zu arbeiten. Er rezensierte ein Pamphlet über die viktorianische Einstellung zur Menstruation, er stellte weitere drei Seiten einer Short story fertig, an der er schrieb, er schrieb ein wenig in sein sporadisch geführtes Tagebuch. Er tippte: «Nächtlicher Samenerguß wie der letzte Schnaufer eines alten Mannes» und x-te es aus. Aus einer Schublade holte er ein dickes Hauptbuch und trug auf die Habenseite ein «Rezension... 1500 Wörter. Short story... 1020 Wörter. Tagebuch... 60 Wörter.» Er entnahm einem Kasten, auf dem «Stifte» stand, einen roten Kuli, hakte den Tag ab, klappte das Buch zu und legte es in die Schublade zurück. Er stülpte die Schutzhülle wieder über seine Schreibmaschine, legte den Hörer auf die Gabel zurück, sammelte das Kaffeegeschirr auf einem Tablett und trug es hinaus, er riegelte die Arbeitszimmertür hinter sich ab und beschloß so das seit dreiundzwanzig Jahren unveränderte Morgenritual.

Er ging schnell die Oxford Street hoch und las Geschenke für den Geburtstag seiner Tochter aus. Er kaufte ein paar Jeans, ein Paar bunte Leinenturnschuhe, die an das Sternenbanner erinnerten. Er kaufte drei bunte T-Shirts mit lustigen Sprüchen... Ich hab Regen im Herzen. Noch immer Jungfrau und Ohio State University. Er kaufte eine Parfumkugel und ein Würfelspiel von einer Frau auf der Straße und eine Halskette mit Plastikperlen. Er kaufte ein Buch über weibliche Helden, ein Spiel mit Spiegeln, einen Plattengutschein im Werte von 5 £, ein Seidenhalstuch und ein Glaspony. Das Seidentuch brachte ihn auf Unterwäsche, und er kehrte entschlossen in das Geschäft zurück.

Die erotische, pastellfarbene Stille der Miederwarenetage erweckte ein Tabugefühl in ihm, er sehnte sich danach, sich irgendwo niederzulegen. Er zögerte am Eingang der Abteilung, machte dann kehrt. Er kaufte eine Flasche Cologne in einer anderen Etage und kam in einer Stimmung düsterer Erregung nach Hause. Er baute seine Geschenke auf dem Küchentisch auf und begutachtete sie mit Abscheu, ihren widerwärtigen Exzeß und ihre Leutseligkeit. Einige Minuten lang stand er vor dem Küchentisch, starrte einen Gegenstand nach dem anderen an und versuchte die Überzeugung wiederzubeleben, mit der er ihn gekauft hatte. Den Plattengutschein legte er beiseite, den Rest fegte er in eine Tragetüte und warf sie in den Schrank in der Diele. Dann zog er Schuhe und Strümpfe aus, legte sich auf sein ungemachtes Bett, untersuchte mit dem Finger den farblosen Fleck, der sich auf dem Laken verhärtet hatte, und schlief dann bis zur Dunkelheit.

Mit nacktem Oberkörper lag Miranda Cooke auf ihrem Bett, die Arme ausgebreitet, das Gesicht tief im Kissen vergraben und das Kissen tief unter ihrem gelben Haar begrabend. Auf einem Stuhl beim Bett spielte sich ein rosa Transistorradio systematisch durch die Top Twenty. Die Spätnachmittagssonne schien durch geschlossene Vorhänge und tauchte den Raum in das Azurgrün eines tropischen Aquariums. Klein Charmian saß rittlings auf Mirandas Hintern, Winzling Charmian, Mirandas Freundin, ratschte mit ihren Fingernägeln unermüdlich auf Mirandas blassem, makellosem Rücken hoch und runter.

Auch Charmian war nackt, und die Zeit schien stillzustehen. Aufgereiht vor dem Spiegel des Schminktischs, die Beine von Kosmetikdöschen und Tuben verborgen, die Hände in immerwährender Überraschung emporgereckt, saßen die ausrangierten Puppen aus Mirandas Kindheit. Charmians Liebkosungen verlangsamten sich zu einem Nichts, ihre Hände blieben im Kreuz ihrer Freundin liegen. Sie starrte auf die Wand vor sich und wiegte sich geistesabwesend. Hörte.

> Die hocken alle eingelocht im Kinderzimmer
> Mit Kopfhörerbirnen und schmutzigen Hälsen
> Die sind echt Zwanzigstes Jahrhundert.

«Ich wußte nicht, daß *das* drin ist», sagte sie. Miranda verdrehte den Kopf und sprach unter ihren Haaren hervor.

«Es ist wieder reingekommen», erklärte sie. «Das war mal ein Rolling Stones-Song.»

> Meinste nicht, da gibt's Platz für dich
> Bei uns zwischen den Laken?

Als es zu Ende war, übertönte Miranda mürrisch die hysterische Routine des DJ's. «Du hast aufgehört. Wieso hast du aufgehört?»

«Ich mache das jetzt schon ewig.»

«Du hast gesagt, eine halbe Stunde an meinem Geburtstag. Du hast es versprochen.» Charmian begann wieder. Miranda seufzte wie jemand, der nur bekommt, was ihm rechtmäßig zusteht, und senkte den Mund in das Kissen. Außerhalb des Zimmers brummte besänftigend der Verkehr, der Ton einer Krankenwagensirene schwoll an und ab, ein Vogel begann zu singen, brach ab, fing wieder an, irgendwo unten klingelte es, und später rief eine Stimme, immer wieder, noch eine Sirene fuhr vorbei, diesmal weiter weg... es war alles so entfernt von dem aquatischen Dämmer, wo die Zeit stehengeblieben war, wo Charmian ihrer Freundin zum Geburtstag sacht ihre Fingernägel über den Rükken strich. Die Stimme drang wieder zu ihnen. Miranda rührte sich und sagte: «Ich glaube, Ma ruft mich, Dad muß wohl gekommen sein.»

Als er an der Haustür läutete, dort, wo er sechzehn Jahre gewohnt hatte, vermutete Stephen, seine Tochter werde ihm öffnen. Das tat sie meistens. Doch es war seine Frau. Sie befand sich drei Betonstufen hoch im Vorteil und sie funkelte auf ihn herab und wartete darauf, daß er etwas sagte. Er hatte nichts für sie parat.

«Ist... ist Miranda da?» sagte er schließlich. «Ich habe mich ein wenig verspätet», setzte er hinzu, nutzte die Chance und kam die Stufen hoch. Im allerletzten Moment trat sie zur Seite und machte die Tür weiter auf.

«Sie ist oben», sagte sie tonlos, als Stephen versuchte, sich ohne sie zu berühren vorbeizuzwängen. «Wir können ins große Zimmer gehen.» Stephen folgte ihr in das gemütliche, unveränderliche Zimmer, das vom Boden bis unter die Decke mit Büchern gesäumt war, die er zurückgelassen hatte. In der einen Ecke stand unter dem Leinenüberwurf sein Flügel. Stephen strich mit der Hand über die geschwungene Flanke. Er wies auf die Bücher und sagte: «Ich muß dich von denen da befreien.»

«Wenn du irgendwann gerade mal Zeit dazu hast», sagte sie, als sie ihm einen Sherry eingoß. «Es eilt nicht.» Stephen setzte sich ans Klavier und hob den Deckel.

«Spielt jetzt einer von euch darauf?» Sie durchquerte mit seinem Glas das Zimmer und stellte sich hinter ihn.

«Ich habe nie die Zeit dazu. Und Miranda hat augenblicklich kein Interesse.» Er spreizte die Hände über einem weichen, ausgreifenden Akkord, hielt ihn mit dem Pedal aus und lauschte, wie er erstarb.

«Es ist also noch gestimmt?»

«Ja.» Er spielte mehr Akkorde, er begann eine Melodie zu improvisieren, fast eine Melodie. Mit Vergnügen konnte er den Zweck seines Kommens vergessen und sich selbst überlassen werden, um für eine Stunde vielleicht auf seinem Klavier zu spielen.

«Ich habe seit über einem Jahr nicht mehr gespielt», sagte er zur Erklärung. Seine Frau war jetzt drüben an der Tür und wollte eben Miranda rufen, und sie mußte die Luft anhalten, um dann zu sagen:

«Wirklich? Ich finde, es klingt gut. Miranda», rief sie, «Miranda, Miranda», auf drei Noten an- und absteigend, wobei die dritte Note höher lag als die erste und inquisitorisch nachschleppte. Stephen spielte die Drei-Noten-Melodie rückwärts, und seine Frau brach abrupt ab. Sie sah scharf in seine Richtung. «Sehr schlau.»

«Du weißt, du hast eine musikalische Stimme», sagte Stephen ohne Ironie. Sie trat weiter ins Zimmer hinein.

«Beabsichtigst du immer noch, Miranda zu fragen, ob sie zu dir kommen möchte?» Stephen klappte das Klavier zu und ergab sich den Feindseligkeiten.

«Du hast sie also bearbeitet?» Sie verschränkte die Arme.

«Sie wird nicht mit dir mitgehen. Allein jedenfalls nicht.»

«Für dich ist in der Wohnung nicht auch noch Platz.»

«Das fehlte noch.» Stephen stand auf und hob die Hand wie ein Indianerhäuptling.

«Nicht doch», sagte er. «Nicht doch.» Sie nickte und kehrte zur Tür zurück und rief mit gleichförmiger, nachahmungsimmuner Stimme nach ihrer gemeinsamen Tochter. Dann sagte sie ruhig: «Ich meine Charmian. Mirandas Freundin.»

«Wie ist sie?»

Sie zögerte. «Sie ist oben. Du wirst sie zu sehen bekommen.»

«Ach...»

Sie saß schweigend da. Oben hörte Stephen Kichern, das vertraute, ferne Zischen der Wasserleitung, das Öffnen und Schließen einer Schlafzimmertür. Er zog aus seinen Regalen ein Buch über Träume und blätterte darin. Er merkte, daß seine Frau aus dem Zimmer ging, doch er blickte nicht auf. Die sinkende Nachmittagssonne erhellte das Zimmer. «Eine Pollution während eines Traums weist auf die sexuelle Natur des ganzen Traums hin, gleichgültig wie dunkel und unwahrscheinlich seine Inhalte sind. In Pollutionen kulminierende Träume vermögen sowohl das Lustobjekt des Träumenden als auch seine inneren Konflikte zu enthüllen. Ein Orgasmus kann nicht lügen.»

«Hallo, Daddy», sagte Miranda. «Das ist meine Freundin Charmian.» Das Licht blendete ihn, und er dachte zuerst, sie hielten sich an den Händen, Seite an Seite vor ihm wie Mutter und Kind, rückwärtig beleuchtet von der orange sinkenden Sonne, warteten darauf, gegrüßt zu werden. Ihr jüngstes Gelächter schien in ihrem Schweigen verhüllt. Stephen stand auf und umarmte seine Tochter. Sie fühlte sich anders an, kräftiger vielleicht. Sie roch ungewohnt, sie hatte nun ein Privatleben, über das sie keinem Rechenschaft schuldete. Ihre bloßen Arme waren sehr warm.

«Alles Gute zum Geburtstag», sagte Stephen, schloß die Augen, als er sie drückte, und bereitete sich darauf vor, die Miniaturgestalt neben ihr zu begrüßen. Er trat lächelnd zurück und kniete sich wahrhaftig vor ihr auf den Teppich hin, um ihr die Hand zu schütteln, dieser puppenhaften Figurine, die keine 1,10 m groß neben seiner Tochter stand und deren übergroßes, hölzernes Gesicht unverwandt sein Lächeln erwiderte.

«Ich habe eins Ihrer Bücher gelesen», lautete ihre stille erste Bemerkung. Stephen setzte sich wieder in seinen Sessel. Die beiden Mädchen standen noch immer vor ihm, als wollten sie beschrieben und verglichen werden. Mirandas T-Shirt endete mehrere Zentimeter über ihrer Hüfte, und ihre wachsenden Brüste hoben den Saum deutlich vom Bauch ab. Ihre Hand ruhte schützend auf der Schulter der Freundin.

«Tatsächlich?» sagte Stephen nach geraumer Pause. «Welches denn?»

«Das über die Evolution.»

«Ach...» Stephen holte den Umschlag mit dem Plattengutschein aus der Tasche und gab ihn Miranda. «Eine Kleinigkeit», sagte er und dachte an die Tüte voller Geschenke. Miranda zog sich in einen Sessel zurück, um ihren Umschlag zu öffnen. Die Zwergin jedoch blieb vor ihm stehen und musterte ihn. Sie zupfte am Saum ihres Kinderkleidchens.

«Miranda hat mir eine Menge über Sie erzählt», sagte sie höflich. Miranda blickte auf und kicherte.

«Gar nicht», protestierte sie. Charmian fuhr fort.

«Sie ist sehr stolz auf Sie.» Miranda errötete. Stephen machte sich Gedanken über Charmians Alter.

«Ich habe ihr nicht eben viel Grund dazu gegeben», hörte er sich sagen und wies ins Zimmer, um die Natur seiner häuslichen Situation anzudeuten. Das winzige Mädchen schaute ihm geduldig in die Augen, und für einen Moment schwankte er am Rand eines vollen Geständnisses. Weißt du, ich habe meine Frau in der Ehe nie befriedigt. Ihre Orgasmen erschreckten mich. Miranda hatte ihr Geschenk entdeckt. Mit einem kleinen Schrei kam sie aus ihrem Sessel, wiegte seinen Kopf in ihren Händen und küßte ihn im Sichniederbeugen aufs Ohr.

«Danke schön», murmelte sie feurig und laut, «danke schön, danke schön.» Charmian kam ein paar Schritte näher, bis sie fast zwischen seinen geöffneten Knien stand. Miranda ließ sich auf seiner Sessellehne nieder. Es wurde dunkler. Er spürte im Nacken die Wärme von Mirandas Körper. Sie rutschte noch ein wenig tiefer und legte den Kopf auf seine Schulter.

Charmian bewegte sich. Miranda sagte: «Ich bin froh, daß du gekommen bist», und zog die Knie an, um sich kleiner zu machen. Draußen hörte Stephen seine Frau die Zimmer wechseln. Er hob den Arm um die Schulter seiner Tochter, bedacht darauf, ihre Brüste nicht zu berühren, und drückte sie an sich.

«Kommst du zu mir, wenn die Ferien anfangen?»

«Charmian auch...» Sie sprach kindlich, doch ihre Worte waren feinabgestimmt zwischen Nachfrage und Bedingung.

«Charmian auch», stimmte Stephen zu. «Wenn sie möchte.» Charmian schlug die Augen nieder und sagte geziert: «Danke schön.»

Während der folgenden Woche traf Stephen Vorbereitungen. Er wischte den Fußboden seines einzigen Gästezimmers, er putzte die Fenster dort und hängte neue Gardinen auf. Er mietete einen Fernseher. Morgens arbeitete er mit gewohnter Betäubung und trug das Geleistete in das Hauptbuch ein. Er brachte sich schließlich dahin, zu detaillieren, woran er sich aus seinem Traum noch erinnern konnte. Die Einzelheiten schienen sich einleuchtend zu verdichten. Seine Frau war in dem Café. *Ihr* kaufte er Kaffee. Ein junges Mädchen nahm eine Tasse und hielt sie an die Maschine. Doch jetzt war *er* die Maschine, jetzt füllte *er* die Tasse. Diese in seinem Tagebuch reinlich und mysteriös niedergelegte Sequenz machte ihm jetzt weniger zu schaffen. Sie barg seiner Ansicht nach ein gewisses literarisches Potential. Sie mußte Fleisch bekommen, und da er sich an nichts weiter erinnern konnte, würde er den Rest erfinden müssen. Er dachte an Charmian, daran, wie klein sie war, und er prüfte sorgfältig die Stühle, die den Eßzimmertisch umstanden. Sie war klein genug für ein Babystühlchen. In einem Warenhaus suchte er sorgfältig zwei Kissen aus. Dem Impuls, den Mädchen Geschenke zu kaufen, mißtraute und widerstand er. Doch er wollte noch mehr für sie tun. Was könnte er tun? Er harkte uralte Schmutzklumpen unter der Küchenspüle hervor, schüttete tote Fliegen und Spinnen aus den Beleuchtungskörpern, kochte stinkige Geschirrtücher aus; er kaufte sogar eine Klobürste und schrubbte die verkrustete Schüssel. Dinge, die ihnen nie zufallen würden. War er wirklich so ein alter Narr geworden?

Er telefonierte mit seiner Frau.

«Du hast Charmian vorher nie erwähnt.»

«Nein», stimmte sie zu. «Das ist eine relative Neuerwerbung.»

«Und ...» wand er sich, «wie geht's dir damit?»

«Von mir aus, kein Problem», sagte sie ganz entspannt. «Sie sind gute Freundinnen.» Sie stellte ihn auf die Probe, dachte er. Sie haßte ihn für seine Ängstlichkeit, seine Passivität und für all die vergeudeten Stunden in den Federn. Es kostete sie viele Ehejahre, es zu sagen. Das Experimentieren in seinem Schreiben, der Mangel daran in seinem Leben. Sie haßte ihn. Und jetzt hatte sie einen Liebhaber, einen stürmischen Liebhaber. Und doch wollte er sagen: Ist das richtig, unsere schöne Tochter mit einer Freundin, die von Rechts wegen in den Zirkus gehört oder teeservierenderweise in ein seidenverhangenes Bordell? Unsere flachshaarige, vollkommen gestaltete Tochter, unsere zarte Knospe, ist das nicht pervers?

«Erwarte sie Donnerstagabend», sagte seine Frau zum Schluß.

Als Stephen die Tür öffnen ging, sah er zuerst nur Charmian, und dann machte er außerhalb des knappen Lichtkegels vom Flur Miranda aus, die sich mit beiden Gepäckgarnituren abmühte. Charmian stand die Hände in die Hüfte gestützt da, den schweren Kopf leicht auf eine Seite gekippt. Ohne Begrüßung sagte sie: «Wir mußten ein Taxi nehmen, und er wartet unten.»

Stephen küßte seine Tochter, half ihr die Koffer hineinzubringen und ging hinunter, um das Taxi zu bezahlen. Als er zurückkam, ein wenig außer Atem von zwei Treppen, war seine Wohnungstür zu. Er klopfte und mußte warten. Charmian öffnete die Tür und vertrat ihm den Weg.

«Sie können nicht rein», sagte sie feierlich. «Sie müssen später wiederkommen», und sie machte Anstalten, die Tür zu schließen. Stephen lachte sein näselndes, unüberzeugendes Lachen, machte einen Satz nach vorn, schnappte sie unter den Armen und schaufelte sie in die Luft. Gleichzeitig betrat er die Wohnung und klappte hinter sich die Tür mit dem Fuß zu. Er wollte sie wie ein Kind hoch in die Luft heben, doch sie war schwer, schwer wie eine Erwachsene, und ihre Füße schleppten wenige Zentimeter über dem Boden, mehr schaffte er nicht. Sie hämmerte mit den Fäusten nach seiner Hand und schrie:

«Lassen Sie mich ...» Das Zuknallen der Tür schnitt ihr letztes Wort ab. Stephen gab sie augenblicklich frei.

«...runter», sagte sie sanft. Sie standen im hellen Flur, beide ein wenig außer Atem. Zum erstenmal sah er deutlich Charmians Gesicht. Ihr Kopf war rundschädelig und massig, ihre Unterlippe permanent nach außen gestülpt, und sie hatte die Ansätze eines Doppelkinns. Ihre Nase war platt, und sie hatte das schwache flaumige Grau eines Schnurrbarts. Ihr Nacken war breit und bullig. Ihre Augen waren groß und ruhig, weit auseinandergerückt, hundebraun. Sie war nicht häßlich, nicht mit diesen Augen. Miranda stand am anderen Ende des langen Flurs. Sie trug vorgebleichte Jeans und ein gelbes Hemd. Ihr Haar war zu einem Zopf geflochten und am Ende mit einem blauen Stoffetzchen zusammengebunden. Sie kam und stellte sich ihrer Freundin zur Seite.

«Charmian mag nicht herumgehoben werden», erklärte sie. Stephen führte sie zu seinem Wohnzimmer.

«Entschuldige», sagte er zu Charmian und legte ihr für einen Moment die Hand auf die Schulter.

«Das wußte ich nicht.»

«Ich habe an der Tür nur Spaß gemacht», sagte sie gelassen.

«Aber sicher doch», sagte Stephen eilig. «Etwas anderes dachte ich auch nicht.»

Während des Abendessens, das Stephen fertiggekocht bei einem italienischen Restaurant um die Ecke gekauft hatte, erzählten ihm die Mädchen von ihrer Schule. Er gönnte ihnen einen Schluck Wein, und sie kicherten eine Menge, und sie umklammerten sich, wenn sie sich um den Hals fielen. Sie souffliertten einander eine Geschichte über ihren Direktor, der unter Mädchenröcke schielte. Er erinnerte sich an einige Anekdoten aus seiner eigenen Schulzeit, oder vielleicht stammten sie aus der Zeit anderer Leute, doch er erzählte sie gut, und sie lachten begeistert. Sie wurden sehr aufgedreht. Sie bettelten um mehr Wein. Er sagte ihnen, ein Glas sei genug.

Charmian und Miranda sagten, sie wollten den Abwasch machen. Stephen lümmelte sich mit einem großen Brandy in einen Lehnstuhl, besänftigt von ihrem Stimmengewirr und dem heimeligen Klappern des Geschirrs. Hier wohnte er, hier war sein Zuhause. Miranda brachte ihm Kaffee. Sie stellte ihn mit der Pseudohöflichkeit einer Kellnerin auf dem Tisch ab.

«Kaffee, Sir?» sagte sie. Stephen rutschte in seinem Sessel, und sie setzte sich eng neben ihn hinein. Sie bewegte sich mühelos zwischen Frau und Kind. Wie schon einmal zog sie die Beine an und drängte sich an ihren großen, struppigen Vater. Sie hatte die Zöpfe gelöst, und ihr Haar fiel über Stephens Brust, golden im elektrischen Licht.

«Hast du einen Freund in der Schule?» fragte er.

Sie schüttelte den Kopf und hielt ihn an seine Schulter gepreßt.

«Findest wohl keinen, wie?» insistierte Stephen. Sie setzte sich plötzlich auf und schob sich die Haare aus dem Gesicht.

«Es gibt haufenweise Jungs», sagte sie wütend, «haufenweise, aber die sind so *dämlich*, das sind unheimliche Wichtigtuer.» Noch nie zuvor hatte die Ähnlichkeit zwischen seiner Frau und seiner Tochter so groß geschienen. Sie funkelte ihn an. Sie rechnete ihn zu den Jungs in der Schule. «Dauernd machen sie etwas.»

«Was denn zum Beispiel?» Sie schüttelte unwillig den Kopf.

«Weiß ich nicht... wie sie sich die Haare kämmen und dabei in die Knie gehen.»

«In die Knie gehen?»

«Ja. Wenn sie glauben, daß man sie beobachtet. Sie stehen vor unserem Fenster und tun so, als würden sie sich die Haare kämmen, und dabei gucken sie bloß zu uns rein und tun sich wichtig. Ungefähr so.» Sie sprang aus dem Sessel und duckte sich in der Zimmermitte vor einem imaginären Spiegel, beugte sich weit vor wie eine Sängerin über ein Mikrofon, den Kopf grotesk schiefgelegt, und kämmte sich mit langen, kunstvollen Strichen; sie trat zurück, machte sich zurecht und kämmte sich wieder. Es war eine gnadenlose Imitation. Auch Charmian verfolgte sie. Sie stand im Türrahmen, in jeder Hand einen Kaffee.

«Und du, Charmian», sagte Stephen unbekümmert, «hast du einen Freund?» Charmian stellte die Kaffeetassen hin und sagte: «Natürlich nicht», und sie blickte hoch und lächelte ihnen beiden mit der Nachsicht einer weisen alten Frau zu.

Später zeigte er ihnen dann ihr Schlafzimmer.

«Es gibt nur ein Bett», teilte er ihnen mit. «Ich dachte mir, es würde euch nichts ausmachen, es zu teilen.» Es war ein enormes Bett, 2 × 2 Meter, eins der wenigen großen Dinge, die er aus seiner Ehe mitgebracht hatte. Die Bettwäsche war tiefrot und sehr alt, aus einer Zeit, wo alle Welt weiße Bettwäsche hatte. Er mochte jetzt nicht darin schlafen, es war ein Hochzeitsgeschenk gewesen. Charmian lag auf dem Bett, sie beanspruchte kaum mehr Platz als eines der Kissen. Stephen sagte gute Nacht. Miranda folgte ihm auf den Flur, stand auf Zehenspitzen, um ihn auf die Wange zu küssen.

«*Du* bist kein Wichtigtuer», flüsterte sie und klammerte sich an ihn. Stephen stand völlig reglos. «Ich wünschte, du würdest nach Hause kommen», sagte sie. Er küßte ihren Scheitel.

«Hier ist zu Hause», sagte er. «Du hast jetzt zwei Zuhause.» Er sprengte ihren Griff und führte sie zur Schlafzimmertür zurück. Er quetschte ihr die Hand. «Bis morgen früh», murmelte er, ließ sie dort stehen und eilte in sein Arbeitszimmer. Erschreckt über seine Erektion setzte er sich freudig-erregt. Zehn Minuten vergingen. Er glaubte, düster, analytisch sein zu müssen, dies war eine ernste Angelegenheit. Doch er wollte singen, er wollte auf seinem Klavier spielen, er wollte spazierengehen. Er tat nichts davon. Er saß reglos da, starrte vor sich hin, dachte an nichts Bestimmtes und wartete darauf, daß der Erregungsschauer aus seinem Bauch verschand.

Als dies geschah, ging er zu Bett. Er schlief schlecht. Viele Stunden lang marterte ihn der Gedanke, daß er noch wach war. Aus bruchstückhaften Träumen erwachte er vollends in totaler Dunkelheit. Er vermeinte dann, seit geraumer Zeit ein Geräusch gehört zu haben. Er konnte sich nicht erinnern, was für ein Geräusch es war, nur daran, daß er es nicht gemocht hatte. Es war still jetzt, die Dunkelheit rauschte ihm in den Ohren. Er wollte pinkeln, und einen Moment lang fürchtete er sich, sein Bett zu verlassen. Die Gewißheit seines eigenen Todes überkam ihn jetzt so, wie sie es manchmal tat: als schlimme Enthüllung, nicht die Angst vor dem Sterben, sondern die Angst jetzt zu sterben, um 3.15 Uhr in der Früh, wie er reglos dalag, die Bettdecke hochgezogen und um den Hals geschlungen und wie alle sterblichen Tiere urinieren wollte. Er knipste das Licht an und ging ins Badezimmer. Sein Pimmel war klein in seinen Händen, nußbraun und schrumpelig vor Kälte oder vielleicht vor Furcht. Er bedauerte ihn. Beim Pinkeln teilte sich sein Strahl. Er zog die Vorhaut ein wenig zurück, und die Strahlen flossen zusammen. Er bedauerte sich selbst. Er trat in die Diele zurück, und als er die Badezimmertür hinter sich schloß und das Rumpeln des Wasserkastens abschnitt, hörte er wieder dieses Geräusch, das Geräusch, dem er im Schlaf gelauscht hatte. Ein so vergessenes und ungeheuer vertrautes Geräusch, daß er es erst jetzt, als er sich ganz vorsichtig durch den Flur vorarbeitete, als den Hintergrund aller anderen Geräusche, den Rahmen aller Ängstlichkeiten erkannte. Das Geräusch seiner Frau beim oder kurz vor dem Orgasmus. Einige Schritte vor dem Schlafzimmer der Mädchen blieb er stehen. Es war ein unterdrücktes Stöhnen, über ein rauhes, bellendes Husten stieg seine Tonhöhe unmerklich um Notenbruchteile, wurde am Ende schwächer, tiefer, jedoch nicht viel, immer noch höher als zu Beginn. Er wagte sich nicht näher an die Tür heran.

IN LIEBE!

Marie-Luise Kaschnitz

Adam und Eva

Als Adam und Eva gezwungen wurden, das Paradies zu verlassen, ging es ihnen gewiß lange Zeit ziemlich schlecht. Wie man hört, waren die Tiere draußen unfreundlich, der Boden steinig und das Klima rauh. Adam und Eva hatten nichts gelernt als faulenzen, und die Arbeit fiel ihnen schwer. Kaum daß sie, wie man zu sagen pflegt, auf einen grünen Zweig gekommen waren, geschah das Unglück mit den beiden ältesten Söhnen, die sie schlecht erzogen hatten, so daß der selbstgefällige Abel nun unter dem Rasen lag, während der gewalttätige Kain irgendwo herumirrte und die Eltern sehen konnten, wie sie zurechtkamen ohne den Gärtner Abel und den Jäger Kain. Aber dann wuchsen ihnen neue Kinder heran und immer wieder neue, wenigstens stelle ich mir das so vor, und auch, daß Adam und Eva ziemlich alt wurden, ehe sie zu altern begannen. Um diese Zeit hatten sie gewiß längst ein Haus, und Eva ging nicht mehr in Schürzchen aus Palmblättern umher. Obwohl beide an den Garten Eden nur noch eine schwache Erinnerung hatten, ahmten sie doch nach, was sie einmal dort gesehen hatten, indem sie einen Brunnen gruben, der dem Wasser des Lebens glich, einen Garten pflanzten und einige Tiere zähmten, die sich auf dem umfriedeten Grundstück friedlich wie die Tiere des Paradieses benahmen. Dies alles war ganz unvollkommen, aber es machte Freude, daran zu arbeiten und abends umherzugehen und darüber nachzudenken, was sich noch tun ließ. Es machte soviel Freude, daß sie mit der Zeit ganz zufrieden wurden und Adam sich manchmal selbst ein bißchen so fühlte, als sei er der liebe Gott.

Es war darum eine große Erschütterung für ihn, als er eines Tages erfuhr, daß er sterben müßte. Nicht, daß er darüber eine bestimmte Nachricht erhalten hätte. Er sah nur eines Abends ein Tier seiner Herde tot umfallen, und da er sich selbst diesem großen, starken Leittier oft verglichen hatte, kam ihm mit einemmal der Gedanke, daß er in dieser Beziehung nicht mehr und nichts Besseres sei als ein Tier. Als er zu dieser Erkenntnis gekommen war, wurde er sich verschiedener Mängel bewußt, die er vorher nicht gekannt hatte, einer Schwäche der Augen, einer Unsicherheit der Hände, einer Trübung des Gehörs. Das ist der Tod, dachte er entsetzt, als an diesem Abend ein zerbrechlicher Gegenstand seiner Hand entglitt. Was hast du denn? fragte Eva, weil er wie versteinert dastand, während sie die Scherben zusammenlas.

Diese Frage: Was hast du denn? stellte Eva noch einige Male in der folgenden Zeit. Denn Adam begann sich in der Tat wunderlich zu benehmen. Es fing damit an, daß er nicht mehr schlief in der Nacht. Er wälzte sich bald auf die eine, bald auf die andere Seite oder lag auch still auf dem Rücken und starrte zur Decke hinauf. Er konnte nicht schlafen, weil er zu viel denken mußte, aber die Gedanken, die ihn wachhielten, waren keineswegs erhabene, an den Tod oder an Gott, vielmehr drehten sie sich mit gräßlicher Beharrlichkeit um kleine häusliche Mißstände, einen Fehler in der Bewässerungsanlage, eine schadhafte Stelle im Dach. Wenn die Nacht vorüber war und alle im Haus sich wieder an ihre Arbeit begaben, überfiel ihn dann eine schreckliche Müdigkeit, und es kam vor, daß er sich gleich nach dem Frühstück wieder hinlegen mußte und eine ganze Weile liegen blieb. Das war ihm selbst verwunderlich, aber noch viel erstaunlicher war die Empfindlichkeit, die er gegenüber den verschiedensten Geräuschen an den Tag zu legen begann. Das Bellen der Hunde machte ihn rasend, noch mehr das Kreischen der Papageien und das alberne Geschrei der Affen, die in den Bäumen hinter dem Haus spielten und von denen er sich bald einbildete, daß sie ihn verfolgten und nur zu seinem Ärger ihren törichten Lärm vollführten. Die Kinder, und zwar noch mehr die halberwachsenen als die kleinen, erregten seinen Unmut auf Schritt und Tritt. Es fiel ihm plötzlich auf, daß sie gewisse idiotische Redewendungen beständig wiederholten und daß sie, ohne die geringste Rücksicht auf ihn zu nehmen, mit schallender Stimme ihre aufreizend stupiden Lieder sangen.

Schließlich bin ich der Vater, dachte er, und ein Mann, der einiges geleistet hat und dem es lange Zeit schlecht gegangen ist, ein Mann, der Anspruch darauf erheben kann, daß man ihn respektiert. Solche Gedanken waren neu, und neu war auch der Wunsch, der ihn jetzt von Zeit zu Zeit überkam, der Wunsch nämlich, sich zu entfernen aus einer Umgebung, in der man ihn so wenig achtete und seinen Worten so wenig Aufmerksamkeit zollte. Er ging ein paarmal fort in der Nacht, bald in dieser, bald in jener Richtung, und schließlich ertappte er sich darauf, daß er bei diesen Spaziergängen etwas ganz Bestimmtes suchte: nämlich die Mauer des Gartens Eden, auf die er im Anfang, also vor vielen Jahrzehnten, herumwandernd noch manchmal gestoßen war und auf der im roten Abendhimmel die Engelwachen gestanden hatten, sehr schön, mit ihren Wolkenflügeln aus schimmerndem Grau. Aber diese Mauer war nicht mehr da, und er hörte auch bald auf, sie zu suchen. Statt allein fortzugehen, machte er immer öfter die Runde durch sein Anwesen, betrachtete alles, was er gemacht hatte, und fand es schlecht genug. Er beobachtete auch seine Kinder und fand sie faul und leichtsinnig, unfähig, das Werk weiterzuführen, das er begonnen hatte und das zu vollenden ihm nicht Zeit genug blieb. Und dann versuchte er, über dies alles mit Eva zu sprechen, aber Eva lachte nur, und er war von ihrer Gleichgültigkeit aufs tiefste gekränkt.

In der folgenden Zeit fand er immer mehr Ursache, mit seiner Frau unzufrieden zu sein. Denn wenn Eva auch im Anfang seiner Verdüsterung recht lieb und freundlich gewesen war und sich bemüht hatte, ihm ein wenig Ruhe zu verschaffen, so schien sie doch von Tag zu Tag weniger um ihn besorgt zu sein. Ihre Laune war ausgezeichnet, ihr Appetit vorzüglich, und obwohl sie nicht jünger war als Adam selbst, schlief sie, ohne auch nur ein einziges Mal aufzuwachen, die ganze Nacht. Wenn er sich über den Lärm beschwerte, machte sie ein erstauntes Gesicht, wenn er über das Wetter klagte, sagte sie: Es wird schon wieder besser werden, und mit dieser Redewendung, die ihm leichtfertig und frech erschien, schob sie seine Leiden und Ängste, das einzige, das er noch hatte, in das Reich lächerlicher Grillen, denen niemand Aufmerksamkeit schuldig ist. Es fehlte nicht viel, daß sie gesagt hätte: Ach sei doch still, wenigstens meinte Adam dies herauszuhören und auch einen kleinen Ärger über seine Mutlosigkeit, und dieses Unverständnis kränkte ihn tief. Natürlich konnte er trotzdem nicht schweigen, da ja das Sagenmüssen wie Rauch zum Feuer zu diesem inneren Brande gehört. Also sprach er weiter, sprach mit einer Stimme, die ihm selbst verhaßt war, weil sie so nörglerisch und griesgrämig klang. Er beklagte sich über die Sonne und den Regen, über das Unkraut und die Schädlinge und die Kinder, und Eva sagte in der ersten Zeit noch ein paarmal: Das ist doch nicht so arg, und dann sagte sie gar nichts mehr, und er hatte den Verdacht, sie höre ihm überhaupt nicht mehr zu.

Das ist gewiß schlimm für einen Mann, der eingesehen hat, daß sein Leben nicht ewig währt, und der angesichts dieser Tatsache an dem Wert alles Geleisteten zu zweifeln beginnt. Es war schlimm für Adam, der jetzt umherging und alles, was er gemacht hatte, gering achtete und der aus seinen früheren Leiden einen glühenden Anspruch sog. Aber es erwies sich, daß dies noch längst nicht das Ärgste war. Denn das Ärgste ist nicht die Gleichgültigkeit, sondern der Verrat.

Man muß bedenken, daß Adam, der so vieles kannte, so etwas in seinem Leben nie erfahren hatte. Er war der einzige Mann, der für Eva in Frage kam, da es neben ihm nur Söhne und Enkel gab. Zwar war er früher, wenn Eva allein fortging und lange ausblieb, manchmal ein wenig unruhig geworden. Aber Eva war, wenn sie zurückkam, immer besonders strahlend und liebevoll gewesen, immer hatte sie etwas Besonderes mitgebracht, ja, es schien ihm jetzt, als habe er in seinem ganzen Leben nichts als Liebe und Freundlichkeit von ihr erfahren. Aber in dem Augenblick, in dem er sich seines Glückes bewußt wurde, war es mit diesem Glück auch schon vorbei. Denn wenn er bisher niemals in Evas Augen einen verräterischen Glanz gesehen hatte, wenn Eva sich niemals von ihm abgewendet hatte, um ihr Ohr einer anderen Stimme zu leihen: jetzt erfuhr er dies alles, alle Qualen der Eifersucht, nur daß kein Liebhaber, sondern ein Phantom sein Nebenbuhler war, kein Mann, mit dem er hätte kämpfen können, sondern das Traumbild der Jugend und des Lebens schlechthin.

Denn er sah es wohl, der Jugend und dem Leben neigte sich Eva zu. Mit einemmal gewahrte er sie auf der Seite der Kinder, ach, nicht mit Worten, aber mit mancher geheimen Zärtlichkeit, manchem vertraulich wiedergutmachenden Blick. Als Adam den ersten dieser Blicke auffing, zuckte er zusammen wie unter einem Schlag. Von da an wurde er mißtrauisch, horchte und schlich im Haus umher. Einmal, als er sich Eva gegenüber über die stechende Sonne beklagte, bemerkte er, wie sie ihr Gesicht und ihre Arme dieser Sonne entgegenhob, als sei gerade das, was ihn quälte, ihr eine Quelle der Lust. Durch solche Beobachtungen wuchs das Gefühl der Verlassenheit in ihm immer mehr. Er erinnerte sich der Zeiten, in denen Eva und er noch allein gewesen waren, und wie sie da, furchtbar allein und aufeinander angewiesen, sich geschworen hatten, einander niemals zu verlassen. Jetzt war Eva noch immer an seiner Seite, sie war nicht fortgegangen, aber es kam ihm vor, als entferne sie sich dennoch ein wenig weiter mit jedem Tag. In seinem schrecklichen Mißtrauen zeichnete Adam jede Station dieser Entfernung getreulich auf. Er glaubte zu bemerken, wie bei seinen Worten eine leise Ungeduld über Evas Züge glitt. Wenn er ein längeres Ausbleiben ankündigte, meinte er, auf ihren Lippen ein Lächeln der Erleichterung zu sehen, und wenn er dann fortging, bildete er sich ein, daß ihre Stimme, die er aus der Ferne noch hörte, froher und heiterer klang. Einmal, als sie bei der Abendmahlzeit saßen, faßte er sie ins Auge und stellte fest, daß ihre Haut schlaff wurde und ihre Haare sich zu verfärben begannen. Er bemerkte auch, daß sie Schmerzen in den Gliedern hatte und sich nicht mehr so frei und anmutig bewegte wie vorher. Sie ist nicht jünger als ich, dachte er, aber sie tut, als habe sie unbegrenzte Zeit vor sich, ewige Zeit. Und dann dachte er plötzlich, sie weiß nichts, sie weiß es nicht, und er war über ihre Dummheit empört.

Nach dem Essen ging Eva noch auf den Hof hinaus, um das Spielzeug der kleinen Kinder zusammenzusuchen. Adam ging ihr nach und blieb bei ihr stehen und sah sie flehend an. Werde mit mir alt, wollte er sagen, werde mit mir alt. Aber natürlich brachte er diese Worte nicht über die Lippen, sondern begann sich statt dessen über die Mücken zu beklagen in einem wilden und verzweifelten Ton. Was du nur immer hast, sagte Eva, und sah ihn kopfschüttelnd an.

In dieser Nacht beschloß Adam, Eva zu sagen, daß sie sterben müsse. Vielleicht hätte er es nicht getan, wenn nicht der Mondschein so hell im Zimmer und gerade auf Evas Gesicht gelegen hätte und wenn dieses Gesicht nicht so voll von Lebensentzücken gelächelt hätte im Schlaf. Aber dieser Anblick rief in Adam, der schon viele Stunden schlaflos gewesen war, eine dunkle Rachsucht hervor. Er weckte Eva auf, und Eva rieb sich die Augen und fragte, ob etwas mit den Kindern sei. Wir müssen sterben, sagte Adam, und es war ihm zumute, als beginge er einen Mord. Große Neuigkeit, sagte Eva spöttisch. Das weiß ich schon lang. Hast du dir keine Gedanken gemacht? fragte Adam, sobald er sich von seiner Überraschung erholt hatte. Was wir hier zurücklassen, ist unfertig und keinen Pfifferling wert.

Jemand wird es schon fertig machen, sagte Eva.

Die Kinder, sagte Adam streng, sind träge und leichtsinnig. Sie wissen nicht, was arbeiten heißt, und werden elend zugrunde gehen.

Es wird schon noch etwas aus ihnen werden, sagte Eva.

Und was wird aus uns? fragte Adam und stützte seinen Kopf auf die Hand.

Wir bleiben zusammen, sagte Eva. Wir gehen zurück in den Garten. Und sie legte ihre Arme um Adams Hals und sah ihn liebevoll an.

Ist er denn noch da? fragte Adam erstaunt.

Gewiß, sagte Eva.

Wie willst du das wissen? fragte Adam mürrisch.

Woher meinst du, fragte Eva, daß ich die Reben hatte, die ich dir gebracht habe, und woher meinst du, daß ich die Zwiebel der Feuerlilie hatte, und woher meinst du, hatte ich den schönen, funkelnden Stein?

Woher hattest du das alles? fragte Adam.

Die Engel, sagte Eva, haben es mir über die Mauer geworfen. Wenn wir kommen, rufe ich die Engel, und dann öffnen sie mir das Tor.

Adam schüttelte langsam den Kopf, weil eine ferne und dunkle Erinnerung ihn überkam. Gerade dir, sagte er. Aber dann fing er an zu lachen, laut und herzlich, zum erstenmal seit ach wie langer Zeit.

John Lennon

(Forgive Me)
My Little Flower Princess

Forgive me my little flower princess
For crushing your delicateness
Forgive me please forgive me
Forgive me mey little flower princess
For my utter selfishness (putting a crack in
the egg)
Forgive me please forgive me
I know there is no way to repay you
Whatever it takes I will try to
For the rest of my life I will thank you
Thank you thank you thank you
If only you'll forgive me my little flower princess
It's never too late unless you really can't help
Forgive me deep in your heart forgive me
Time is on our side
Let's not waste another minute
'Cause I love you my little (flower princess) friend
I love you
(Please don't you ever forget
That I love you)
Give me just one more chance
And I'll show you – let's take up the dance
Where we left off
The rest of our life will (be the best of (my
little) princess) (I'm home)

Yoko Ono

Your Hands

Your Hands	Anatano Te
Your hands	Anatano te
So beautiful	Konnani kireina
Your hands	Anatano te
I even dream about them	Yumenimade miru
Your skin	Anatano hada
So hot	Konnani atsui
Your skin	Anatano hada
I even dream about it	Yumenimade miru
In a day	Ichinichi ni
No matter how many times we meet	Nando attemo
It's not enough	Aitarinai
In a lifetime	Isshoni
No matter how many times we meet	Nando attemo
It's not enough	Aitarinai
Your mouth	Anatano kuchi
So tender	Konnani yasashii
Your mouth	Anatano kuchi
I even dream about it	Yumenimade miru
Your arms	Anatano ude
So strong	Konnani tsuyoi
Your arms	Anatano ude
I even dream about them	Yumenimade miru
In a lifetime	Isshoni
No matter how many times we meet	Nando attemo
It's not enough	Aitarinai
In many lifetime	Ikusei ni

No matter how many times we meet	Nando attemo
It's not enough	Aitarinai
Our love	Futarino koi
So strong	Konnani tsuyoi
Our love	Futarino koi
So frail	Konnani moroi
Our love	Futarino koi
Forever	Itsumademo
Your eyes	Anatano me
So beautiful	Konnani kireina
Your eyes	Anatano me

Peter Rühmkorf

Außer der Liebe nichts

Flüchtig gelagert in dieses mein Gartengeviert,
Wo mir der Abend noch nicht aus dem Auge will,
schön ist's,
hier noch sagen zu können: schön,
wie sich der Himmel verzieht und die Liebe zu Kopf steigt,
all nach soviel Unsinn und Irrfahrt
an ein seßhaftes Herz zu schlagen, du spürst
einen Messerstich tief in der ledernen Brust
DIE FREUDE.

Wo nun dieser mein Witz das Land nicht verändert,
mein Mund auf der Stelle spricht,
– hebt sich die Hand und senkt sich für garnichts das Lid –
doch solang ich noch atmund-rauchund-besteh,
solang mich mein Kummer noch rührt
und mein Glück mich noch angeht,
will ich
was uns die Aura am Glimmen hält,
mit langer Zunge loben!

Unnütz in Anmut: Dich,
wo die Nacht schon ihr Tuch wirft
über dein ungebildetes Fleisch, es kehren
alle Dinge sich ihre endliche Seite zu,
und aus ergiebigem Dunkel rinnt
finstere Fröhlichkeit...
Ich aber nenne diesseits und jenseits der Stirn
außer der Liebe nichts,
was mich hält und mir beikommt.

Alice Franck

Herz Kleid Zeit

Meiner Haut Fabel
Herz Kleid Zeit
gestern in einem Hinterhof
den lang kein Leierkastenmann
fand gestern ich sang
                    Darling
schön warm
schon gut
griff deine Hand nach Brüsten
Sommer schwere Trauben
du der Wein und ein Pfeifen für
den Morgen in den Taschen
und ich ein Lachen
mitten im Winter
Sonne in den Augen
keine Wolken im Kopf
wir hatten uns nicht die Welt

Klaus Hoffmann

Weil du nicht bist wie alle andern

Weil du nicht bist wie alle andern,
weil man dich niemals kaufen kann,
weil mit dir tausend Sterne wandern,
weil du auch Wölfin bist und Lamm.

Weil du noch Mut hast, um zu träumen,
weil in dir Schmetterlinge sind,
und weil du Zeit hast, dich an Bäumen
halbtot zu freuen wie ein Kind.

Weil du das große Abenteuer
wie ein Geheimnis mit dir führst,
weil du nicht satt bist und das Feuer
so vieler Leben in dir spürst.

Weil du noch in dir suchst und zweifelst,
auch wenn du dich dabei verlierst,
und deine Grenzen überschreitest
und weil du Recht hast, wenn du irrst.

Weil du Verbote einfach ausläßt,
weil du Gesetze haßt wie ich,
weil du dich täglich etwas losläßt,
weil du die Schatten kennst vom Licht.

Weil du ein Herz hast wie ein Bahnhof,
aus dem ein Zug auf Reisen geht.
Und meine Stimme sagt: fahr nicht los,
wenn du für immer von mir gehst.

Weil du nicht bist wie alle andern,
auch wenn du ausgehst wie das Licht,
und mit dir tausend Sterne wandern,
weil es dich gibt, liebe ich dich.

Katja Behrens

An einen Windigen

Du warst ein mutwilliger Wind
Hast gelbes Meer gemacht
aus unbewegtem Weizen
Hast träumende Tannenwälder
flügelschlagend erwachen lassen.

Ein zärtlicher Wind warst du
Ganz sanft nur
bist du über den See gestrichen

Neugierig warst du
Hast in die Höhle der Füchsin geschaut

Dann
bist du ängstlich geworden
Hast nicht mehr gepfiffen
nicht getobt
nicht mehr an den Fensterläden gerüttelt

Jetzt
bist du ein mutloser Wind
Melancholisch hängen die Fahnen
aus den voreilig zum Fest geflaggten Fenstern.

Sarah Kirsch

Die Luft riecht schon nach Schnee

Die Luft riecht schon nach Schnee, mein Geliebter
Trägt langes Haar, ach der Winter, der Winter der uns
Eng zusammenwirft steht vor der Tür, kommt
Mit dem Windhundgespann. Eisblumen
Streut er ans Fenster, die Kohlen glühen im Herd, und
Du Schönster Schneeweißer legst mir deinen Kopf in den
Schoß Ich sage das ist
Der Schlitten der nicht mehr hält, Schnee fällt uns
Mitten ins Herz, er glüht
Auf den Aschekübeln im Hof Darling flüstert die Amsel

Christof Wackernagel

Nadja

Sie sah anders aus: offen, die immer auf Distanz bedachte, aber in einer beunruhigenden, haltlosen Weise. Schon daß sie mich direkt ansah, ließ auf ihre Verfassung schließen.

Es war im allgemeinen schwer, ihrem Blick zu begegnen. Wenn man ihn traf, dann zufällig. Jedenfalls nicht gesucht. Und selbst dann ohne Erkennen.

Aber in jenem Moment war ihr Blick keine Frage, die mir die Antwort überließ. Sie suchte in meinen Augen nur Bestätigung für das, was ihn so verloren gemacht hatte.

«Ist Ferdinand da?» fragte sie, leise wie sonst, aber ungewohnt hell.

«Nein», sagte ich zögernd.

Sie entließ mich nicht aus ihrem Blick. «Kann ich reinkommen?» fragte sie.

«Natürlich», sagte ich erstaunt.

Während sie an mir vorbei in den Flur trat, zurrte sie den langen braunen Schal, den sie stets trug, fest und raffte ihren Mantel an sich. Den Blick leer nach vorne gerichtet.

Ferdinand wohnte sozusagen ambulant bei uns. Er war aus der Gruppe, in der er zuvor gelebt hatte, ausgezogen, weil er sich von seiner Frau getrennt hatte. Sie hatten acht Jahre zusammengelebt, und eines Abends war sie einfach zu einem anderen gegangen. Es war zwar überraschend, aber nicht unerwartet gewesen.

Und so hatte es keine weiteren Diskussionen gegeben. Aber nach drei Wochen war Ferdinand dann nicht mehr in der Lage, diesen Zustand auszuhalten. Als wir gerade zu Besuch waren, fragte er, ob er mitkommen und vorerst bei uns bleiben könne. Auch das war dann zwar überraschend, aber nicht unerwartet gewesen. Wir freuten uns, denn Ferdinands Gesellschaft wurde als Bereicherung empfunden. Sein Kapital bestand in seiner interessanten Vergangenheit, seinen Kochkünsten und seinem virtuosen Gitarrenspiel.

Nachdem er bei uns eingezogen war, hatte er bald eine Arbeit gefunden, und sein weiteres Bleiben wurde eine Selbstverständlichkeit, die niemand in Frage zu stellen das Bedürfnis verspürte.

Eines Nachts hatte er Nadja mitgebracht. Wir waren ohnehin gerade im Begriff ins Bett zu gehen und ließen die beiden bald allein.

Am nächsten Morgen war sie schon gegangen. Ferdinand sahen wir nur noch kurz in der Küche eine Tasse Kaffee trinken. Er stand am Tisch, seine Tasche schon um die Schulter gehängt, und seine Augen blitzten hinter der Tasse hervor.

Dann eilte er lächelnd zur Arbeit.

Die beiden ließen eine Atmosphäre unerklärbarer Heiterkeit zurück. Wir lachten sehr viel und stritten uns kaum an diesem Tag. Auf Schwierigkeiten wurde mit einem Achselzucken reagiert.

Über Ferdinand und Nadja fiel kein Wort, aber sie waren trotzdem auf präzise Weise anwesend.

In der folgenden Zeit ergab es sich, daß sie immer öfter kam. Sie aß mit uns, schlief bei uns, saß auch manchmal bei unseren Gesprächen dabei, beteiligte sich aber kaum daran. Überhaupt nahm sie zu niemandem von uns eine sich über den Austausch von Höflichkeitsfloskeln erstrekkende Beziehung auf. Trotzdem störte es niemanden, wie es in ähnlichen Konstellationen meist der Fall ist. Sie wirkte weder indiskret noch erschien sie nur als Anhängsel von Ferdinand.

Bald wurde ihr Kommen so gewohnt, daß mit Bedauern registriert wurde, wenn sie ausblieb.

Ihre Persönlichkeit strahlte etwas unbedingt Verständnisvolles aus, zu dem man sich hingezogen fühlte, wenngleich eine unerklärliche Scheu einen immer wieder davon zurückhielt, ihr näherzukommen.

Wir erfuhren nie, was sie machte – auch Ferdinand erzählte nie etwas von ihr –, und dennoch schien sie vertraut.

Sie ließ nie erkennen, was sie von uns hielt, zeigte aber auch keinerlei Anzeichen von Ablehnung oder Konkurrenz, wenn Ferdinand mit uns zusammensein wollte. Wir schienen für sie eine Bedingung von Ferdinand zu sein. Etwas, das zu ihm gehörte und das sie, ohne es in Frage zu stellen, akzeptierte.

Vielleicht empfand sie etwas für uns, aber sie zeigte es nie. Es war fast so, als bestünde zwischen ihr und uns eine Art geheimen Abkommens, daß wir gegenseitig gar nichts Derartiges voneinander verlangten.

Dennoch war es kein unverbindliches Verhältnis. Im Gegenteil, es war von gegenseitigem Respekt gekennzeichnet. Auch wenn es nicht mit purer Logik begründet werden konnte oder auf einem bestimmten Verhalten basierte.

Und gerade die sparsame Zuwendung, die sie an uns richtete, ließ sehr schnell das Bedürfnis entstehen, von ihr ins Vertrauen gezogen zu werden, aber ließ gleichzeitig keinen Zweifel daran, daß nur sie es sein konnte, von der dies ausgehen könnte.

Vielleicht lag gerade in dieser Unbestimmtheit das überraschend Glückliche dieses ungekannt zweckfreien Zusammenseins.

Mit Ferdinand redete sie sehr viel. Er hörte fast nur zu, konzentriert und meist nur mit zustimmenden oder ablehnenden Kopfbewegungen. Dann sprach sie noch intensiver auf ihn ein, und manchmal legte sie ganz kurz zur Bekräftigung ihre Hand auf seinen Arm, zog sie aber sofort wieder zurück.

Sie saßen dabei meist etwas abseits, und man konnte nicht verstehen, worüber sie redeten. Aber sie strahlten eine derart ansteckende Zärtlichkeit aus, daß man immer wieder angezogen wurde hinzuschauen, und sich gleichzeitig vorkam wie ein Voyeur.

Die unerklärbare Fröhlichkeit, die sich von ihr übertrug, verstärkte sich im Laufe der Zeit noch. Das Paradoxe daran war, daß es äußerlich gar keinen Grund dafür gab. Nadja wirkte meist sogar eher traurig.

Aber sie ging auch nicht nur von ihr aus, sondern von beiden zusammen.

Ihre Zärtlichkeit war eine der kurzen Blicke und nur ganz selten winziger Berührungen.

Sie verbreiteten eine ebenso undefinierbare wie übergreifende Aura von unbeschwerteter, aber durchdringender Zuversicht, von Fröhlichkeit, in der Trauer mitschwang.

Ein ständiger Widerspruch, der kraft einer seltenen Konstellation sich selbst aufzuheben schien und eine Art Schwebezustand erzeugte, der in seinen Bann zog.

Eine Ahnung von Glück, so manifest wie fragil, so offensichtlich wie unwirklich.

Doch auch eine gewisse Rastlosigkeit machte sich im Laufe der Zeit bei Ferdinand bemerkbar. Das zarte Gefädel, das uns mit so zurückhaltender Freundlichkeit eingefangen hatte, wollte ständig geflochten werden. Es war keine Hektik, es war der Versuch wirklich allumfassender Sorgfalt und Genauigkeit in jeder noch so kleinen Geste oder Aufmerksamkeit.

Das zwang ihn, immer schon weiter zu denken, das ließ nicht zu, bei dem zu verweilen, was zu halten der Sinn seiner Bemühungen war.

Sein Blick schweifte oft ab und wurde dem Nadjas ähnlich. Nicht leer in die Ferne gerichtet, sondern voll vergessenen Verlorenseins.

So schien es, daß das freundliche Wohlgefallen, das von ihm und Nadja ausging, gefährdet würde, ließe man die beiden nicht bei sich, mischte man sich gar ein. Man konnte nur aus der Ferne teilhaben, ja, je größer die Ferne, desto größer die – freilich immer auch fragwürdige – Teilhabe.

Es war unübersehbar, daß die Fortdauer der Tatsächlichkeit eines allen Erfahrungen widersprechenden, aber um so mehr von jedem ersehnten Ideals der Unterstützung anderer bedurft hätte – dadurch um so sicherer zerstört worden wäre.

Als sie ins Zimmer trat, verstummten sofort alle Gespräche. Betroffenheit breitete sich aus, obwohl keiner wußte, warum. Nadja setzte sich auf einen Stuhl und kuschelte sich tief in ihren Mantel. Es war sehr warm im Raum, aber keiner wagte, sie aufzufordern, ihn abzulegen. Sie war zum erstenmal mit uns zusammen, ohne daß Ferdinand dabei war.

Nur einmal hatte ich am Telefon allein mit ihr gesprochen.

Sie hatte natürlich nach Ferdinand gefragt, der gerade nicht da war. Aber es war trotzdem so, als hätte sie angerufen, um mit mir zu sprechen.

Ich zählte alle denkbar möglichen Stellen auf, an denen Ferdinand sich befinden könnte, und wir diskutierten ausführlich den Grad der Wahrscheinlichkeit, mit dem er hier oder dort sein könnte. Ich suchte Telefonnummern und Adressen heraus. Die Übermittlung wurde zu einem kleinen, spannenden Spiel. Sie verstand alles, sofort. Ich spürte ganz deutlich, daß auch sie Spaß daran fand.

So schwang in unser beider Stimmen ein leises Bedauern mit, als das Technische geklärt war. Eine kurze Sekunde wartete jeder auf den anderen, ob nicht eine Frage nach dem Befinden oder was sonst noch so anstünde, käme.

Doch dann war sie es natürlich, die zwar zögernd, aber bestimmt sich verabschiedete.

Allmählich wurde das Schweigen immer drückender.

Unsicher fragte jemand nach Ferdinand. Es war blöde und plump.

Prompt fing Nadja an zu weinen.

Ein einziges Mal hatte ich sie lachen gesehen.

Unsere Hündin, eine kleine, graue Promenadenmischung, war läufig gewesen und hatte einen viermal so großen Bernhardiner angelockt, dem nichts anderes übrig geblieben war, als sie mit jenem zwanghaften Ernst zu bespringen, den Tiere beim Kopulieren zum Ausdruck bringen.

Ein aufgeregtes Jaulen hatte uns alarmiert; neben einem Busch im Garten sahen wir sie, in krampfhaften Zuckungen. Einer eilte nach einem Eimer kalten Wassers, doch als er endlich damit ankam, war es zu spät.

Keuchend wanden sich die Tiere unter unseren neugierigen Blicken, die sie verlegen machten. Als die Hündin zu fliehen versuchte, kam sie nicht los. Schwer hing der Bernhardiner auf ihr.

Beherzt schüttete einer das kalte Wasser auf die beiden. Es machte alles nur schlimmer; aufheulend jagte sie davon, den unbeholfen auf ihr tapsenden Rüden hinter sich herzerrend; verzweifeltes Unverständnis im Blick.

Natürlich rasten sie in das Haus, als ob sie wüßten, daß sie dort nicht begossen werden konnten. Denn sie ließen sich um keinen Preis wieder daraus vertreiben, hingen aber weiter untrennbar zusammen und drehten sich hilflos im Kreis.

Ferdinand stemmte sich mutig gegen den Rücken des Bernhardiners und versuchte, ihn zur Tür zu drängen. Blitzschnell drehte sich das sonst sehr sanfte Tier herum und schnappte mit einem wütenden Knurren nach ihm. Es verfehlte ihn nur knapp, und sein Gebiß klappte laut knackend aufeinander. Schreckensbleich zog sich Ferdinand zurück.

Und da lachte Nadja. Laut, aber nicht spöttisch, hell, aber nicht schrill, sondern mit weicher Resonanz.

So freundlich, aber fremd zugleich, als hätte eine Katze gelacht.

«Diese Frau hat angerufen», sagte Nadja, «vor zwei Tagen schon.» Sie weinte immer noch; ihre Stimme war trotzdem fest, obschon wie unbeteiligt.

Am letzten Wochenende waren wir in eine andere Stadt gefahren. Da Nadja nicht da war, überredeten wir Ferdinand, mitzukommen. Als wir dort waren, fiel ihm ein, daß in dieser Stadt eine alte Freundin von ihm wohnte.

Meine erste große Liebe, hatte er lächelnd erklärt. Es hatte abgeklärt gewirkt, wie von einer Erinnerung ausgelöst, die zwar angenehm war, aber keinen Bezug zur Gegenwart mehr hatte.

«Er ist sofort hingefahren», sagte Nadja, «hat sogar unbezahlten Urlaub genommen.»

«Und was hat er für 'nen Grund gesagt?» fragte jemand.

Manchmal hatte Ferdinand sogar mitten in der Nacht noch angefangen abzuspülen, wenn die Küche verdreckt war. Ohne ein Wort darüber zu verlieren, auch ohne stillen Vorwurf. Schulden zahlte er pünktlich zurück, und wenn er etwas versprach, konnte man sich auf ihn verlassen. Bat man ihn um Hilfe, konnte man sicher sein, daß er sein Bestes tat.

«Keinen», sagte Nadja.

Eines Abends hatte ich mit Ferdinand einen Bildband angesehen. Er lag auf dem Bauch auf einer Matratze, und ich saß neben ihm. Wir waren in einem langgezogenen Raum, der durch einen Vorhang in zwei Teile geteilt war. Im hinteren Teil übernachteten Freunde, die schon zu Bett gegangen waren.

Plötzlich hörten wir ein zärtliches Rascheln, flatterndes Flüstern, gurrendes Kichern, immer heftiger werdendes stoßweises Atmen. Irritiert sahen wir uns an und versuchten, es zu ignorieren. Aus dem Flüstern wurde immer lauteres Stöhnen, aus dem Atmen sich steigerndes Keuchen. Längst sahen wir nur noch durch die Bilder hindurch und versuchten, die uns erfassende Erregung zu unterdrücken. Naß schmatzendes, immer schneller pflatschendes, bald rhythmisches Klatschen klang von nebenan zu uns herüber und leise, atemlose Rufe kulminierender Erregung. Verlegen grinste ich zu Ferdinand, aber er sah mich nicht an. Als das Keuchen und Rufen in mit immer kleineren Abständen ausgestoßene kurze Schreie überging, sah ich Ferdinand mit einem gequälten Lächeln die Augen schließen. Erst als es ruhig geworden war, öffnete er sie wieder und warf seufzend einen Blick zur Decke.

Am nächsten Abend hatte er Nadja kennengelernt. In einer Kneipe. Sie hatten sich unwillkürlich angelacht und schon miteinander gesprochen.

«Ich versteh das nicht», sagte ich.

Nadja hörte auf zu weinen.

Im Bett sahen die beiden aus wie ein antikes Königspaar. Ferdinands altmodische lange Haare und sein scharf gezeichneter Bart gaben seiner Erscheinung ohnehin schon etwas von der Ausstrahlung vorchristlicher Figuren auf mittelalterlichen Bildern. Zusammen mit Nadjas schlanker, aber überall weich gerundeter Figur, die dem klassischen Ebenmaß einer griechischen Göttin nachgeformt schien, wirkten die beiden, wenn sie mit entblößten Oberkörpern an die Wand gelehnt saßen, den unteren Teil ihrer Körper nur flüchtig und wie zufällig von einer Decke verhüllt – dann wirkten die beiden, als thronten sie entrückt, aber dennoch teilnehmend über der Wirklichkeit.

Manchmal bauten wir um ihr Bett herum das Frühstück auf und lagerten zu ihren Füßen. Bei einer derartigen Gelegenheit war von uns der Vorschlag gemacht worden, ob nicht beide fest zu uns ziehen wollten.

«Hier hat er auch nicht angerufen», sagte ich.

Sie reagierte nicht darauf.

Wir hatten uns deutlich nichts zu sagen.

Die andere hatten wir flüchtig kennengelernt. Sie hatte etwas näselnd Durchdringendes an sich, und ihre Höflichkeit schien aufgesetzt.

In den folgenden Tagen hatte Ferdinand sich mit Nadja nur in ihrer Wohnung getroffen.

Da er so deutlich zeigte, daß er darüber nicht zu reden wünschte, hatte ihn auch niemand gefragt, was los war, obwohl jeder merkte, daß sich etwas verändert hatte.

Jemand fragte, ob denn bekannt sei, wie diese Frau hieße.

Niemand wußte es. Telefonnummer gab es auch keine.

Ratlos saßen wir da.

Einmal hatte ich mit Nadja zusammen gekocht. Wir hatten kaum miteinander geredet, aber wie ein eingespieltes Team korrespondiert. Immer hatte sie genau in dem Moment, in dem ich es brauchte, das fertig, was sie vorbereitet hatte, und sie brauchte nur den Kopf zu heben, um ein bestimmtes Messer, ein Sieb oder eine Pfanne zu suchen, da hatte ich sie auch schon in der Hand und konnte sie ihr reichen.

Ich hatte eine Ahnung bekommen, daß es schön sein mußte, mit ihr zusammenzusein.

Ich errötete und wurde wütend. Es kam mir vor wie Verrat.

«Ihr wißt also auch nichts», sagte sie.

Hilflos zuckte ich mit den Achseln.

Jemand bot ihr an, doch bei uns zu übernachten. Es war peinlich. Sie schüttelte nur kurz den Kopf.

Plötzlich war alles ein auf präzise Weise bedrückend virulentes Nichts.

Sie stand auf und überlegte. Dann sagte sie:

«Also tschüs.»

Reflexartig stand ich auf und begleitete sie zur Tür. Fieberhaft suchte ich nach irgendwelchen tröstenden Worten, aber mir fiel nichts ein.

Unter der Tür sah sie mich noch einmal an – ihr Blick wieder fremd und verloren.

Als sei alles vergessen.

Volker von Törne

Vier Fragmente

1

Wohin ich ging, ich suchte dich, woher
Ich kam, ich hatte dich verloren. In allen
Nächten hab ich dich erkannt, fremd
Sahst du mich aus blinden Spiegeln an. Wo
Warst du, als die Regen stürzten
In den März, als ich die Erde unter
Meine Füße nahm und hob den Schädel
In das Licht? Leicht wärs zu sagen: alles
War erfüllt von dir. Soviele Himmel
Zogen schon vorüber, und so viel Erde
Warf ich hinter mich. Ein Kirschendieb
War ich im Winter, ein Schlittschuhläufer
Im August. Verschieden lang sind unsre
Schatten. An deiner Stirn zerschlag ich
Meinen Schädel: Wie reiß ich dich aus
Deinem Morgen, in meinen Abend, in mein Herz?

2

O Tag des Steinbocks, der sein Gehörn
In den Winterhimmel stieß, der seinen
Weißen Atem von einem Jahr ins andre
Blies! Wer gräbt sie aus, die Paradiese
Die frühen Küsse, über die das Gras
Gewachsen ist, die Wolken über Wiesen
Flatternd im April, den Duft des Juniheus
Im Birkenlicht, das Lied der Lerche
Das durch den Weizenhimmel flog
Im lodernden August? O schönes Land
DAWILLICHNICHTBEGRABENSEIN: durch
Des Herbstes Himbeerregen trag ich
Den Sommer fort auf leichter Schulter.

Im dunklen Hausflur abends singt ein Kind
Vom Regenhimmel ruft es den Delfin.

3

Komm, sag ich, morgen hab ich Zeit
Für dich, morgen fangen wir zu leben an
Schon wächst, wenn ich dich küsse, dein
Geschornes Haar, nach Regen schmeckt
Dein Mund, nach Mond und Erde. Ach
Soviel Tage, Nächte sanken hinter uns
Ins Dunkel. Brandnächte, Aschentage, ich
Habe keine heile Welt gesehn, schön sind
Die Fjorde, gut, und schön sind auch
Das Nordlicht und die Sellerie, soll
Ich mich also hocken hasenherzig an
Den Rand der Welt, keimfreien Kohl
Zu ernten? Hier bin ich um zu leben
Und zu sterben. Noch haben wir die Hände
Voller Träume, die Erde fliegt mit uns
In einen neuen Tag, wir weben in des
Himmels Fahne unser helles Lachen ein.

4

Mag sein, daß wir in Babylon, in Ninive
Und in Atlantis wohnen, mag sein, wir sind
Nicht mehr zu retten, die Welt geht unter
Heute, morgen, übers Jahr, mag sein
Daß nichts mehr nützt, nicht unsre Wut
Die unsre Kehlen heiser macht, kein Flug
Blatt, keine Barrikade, mag sein, daß wir
Verloren sind, ohnmächtig unsern Zorn
Durch bunte Finsternisse wälzend in
Einen Berg aus Bomben, ein bodenloses
Loch. So komm, wir steigen aus
Aus diesem Film, in dem lebendig nur
Die Schatten sind, die uns das Licht
Aus unsern Augen reißen, wir lernen
Asche schlucken, Feuer spein, nichts
Haben wir als unsren Atem, der uns aus
Tagen Nächte, aus Nächten Tage macht

Bettina Wiengarn

L'Amour

So einfach ist das:
Monsieur je vous aime
Mit Küssen im Wind auf dem Kai
Und das Meer riecht nach Salz
Und Muscheln voll Tang
Er sammelt seltene Steine am Abend
Und flicht eine Kette daraus
Bunte Ketten für mich
Und er steht lachend im Wind
Und ruft: Madame c'est l'amour!

Wolf Biermann

Glückliche Liebe
(nach Louis Aragon)

Die Kraft nicht noch die Schwäche
Nichts hat der Mensch auf Dauer
Sein Herz verblüht, und breitet
Er dann die Arme aus
Kommt dabei an der Mauer
Ein Kreuz als Schatten raus
Er lebt sein Leben hin
Kaum krallt er sich sein Glück
Schon hat er es erwürgt
Verlust ist sein Gewinn
    – glückliche Liebe, die gibts nie

Ich bin wie du, wir sind ja
Soldaten ohne Waffen
Für solch ein Leben hat mich
Meine Mutter nicht gemacht
– wozu noch morgens aufstehn
Mein Tag ist finstre Nacht
Und kommt je wieder Licht
Wird sichtbar was wir sind:
Ein Häufchen Elend nur –
Mein Leben, wein' man nicht
    – glückliche Liebe, die gibts nie

Mein Vögelchen, mein Liebchen
Du, meine offne Wunde
Dein Flügel ist zerbrochen und
so trag ich dich in mir
Die Leut sehn mich vorbeigehn
Und wissen nichts von dir
Mein Vögelchen, die Leute
Ach, als dein Auge brach

Da prägte ich dies Wort
– nun plappern sie es nach:
  Glückliche Liebe, die gibts nie

Und kaum hab ich das Leben
Gelernt, schon ists vorüber
Ein Weinen hat für eine Nacht
Die Seelen uns vereint
Schwer wird ein süßes Beben
Bezahlt mit Herzeleid
Es braucht so viel Gestöhne
Für'n kleines Menschenlied!
Viel zu viel Leid geschieht
Für'n paar Gitarrentöne
  – glückliche Liebe, die gibts nie

Bertolt Brecht

Sonett Nr. 19

Nur eines möcht ich nicht: daß du mich fliehst.
Ich will dich hören, selbst wenn du nur klagst.
Denn wenn du taub wärst, braucht ich, was du sagst
Und wenn du stumm wärst, braucht ich, was du siehst

Und wenn du blind wärst, möcht ich dich doch sehn.
Du bist mir beigesellt als meine Wacht:
Der lange Weg ist noch nicht halb verbracht
Bedenk das Dunkel, in dem wir noch stehn!

So gilt kein «Laß mich, denn ich bin verwundet!»
So gilt kein «Irgendwo» und nur ein «Hier»
Der Dienst wird nicht gestrichen, nur gestundet.

Du weißt es: wer gebraucht wird, ist nicht frei.
Ich aber brauche dich, wie's immer sei
Ich sage ich und könnt auch sagen wir.

Helke Sander

Frau K. und der berühmte Mann

Als Frau K. neben dem für seine kulturellen Leistungen berühmten Mann im Bette lag, fühlte sie sich heiter. Den ganzen Abend hatte dieser Mann ganz altmodisch unter dem Tisch ihre Knie berührt und ihre Hände gedrückt, während oberhalb der Tischkante die verabredete Runde von Leuten, zu denen auch sie zählte, angeregt und witzig über künstlerische Kooperation diskutierte. Und weil die ökonomischen Verhältnisse von Frau K. für die nächsten Monate gesichert waren und sie diese Lage ausnützen wollte und sich auch fähig fühlte, in dieser Zeit die Grundlage ihrer Existenz für weitere Monate, wenn nicht Jahre zu legen, konnte sie mitreden. Sie konnte sich als Faden in einem Gewebe fühlen, zu dem sie hier alle ihre Muster beitrugen. Später hatte es sich so ergeben, daß Frau K., die in der Stadt, in der sich das zutrug, fremd und auch erst angekommen war, Unterkunft bei jenem Mann fand. Und es war nur praktisch, daß sie nebeneinander in seinem breiten Bette lagen, denn das zweite vorhandene Bett war vollgepackt mit Büchern, und ebenso war es mit dem einzigen Sofa.

Frau K. fand es nett und auch amüsant, wie der Mann, Diskretion signalisierend, steif abgerückt neben ihr lag, während sie sich gute Nacht sagten. Der Abstand zwischen ihnen war, gemessen am Verlauf des Abends, zu groß. Um ihn auf das Maß zu verringern, das den gegenseitigen Emotionen angemessen war, schob Frau K. ihren ausgestreckten Arm freundschaftlich unter den Kopf des Mannes und löschte das Licht. Der Mann seufzte erleichtert auf und drehte sich ihr zu. Die Wärme und der Geruch zwischen ihnen war angenehm, und so kam es, daß sie zunächst näher aneinanderrückten und schließlich, ohne ihre Stellung zu verändern und fast ohne sich zu bewegen, miteinander schliefen. Dieser bis dahin so angenehme Bogen, an dessen Ende Frau K. sehr zufrieden in den Schlaf dröselte – denn sie war von der Reise und den Arbeiten der Wochen vorher sehr müde –, wurde abrupt unterbrochen, und Frau K. wurde wieder wach. Der Mann, schien ihr, zeige ihr nun sein Repertoire als Liebhaber mehr denn ein wirkliches Gefühl. Da sie aber gut gelaunt und voll zärtlicher Ironie zu diesem

Mann war, fiel es ihr nicht schwer, sondern leicht, sich, nun auch wieder im wachen Zustand, den gegenseitigen Berührungen und Verschlingungen zu widmen. Sie dachte, er ist zu hektisch, wäre er ruhiger, könnte er wunderbar sein. Ach ja. So dachte Frau K., als der Mann ihr mit gedämpfter Stimme erzählte, daß sie jederzeit auf ihn rechnen könne und das meine er wörtlich. Er würde sie jederzeit für ihre künstlerischen Projekte aus einem Fond, den er für derartige Zwecke verwalte, mit mindestens 40 000 bis 50 000 DM unterstützen können. Die künstlerischen Projekte der Frau K. waren in der Tat immer sehr geldaufwendig, was in der Natur der Sache lag. Das war auch die Quelle ihrer häufigen Bitterkeit. Aber mußte er es ihr ausgerechnet jetzt sagen? Frau K. antwortete nichts. Sie ärgerte sich, während der berühmte Mann ihr um so heftiger beteuerte, er meine das Angebot ernst und sie solle darauf zurückkommen. Wirklich jederzeit. Dabei war es eigentlich eine erfreuliche Nachricht. Warum gefiel sie ihr trotzdem nicht? Er könnte ihr morgen das Angebot auf Geschäftspapier geschrieben übergeben. Andererseits kann man auch im Bett über Geschäfte reden. Nur war es das letzte, was ihr in diesem Moment eingefallen wäre.

Am nächsten Tag mußte Frau K. wieder zurück in ihre Stadt, ca. 500 km entfernt. Der Mann machte Pläne. Er wolle sie wiedersehen. Bald. Wann? Das wisse sie nicht, sagte Frau K. und meinte es so. Sie wußte nicht, ob sie den berühmten Mann so bald wiedersehen wollte, wenn es auch mehrmals am vergangenen Abend einen Flash in ihrem Gehirn gegeben hatte, derart, daß sie meinte, mit so einem könne ein AUSTAUSCH zwischen Mann und Frau endlich möglich sein.

– Aber ich will dich doch so gerne wiedersehen, sagte der Mann. Um die Sache abzuschließen und die Unmöglichkeit eines Verhältnisses aufzuzeigen, rechnete Frau K. dem Mann vor, wie weit sie auseinander wohnten. Was das an Flugkosten ausmachen würde, denn Bahn oder Auto fielen in diesem Fall flach. Er solle bitte seine Phantasie anstrengen, was das bedeute.

– Ach, sagte der Mann. Eine Stunde Flug. Das ist Vorortverkehr. Frau K. möge ihn besuchen, er könne von seiner Arbeit nicht weg.

– Ich habe gar kein Geld, sagte Frau K., froh.

Das sei kein Problem, das könne er bezahlen.

– Auch wenn wir uns zanken? fragte Frau K.

Der berühmte Mann schaute verständnislos. Frau K. ergänzte, denn sie sah gleich, was er nicht begriff.

– Du würdest zahlen, auch wenn es umgekehrt sein sollte: ich will kommen und du willst nicht, daß ich komme?

– Auch dann, sagte der Mann.

Das will noch gar nichts heißen, dachte Frau K. Er sagt es, weil er sieht, daß er mich nicht fangen kann. In Wirklichkeit würde er mit einem solchen Problem spielend fertig. Mit derartigen Versicherungen und Ausflüchten befaßten sie sich eine ganze Weile, und Frau K. sträubte sich noch gegen die, wie sie plötzlich spürte, heftigst ausbrechende Liebe zu diesem Mann.

Während sie mit den von ihm bezahlten Tickets von einer Stadt in die andere flog, um ihn zu sehen – denn er hatte weniger Zeit als sie, weil er wichtige Arbeiten hatte, die sie nicht hatte, weil sie nie bis zur Finanzierung ihrer als ebenso wichtig empfundenen Arbeit vordrang –, dachte sie über die Liebe im Jet-Zeitalter nach. Der Zeitpunkt war nicht lange entfernt, an dem ihm ein verabredeter Termin nicht paßte und dann noch einer nicht und noch einer und aus dem Vorortverkehr Telefonverkehr wurde. Als Frau K. erwähnte, daß nun wohl der von ihr vorhergesagte Fall eingetreten sei, sie wolle ihn wenigstens noch einmal sehen, lehnte er ab, besuchte sie dann aber auf ihren Protest hin, um ihr mitzuteilen, daß er nicht eine Biographie (so drückte er sich aus) in der Stadt X, eine andere in der Stadt Y und noch eine dritte in der Stadt Z haben könne, wo er lebe. Die dritte Biographie war Frau K. neu, sie lebte am gleichen Ort und wurde auch bald darauf von dem Mann geheiratet. Das war nur praktisch.

Es sei zuviel gewesen. Er habe sich übernommen. Damit verabschiedete er sich knapp, die vorher so gut gelaunte und souveräne Frau K. brüllend vor Wut und Enttäuschung und Verachtung über diese Art der Erledigung hinter sich lassend.

Als Frau K. zwei Jahre später dringend Gelder zur Durchführung einer Arbeit fehlten, erinnerte sie sich an die Worte dieses Mannes, jederzeit auf seine Unterstützung zählen zu können. Sie ging mit sich zu Rate und kam zu dem Schluß, daß sie nun, da keine Vetternwirtschaft mehr zwischen ihnen herrschte und sie wirklich diese Arbeit machen wollte, diese Unterstützung annehmen könnte. So fragte sie ihn – zuversichtlich übrigens –, wie es damit sei. Sie wagte jedoch nicht, ihn an die Liebesnacht und das auf immer gegebene Versprechen zu erinnern, aus Peinlichkeit. Aber Frau K. erhielt von dem Mann eine Absage mit der Begründung, der Fond existiere nicht mehr. Geld sei keins mehr da. Kurz danach hörte sie von zwei aus eben diesem Fond gerade unterstützten Projekten. Die Gelder waren an Frauen gegangen.

JE LÄNGER
JE LIEBER

Achim Amme

Die Eselshochzeit

Heut feiern sie Hochzeit:
Der Esel im Brautkleid
Die Eselin im Frack.
O, was für ein Tag!

Vom Kirchturm die Spatzen
Hörn nicht auf zu schwatzen
Und scheißen von oben
Den Tag so zu loben.

Der Pastor besoffen.
Die Gäste, sie hoffen
Daß er noch nicht fällt.
O, was für 'ne Welt!

Der Pastor erledigt.
Es hält jetzt die Predigt
Vom Eselsaltar:
Ein Schwein im Talar!

Jetzt nur nicht verzagt
Liebe Braut und Bräutigam!
Denn nach dem Fest fängt euer Fest
Erst richtig an!

Im Saal tobt die Feier
Da fliegen die Eier.
Ein Gast, splitternackt
Schlägt grinsend den Takt.

Es geht drunter und drüber!
Die Braut säh sich lieber
Ins Brautbett gebracht.
O, Esel: Gut Nacht!

Nicolas Born

Ältere Liebe

Wir haben uns nicht vergessen
nachts wenn der Schlaf spricht
durch offene Fenster, tagsüber
mit Zeitungen unterm Arm
auf Treppen Korridoren.
        Wir erwarten
was uns nicht zukommt
immer das Unerreichbare
was wir vermuten
munter und leicht erworben von
launigen Leuten in der Straßenbahn.
        Entfernungen sind Kilometer
ohne die Spuren von uns. Entfernt
bist du wieder ein Geheimnis
maßvoll im Unmaß der Augenblicke
sagst, du kämest
bald.

Peter Härtling

Eine Art von Dauer

Es ist nicht mehr
der Atem
von damals, den
ich anhalte.
Ans Fenster habe ich
mit dem Finger
eine
verlegene Blume gemalt.

Du hast mich
nicht atmen gehört
und die Blume nicht
angesehn.

Nun
wiederhole ich
nichts mehr.
Ich ziehe dich aus
und mich,
verliere dich aus
der Erinnerung
und finde dich
neben mir.

Ich war bei dir,
als ich nicht
bei mir
war.

Alice Franck

will fliegen Flügel haben

Heut scheint
der Tag mir nicht
gut. Kein Honig der
tropft aus den Augen keine
Milch auf den Lippen keine
Leier. Kein Vogel der pfeift
Pirol und die Mücken.
Nicht dein Schatten nicht
deine Schritte auf dem
Treppenabsatz. *Kein*
Händeweg faßmichnocheinmal.
Kein darfnichtgelten. Ich
trete vors Haus suche
finde dich nicht.
Hab einen Stich der
geht mitten durch.
Will fliegen.
Flügel haben
bin ich
allein.

Elisabeth Plessen

Ich will dich nicht kleinlaut

Die Pflaumen sind reif,
Die erste Nuß liegt im Gras,
Noch sehr grün.
Was haben die Pflaumen und Nüsse
Mit dir zu tun.
Du bist so sanft geworden,
Du fügst dich jetzt,
Du stiehlst dich bald davon.
Wendung ohne Warnung.
Hab ich sie übersehen?
Ich will dich nicht kleinlaut,
Du bist nicht reif,
Nimm dir die Pflaumen
Nüsse vor
Knack!

Rolf Haufs

Zeit

1
Uns führen zusammen lebenslange Träume
Wer hat sie uns zurückgegeben wer meint es
Gut mit uns. Die Vorhänge im Zimmer
Halten den Himmel zurück Unsere Blicke
Wechseln von Schatten zu Schatten

2
Deine Nähe meine Angst Deine Angst die
Leuchtenden Geschwister. Jetzt schläfst du
Tief sprechender Schlaf Ich will dich
Mit meinen Verletzungen
Nicht verletzen

3
Gegen Morgen fanden wir uns wieder
Noch einmal Erlösung noch einmal und
Wieder gesagt was wir wissen

4
Jetzt geh. Jetzt komm. Jetzt bleib. Ich komm
Schnellschneller Augenblick. Wir verlieren gewinnen
Wir fallen und erheben uns wir wollen
Weitergehen. Endlich unendlicher Weg
Endlich unendliche Zeit

Peter-Jürgen Boock

Septemberliebe

nebelfetzen verweht
ein feuchter wind
über spiegelndes pflaster
ein loser fensterladen
klopft an die wand
fast wie mein herz
im schattenvollen zimmer
zitternd vor kälte
selbst die kerzenflamme
schutz gibt es nur
unter fremder haut
über weiche lippen
gelingt vielleicht die flucht
in eine wärmere welt
läßt du die arme offen?

Wolf Biermann

Von mir und meiner Dicken in den Fichten

Bloß paar schnelle Sprünge weg vom Wege
Legte ich ihr weißes Fleisch ins Gras
Mittagssonne brannte durch die Fichten
Als ich sie mit meinem Maße maß
Käfer krochen unter uns, es brachen
Heere Ameisen froh in uns ein
Etwa zwischen Bauch und Bauch zu baden
Oder irren zwischen Bein und Bein

Horden Mücken soffen sich von Sinnen
Stachen mich, weil ich ja oben schwamm
Bis ein Wolkenbruch, ein schneller greller
Uns in seine guten Arme nahm
Traubenschwere Wassertropfen fielen
Faul herab auf unsre heiße Haut
Und der wundermilde Guß von oben
Hat den großen Tod uns nicht versaut.

Als ich endlich flach lag auf dem Rücken
Kippten meine Augen müde hoch
Einen Düsenjäger sah ich schweben
Durch ein aufgebauschtes Wolkenloch
Schwebte hin, schrieb einen sanften Bogen
Bis hinunter in das hohe Blau
Wieder brach die Sonne durch die Fichten
Und wir dampften im Nachmittagstau

EIN HAUS
ZU BEWOHNEN

Johannes Schenk

Versuch ein Haus zu bewohnen

Sie schläft ruhig.
Sie hat ruhige Träume, die ihr morgens
Angst machen. Aber ihr Gesicht ist nicht
zerknittert, ihre runden Augen versteckt sie
hinter dem Vorhang. Ihr Haar das sie sich
ins Gesicht schüttelt. Ich sehe ihren Schlaf, weil
ich nachts aufwach von den Plagen,
die mein Gehirn heimsuchen. Der Petroleumofen
rappert, er wärmt die Kajüte, das Bett
mit den fusseligen Teppichen aus Saloniki,
auf denen wir die Nacht verbringen.
Drumrum krächzt ein Rabe.
Eigentlich sieht alles friedlich aus.
Das Radio summt,
ein Sprecher sagt:
da liegen seit Tagen zwei die sich lieben
auf einem schiefwinkeligen Schiff,
und fühlen sich berührt
von der Kälte draußen, das ist höchst
alarmierend, daß sie noch immer nicht
geflüchtet sind, wie unser Korrespondent,
ein einsamer Vogel,
erfuhr,
liegt es an den nichtgesagten Worten
und dem Innern, wos brennt.

Vorgestern,
im kleinen Auto vom Feuerwehrmann gestoppt
und zu Fuß durch den Regen im Dorf,
wo ein Haus brennt, und Tine am Stöckchen,
die das spitze Ende in die Luft hebt
und über ihr Unglück klagt.

Im Herz von ihr brennt ein Haus lichterloh,
es besitzt zwei Etagen,
unten die Tür klemmt ein bißchen,
die Treppe knarrt ins obere Stockwerk,
da sind vor Jahrzehnten
aus einer maupassantschen Novelle
die Ehemänner ihren rundbäuchigen Geliebten
nachgestiegen, mit Talmiohr-
schmuck in der Tasche und gefälschten
Louisdors,
vom Bett runter fällt die zerbröselte Decke
bestickt mit Sie werden sich immer lieben,
solang die Rhone noch fließt,
solang der Cafétier am Bistroeingang
die schwarze Baskenmütze aufhat,
ein Glas in den breitfingrigen Händen,
solang noch ein Mann
den Makler zum Notar zieht,
wehenden Mantels und den Vertrag
unterschreibt mit runder Schrift,
aus Marseille gekommen, auf ewig
der Seefahrt abschwört, den Walen, die
etagenhoch spritzen, den Seejungfrauen,
grünen Tang zwischen den Beinen,
den Austern, die sich nicht mehr schließen
und sich von Cadmium zerfressen
jedem Dummkopf auf angerichteten Teller
hinlegen.
Dann hat er mit unbeholfener Hand
den Füllfederhalter über das Papier gezogen,
dabei der Notar ins Taschentuch geschneuzt,
und die Staubfäden
im Strahl durchs Fenster wirbeln durch-
einander die Akten fallen zu Boden,
der Bus fährt nach Marseille zurück,
der Fahrer hupt,
der Seemann klemmt sein Bein in die Tür.
Im Rückfenster sieht er
seine Geliebte im blauen Mäntelchen,
es brennt sein Herz,

Sie winkt mit dem Papier von Haus und Notar
und Stempel verblichen
in Sekundenschnelle,
ihr Haar weht schwarz im Wind, den der Bus
beim Absausen macht,
so weint der Seemann,
der Fahrer, mitleidig, dreht sich herum,
tritt auf die Bremse.
Schon dreht der Film zurück.
Aber die unsterbliche Traurigkeit bleibt.

Brigitte Schwaiger

Zwei silberne Löffel

Ich meine, das ist ja schon schlecht, zu denken: ich meine. Das denke ich ja nicht, und als Redewendung ist ich meine auch schon schlecht. Ich denke nicht, ich fühle, und ich fühle die Enttäuschung, das ist es. Enttäuscht bin ich, wegen der Silberlöffel, und er ist nicht da! Echt Silber. Stecken Sie sie in die Tasche, sagte die Frau, wo Sie die Tasche doch zumachen können, nicht in den Korb, sagte sie, nicht offen tragen so etwas Wertvolles! Überlegen Sie es sich, sagte sie, bevor ich mich entschied, weil ich verlangt hatte: echt Silber, ja, natürlich. Was denn. Den Tee darf man nur mit echtem Silber umrühren, und wir trinken guten Tee, teuren Tee vom Schönbichler in der Wollzeile, gut angezogen sind die Teeverkäufer, wir haben auch Kandiszucker vom Schönbichler und Halva, und ich weiß jetzt auch schon, wie man das Wort ausspricht: Halva, und die Teefibel und Rund um den Tee, und eine echt chinesische Teeschale habe ich, oder japanische, ganz rund und weit, obwohl er sagt, das ist Unsinn, da wird er ja gleich kalt, er trinkt seinen Tee aus rotem Keramik, aus dem Geschirr, das schon hier war, als wir ankamen, aus dem Mietgeschirr trinkt er den Tee.

Deshalb habe ich gedacht, wir sollten wenigstens mit echtem Silber umrühren, jeden Morgen wollen wir unseren teuren Tee mit echtem Silber, damit der Morgen versilbert wird, weil wir ja nicht reden am Morgen, Schweigen ist Gold, also paßt das dazu, und seine Großmutter hat gesagt: Vögel, die am Morgen singen, holt am Abend die Katz. Nihilistisch ist das eigentlich, sagte er, als er aus dem Badezimmer kam, Rasierschaum um den Mund, Schnurrbart ausgespart, bis zu den Augen den Schaum, aber der Schnurrbart bleibt. Dabei bin ich so gespannt auf seine Oberlippe, wie das eines Tages sein wird, ihn küssen, ohne daß der Schnurrbart da wäre, eines Tages vielleicht. Eine nihilistische Weltanschauung steckt in dem, was meine Tante sagte, sagte er, und dann sang er weiter, es war heute ein Morgen irgendwie einladend zum Singen, und wir haben auch gelacht im Badezimmer, was noch nie vorgekommen ist, weil wir tragische Figuren sind, aber jetzt spüren wir den Frühling, und die Katze sitzt nachts auf dem Fensterbrett wegen der Tauben, und gemeinsam sind wir aus dem Haus gegangen heute morgen mit so einer Selbstverständlichkeit, als wären wir schon lange zusammen und als wäre es schon lange gut gegangen mit uns.

So lange, daß es noch sehr lange gut gehen wird, selbstverständlich. Und jeder hat jetzt einen Schlüssel zur Wohnung. Wir sind gebunden frei. Ich hab meinen zerrissenen Wollrock mitgebracht und das Nähzeug, anstatt ihn zum Kunststopfer zu tragen, damit er mich hier nähen sieht und mein Anblick ihn rührt. Eine Frau, die näht, kann nur anständig und verläßlich sein, und seine Socken werde ich stopfen, er wird sich noch wundern. Und im Kino war ich, zwei Karten für Samstag bestellen, weil wir noch nie im Kino waren zusammen und weil wir das eben jetzt vorhaben. Dann kaufte ich Kandiszucker und sperrte die Wohnungstür auf, Bedienerin war da, ist schon fort, alles blitzblank und der Tisch im Vorzimmer leer, sie hat wieder alles weggeräumt, jetzt geht die Sucherei wieder los, und er ist noch nicht da, naja, dann packe ich eben aus, alles, was ich sonst noch gebracht habe, Klopapier, gleich vier Rollen, damit er sieht. Und den Fußspray, den ich ihm empfehle, der zwar teurer ist als die, die er verwendet, aber eben besser als die schlechten, und ich horche und warte, horche, warte. Er kommt nicht. Das ist jemand anderer gewesen, der gerade im Lift heraufgefahren ist.

Also warte ich. Eine Zigarette rauchen. Aus dem Schrank im Badezimmer räume ich alles heraus, was die Bedienerin hineingeräumt hat, weil sie nicht wissen kann, daß wir gern alles griffbereit und übersichtlich haben, ich horche, ich warte, dann fällt mir das Kohlepapier ein, wir brauchen Kohlepapier, er hat mir etwas erzählt, das möchte ich aufschreiben für ihn, eine Geschichte, die ich schreiben möchte, als hätte er selbst sie geschrieben, von hier gleich abschicken, von dieser neuen Adresse, die Glück bringen soll, Sonnenfelsgasse, Sonnenblumen, Sonne, Fels, naja, Gasse, er mag keine Assoziationen, mein Verleger versteht sie nicht, eine Schriftstellerin muß allein leben, ein Künstler wie er muß allein leben, Sonnenfelsgasse, Wollzeile, schöne Namen haben die Gassen im Ersten Bezirk von Wien, «Bin in der Wollzeile», schreibe ich auf einen Zettel, lege ihn auf den Tisch, «Deine B.», zwei Herzen dazu, Korb und Handtasche mitnehmen, wer weiß, was ich noch alles kaufen werde, Joghurt zum Beispiel für die Nacht, weil wir im Schlaf zum Eisschrank nachtwandeln, am Morgen stehen dann vier große leere Joghurtbecher neben dem Spülbecken. Riesenjoghurts werde ich kaufen, Familienpackung heißen die, Heidelbeer mag er am liebsten, aber das Milchgeschäft ist geschlossen, heute ist Mittwoch, natürlich, die Bedienerin kommt mittwochs, in der ganzen Wollzeile kein zweites Milchgeschäft, auf und ab gehe ich, kaufe ein dunkelbraunes Buch, antiquarisch, «Hundert Jahre Gewerkschaft der Schuharbeiter», ich muß mich informieren, und eine zerlesene Novelle von Adalbert Stifter, und Ausschau halten nach einem beigen Regenmantel und einem Schnurrbart unter einem breitkrempigen Hut.

Vielleicht war er daheim, hat den Zettel gesehen, ist zurück zum Lift, hinein, hinunter, hinaus zur Wollzeile, vielleicht begegnen wir uns im Teegeschäft, das wäre möglich, er kauft vielleicht Kandiszucker, aber da sehe ich die Silberlöffel, echtes Silber, und ich sehe mich schon im Geschäft, da fährt der dicke, kurze Finger der Frau über die Preistabellen. Ein Löffel 857 Schilling. Überlegen Sie es sich, sagt die Frau. Ihr Finger ist irgendwie gemütlich. Ein Silberlöffel würde genügen für ihn und für mich. Jeden Tag den Kandiszucker mit einem Silber umrühren, während er seine Pfeife raucht und liest. Jeden Morgen hat er einen Silberlöffel zur Entschädigung dafür, daß ich länger schlafe als er. Oder möchten Sie einen versilberten, fragt die Frau. Entweder oder! Ein echter Silberlöffel ist schwerwiegend, unübersehbar, so ein Löffel, wenn man den in die Hand nimmt mit seinem ganzen Silbergewicht, in der zeitlos-geschmackvollen Form, die ich wähle, sofort weiß ich, welches Modell ich haben möchte für ihn. An meinem Löffel soll er mich erkennen. Jeden Morgen. Wenn er dann den Löffel in den Tee taucht und rührt, wird er nicht mit Wut, sondern mit Rührung denken an die Frau, die noch schläft oder die nicht reden will so früh am Tag, und wenn wir in drei Monaten, oder sagen wir drei Wochen, noch immer zusammen sind, werde ich eine Silbergabel dazukaufen. Heben Sie den Zettel auf, sagt die Frau, da steht die Nummer des Modells drauf, Sie brauchen nur den Zettel mitzubringen, wir haben die Garnitur immer vorrätig. Und ich sage: Geben Sie mir zwei. Es ist entschieden. Zwei Silberlöffel zur Belastung unserer Liebe. Zwei Silberlöffel, meine Mitgift.

Der erste Mann, mit dem ich verheiratet war, hat sich für meine Mitgift in bar ein Auto gekauft und es behalten, das heißt, später hat er es eingetauscht gegen einen noch schnelleren Wagen, ihn mir vorgeführt, als er mich besuchte, hat gar nicht an das gedacht, was er versprochen hatte in jener letzten Nacht, als wir nebeneinander lagen und ins Schwarze redeten, unsere Trennung, und die Mitgift. Die bekommst du selbstverständlich zurück! Keinen Groschen werde ich behalten! Das fehlte noch! Die fehlte mir dann wirklich, die Mitgift. Die gab er nie zurück. Und die anderen Männer, mit denen war ich erst gar nicht verheiratet. Obwohl, einer schenkte mir ein vergoldetes Herz, aber eben nur vergoldet, und einer ließ sein weißes Hemd hundert Prozent Cotton bei mir zurück, ein anderer ein Paar Socken, die kein Nachfolger wollte, weil sie an zu vielen Stellen mit zu vielen Farben gestopft waren, er war Ungar, seine Mutter liebte ihn sehr, und ein anderer hat mir einen Armreifen handmade in Äthiopien geschenkt, aber den hatte er nur mitgebracht für irgendein Mädchen, und diese Irgendeine war dann ich, er ließ mir den Armreif für zwei Küsse, ich weiß nicht, wie meine Schwester das macht. Von einem bekam sie einen Renault, von einem anderen die Wohnung, von einem ein Kind, von demselben auch die Abtreibung.

Meine Schwester hat schon wieder einen Freund, der schenkt ihr schon wieder ein Auto, und ich bekomme immer nur wunderschöne Briefe oder eine Rose oder ein Telegramm, aber so richtige Gebrauchsgegenstände hat man mir nie angeboten, und es waren auch keine nützlichen Lieben, die ich erlebte, es waren immer sehr große Lieben mit Ehefrauen, die dann plötzlich wieder zu rauchen anfingen in meinem Schlafzimmer, wo wir über den Ehemann verhandelten, den ich zurückzugeben bereit war, weil das immer so wunderbare Ehefrauen waren, die plötzlich in mein Schlafzimmer segelten, nachdem der Mann von Scheidung gesprochen hatte, zuerst mit mir dann mit ihr, die rauchten und weinten dann auf meinem Bett, und ich verbrannte vor ihren ungläubigen, dankbaren Augen die wunderschönen Briefe und sprach meinen totalen Verzicht aus, obwohl es mir immer sehr ernst war mit Heiraten und Kinderkriegen und gemeinsamem Auto, zum Beispiel. Ich hätte mein Auto aufgegeben, um neben ihm zu sitzen in seinem Auto, um ihn lenken zu lassen. Irgendwie, so scheint es, sollte es nie so sein, weil er, eben, auf mich wartete. Die ganze Zeit. Weil er sich schon vor Jahren gefragt hatte: Irgendwo in dieser Stadt muß doch jemand sein?!

Und ich war in dieser Stadt, und eines Abends steckte er meine Hand zu seiner Hand in seine Manteltasche, und jetzt habe ich also die Löffel. Nach drei Monaten und fünfzehn Tagen. Denn er hat gesagt, er hätte doch keinen Vorteil durch mich, ich sei weder reich noch eine Hausfrau noch sonst irgendwie von Vorteil, außer daß eine starke Anziehung von ihm zu mir und von mir zu ihm bestehe, und keine Aussteuer, das hat er auch gesagt, daß man nicht behaupten könne, er habe mich wegen irgendwelcher Aussteuer oder Mitgift oder wegen eines Pferdestalls genommen, sondern: nur Nachteile. Ich zehre an ihm, ich verbrauche seine Substanz, ich bin schwierig, das wird nicht gut gehen, das wird sehr böse enden, alle wissen es schon, unsere Psychiater halten die Betten bereit auf der Klinik, es gibt schon Wetten, wer zuerst kommt, er oder ich, oder beide zusammen, weil wir psychiatrische Fälle von vorneherein sind, jeder für sich seit immer, und unsere Kombination ist psychiatrisch absolut effizient, sein Doktor, der auch mein Doktor ist, lebt in ständiger Bereitschaft, und wir dürfen ja die Silberlöffel dann mitnehmen auf die Klinik, jeder darf mit seinem echten Silber den dünnen Tee aus der Krankenhausküche umrühren, und die Patienten werden denken, so wie wir aussehen, haben wir die Löffel irgendwo geklaut.

Nicolas Born

Glücklicher Versuch

Mich von meinem Leiden zu befreien
würde bedeuten mich von mir zu befreien
aber sind Leiden nicht auch schön
und bin ich nicht auch schön?
Es ist wahr daß auf der Erde schwer zu leben ist
doch ist sie sehr belebt
und es ist auch wahr daß ich regiert werde
während ich deine Füße betrachte
aber ich habe Macht über meinen Stuhl
das heißt ich sitze
und du hast Macht über mich
das heißt dein Anruf genügt.
Bin ich arm genug
daß die Nachgeborenen mich lieben
oder so arm daß sie mich verachten?
Heute wollen wir einmal nicht hinauskommen
über dieses Frühstück am Samstagmorgen
auf dem sonnigen Balkon der jetzt die Welt ist
über dieses wahrhaft diebische Frühstück
das zugleich der Anfang vom Frühling ist.
Wir sind so etwas wie glücklich
mit unserem schwarzen Kaffee
und mit den goldenen Mohnhörnchen und der grünen
Marmelade die ein wenig summt von Leben und Tod
und mit all dem was an uns glücklich ist
wie Spielzeug in ganz kleinen Händen
unter den blauen blauen Bademänteln
und der Gedanke an den Tod ist
ein übermütiger Gedanke
und ein anderer Gedanke sind unsere grünen
summenden Marmeladenfinger
unter den blauen summenden Mänteln

und unter dem blauen blauen Himmel
und die Wahrheit ist daß wir allein sind
auf dem Balkon und auf der Welt
und die Wahrheit ist
daß das Parlament Ferien hat
und die Wahrheit ist daß wir dieses Glück
lernen mußten
und alle anderen Gefühle auch
und den Schmerz auch tief in den unteren Schichten.
Das Frühstück ist gekauft
und das Glück ist gekauft
wir haben kein schlechtes Gewissen weil die Straße
durch das neue Grün führt
und wir sind endlich soweit es fühlen zu können
wie jeden Augenblick gequält und gestorben wird
und wir sind soweit jeden Augenblick
gequält zu werden und zu sterben
wir sehen uns in der Qual eines sonnigen Frühstücks
und wir sehen uns glücklich
im Gesumme
und im Geschwirr der kleinen Vögel unter dem blauen
Bademantel
und du holst mir einen runter und schenkst ihn mir.

Manfred Maurenbrecher

Märchen

Telefon Telefon. Automatische Ansage. Ich bin die Stimme meines Herrn, und ich mag nicht mehr aufhören vor dem Pfeifton. Ich mag nicht mehr freundlich sein, denn mein Herr ist es auch nicht. Er haßt jeden Anruf. Er steht daneben und stöhnt, während ich lächelnd versichere, er sei nicht da. Er ahmt die Stimmen nach – ‹Bitte dringend um Rückruf› ... ‹müßten in dieser Frage mal› ... ‹Hallo Darling, du hast mich sicher vergessen, aber du weißt, ich bin zäh› ... Er verachtet sie alle. Er traut sich nur nicht, das Ding aus der Wand zu reißen. Deshalb rede jetzt ich, denn heute, seit einer Woche, ist er zum erstenmal weg.

Ich mag ihn nicht mehr, er hat sich verändert. Wissen Sie, früher, da hat es hier fünfmal geklingelt am Tag, und was hat er sich gefreut, hat den Hörer hochgerissen und geschrien: «Ich bin da, Mann, klar ... Och, die Maschine, ne Spielerei ... aber toll, daß du anrufst ...» – Ich kam kaum zum Zuge. Und damals fragten und erzählten sie noch, als wären sie mit im Zimmer. Er war ja immer viel allein, aber damals hat er geredet, als wenn die Welt ihm gehört ... Oft war's die eine gleiche Stimme aus der Muschel, und sie fanden und fanden kein Ende. Nicht mal die hohen Rechnungen haben ihn geschreckt, obwohl es manchmal mehr war, als er hatte.

Dann kamen harte Monate, wo es klingelte, als wenn Leute klopfen – tock: ‹Vergiß nicht die Lieferung› – tock: ‹Wir warten seit Tagen› – tock tock ‹Am liebsten schon vorgestern› ... Er wurde grantig zu seiner Lieblingsstimme, er hängte sie ab, und sie bettelte oder heulte dann, während er schwieg am anderen Ende, und eines nachts zwang er mich zu sagen: «Wenn du's bist, Lady, dann führ deine linke Hand ca. zwanzig Zentimeter nach unten. Und leg den Hörer auf die Gabel. Da laß ihn!»

Ich schwöre, das war so ernst nicht gemeint. Aber das Pack, das am nächsten Morgen anrief, bekam natürlich alles voll mit. Ah, sie lachten, sie waren ganz ausgelassen: «Großartig ... ja ja, Frauen ...» – «Kenn ich, kenn ich, kenn ich absolut» – «Lieber ein Ende mit Schrecken als einen ...» – Und das dachte sie sich wohl auch, denn kein einziges Mal hat sie angerufen danach. Oder?

Ich beeil mich, ich höre Schritte im Treppenhaus, und ich muß fertig sein, eh er kommt. Jedenfalls, die Stimmen haben aufgehört zu schimpfen, und manchmal versprechen sie ihm jetzt Dinge, die er mit heiterer Gelassenheit hinnehmen könnte. Aber er denkt nicht daran. Es hat ihm geschadet. Er ist mit gar nichts zufrieden, und dieses freundliche ‹Ich ruf zurück›, das ich melden muß für ihn, das ist schon längst nicht mehr er.

So, und jetzt geht der Schlüssel. Da hab ich gequatscht und gequatscht – grad zwei Minuten sind übrig für Sie auf dem Band. Wenn Sie ihm wirklich was sagen wollen, etwas, nur irgendwas – bitte, dann tun Sie's jetzt, Lady – nach dem Pfeifton.

Hannelies Taschau

Äußerungen der Liebe

Komm nicht überraschend
und nicht so oft
und nicht wann du willst
und nicht ohne Tasche für deine Bücher
und mach den Kindern nicht so große
Geschenke
und mir bring gar nichts mit
und nimm endlich deine Bücher
und deine Schallplatten
und deinen Wintermantel
Die Vorstellung dir deine Sachen

Karsten Witte

Zum Ersten

Wir mieten ein Haus
im dunklen Laub
zwischen den Städten
aus Marmor

Wir rufen das Landrecht
tropischer Schönheit aus
besetzen die Orangerie
im Luftschloß Pazifik.

Elisabeth Plessen

Dieses Leben

Dieses Leben ist für die Liebe nicht eingerichtet.
Alle reden davon, damit sie im Gespräch bleibt.
Immer (oder nur zu häufig) ist ihr etwas im Weg:
ein anderer Mensch, die Arbeit,
das Wetter, eine Laune, Einfallslosigkeit,
ein Prinzip, Geld, mangelnder Zuspruch,
die Erinnerung, eine Konvention, ein Bett,
ein Krach, eine größere (vergangene) Liebe,
eine eingebildete Krankheit, eine Eitelkeit,
der Regen, Langeweile,
ein Krieg,
das eigne Herz, eine Reise, Bitte, Abweisung,
eine Frage?
Gabel und Messer,
ein Gebiß,
der Gestank der Entferntheit,
das Alter, ein Traum, ein Brief, Kunststücke, Natur.
Wie übersetze ich *passionate peace*?

HAPPY ENDS

Ludwig Fels

Schwur

O nein ich habe noch nicht ausgeliebt
ich kenne deine Haut ich verirre mich nicht
wir können es wagen uns
vorm Frühstück zu küssen aber du weißt ja
immer ist es nicht schön nebeneinander.
Ich schwör dir deine Tränen
sind nie gleich auch die Zeiten während denen
du weinst sind grundverschieden. Weiß schon
das tröstet dich nicht. Ach du
nach so vielen Ewigkeiten wächst
auch auf uns langsam das Sterben zu
und das Leben meine Meinung
hat noch nichts von uns gehabt.
Manchmal schau ich dich an
und seh dich zum erstenmal.
Vielleicht sollte ein Foto von dir
auf dem Tisch stehn oder jeden Abend eine frische
Blume auf deinem Kopfkissen schlafen süß damit
das Schweigen duftet die Nacht riecht
Laute uns fällen Laute von uns.
Beiden. Es wird wieder werden. Alles.
Wir üben die Flucht
Hand in Hand
noch ohne Ketten.

Barbara Krohn

Julinacht in Paris

In einer der ersten lauen Nächte des Jahres waren wir durch Paris geschlendert. Die Stadt lag dir so nah am Herzen, daß sie manchmal Schatten warf. An einem kleinen belebten Platz setzten wir uns in ein Straßencafé. Gegenüber die Folies-Bergère. Blaue, rote, grüne, gelbe Lichter tanzten am Portal des Revuepalastes entlang, in den Vitrinen Fotos langbeiniger Frauen in straßbesetzten knappen Tanzkostümen mit Federschlangen um den Hals und glitzernden Diademen im Haar. Ein mürrischer alter Kellner mit ungesunder Gesichtsfarbe brachte uns: deux petits cafés noirs. Von Tisch zu Tisch ging ein dunkelhäutiger junger Mann und verkaufte aus seinem Bauchladen weiße kurzstielige Blumen. Braungebrannte Kinder ewigen Vergnügens, die auf schweren Motorrädern oder in offenen Limousinen durch die Nacht brausten, hatten sich weiße Blumen ins Haar gesteckt, das wehte. Den Wind im Hemd gefangen, lachten sie und gaben Gas und jagten dem Vergnügen um die Ecke hinterher.

Die alte Frau hatte sich zu uns gesetzt. Ob wir ihr einen «petit café noir» spendieren würden. Du bist dem dunkelhäutigen Mann hinterhergelaufen und hast ihr eine Blume geschenkt. Eine weiße Blume mit unzählig vielen kleinen Blüten, die nach Honig dufteten, nach Landluft und dem süßlichen Parfum der Tänzerinnen aus ihrer Zeit. Schüchtern hast du sie ihr überreicht. Da lachte sie und schlug ihr Gesicht in Falten. Steckte ihre Nase in die Blüten und begann ganz leise zu summen. Ihre Stimme zitterte wie ihre Hand, wie der Mund, aus dem bedächtig Töne kamen, fremde Töne. Sie schloß die Augen und sang eine Melodie, die in jeden Nerv drang, klagend, betrauernd, bittend, beschwörend, Schlangenbeschwörermelodie, und zugleich zart war, Nymphengesang, und fern. Mit der Blume in der Hand flog sie in eine andere Welt, die wir nicht kannten. Irgendwo in ihrem Innern wuchsen Lieder wie Blumen, zu denen sie sich hinunterbeugte, um sie zu wecken.

Plötzlich lachte sie laut auf und faßte dich am Arm, als wollte sie sich einen alten Traum mit einer Handbewegung aus den Augen wischen. Ins Haar solltest du ihr die Blume stecken, zwischen die silberblauen

Dauerwellen. Würdevoll setzte sie sich auf im Stuhl des Straßencafés, als würde sie frisiert, als wärest du gekommen, ihr ein Collier aus Brillanten umzulegen. Das dünne Haar hielt die Blume nicht. Du stecktest sie in ein Knopfloch ihrer Jacke. Mit einer Hand betupfte sie die Haare, rückte die Frisur zurecht und blickte zufrieden an sich herunter. Ob ich eifersüchtig wäre? Ja, bitte, sie schlug mit ihrer Hand auf meinen Oberschenkel und kostete ihr Glück in vollen Zügen aus. In ihrem Blick funkelten Sterne einer verlorenen Liebe auf, sie blitzte mich an: Ich bin die Verführerin, ich weiß noch genau, wie man das macht.

Sie hatte dich um einen Kuß gebeten, einen Kuß auf ihren faltigen Mund. Du hast sie geküßt und eine alte Schönheit geschmeckt, keinen Großmuttergeruch aus Medizin und Fäulnis, es war dir eine Ehre. Da begann sie wieder zu singen, und die Melodie bekam eine Sprache, wurde ein Lied, das rauh und wehmütig klang, es mußte Russisch sein. Als sie es leise hatte ausklingen lassen, lachte sie wieder und begann von ihrem Leben zu erzählen, von Ländern, die sie wie einen Teppich in sich ausgebreitet hatte. Darauf ein hellgelbes Kornfeld in Polen, das sich im Wind sanft bewegt, und ein kleines Mädchen fährt auf seinem Fahrrad einen Feldweg entlang; ein russischer Dorfplatz, dunkle Häuser rundherum, und eine junge Dame in leuchtend blauem Kleid steht mitten auf dem Platz, neben ihr schemenhaft ein Mann; eine Bahnfahrt durch Deutschland, das groß war und immer größer werden wollte, ermüdend lang, viel Grün zu beiden Seiten, auch Städte und erste Fahnen; der Platz vor den Folies-Bergère als Mitte von Paris, bunt und champagnerprickelnd, Ankunft im neuen Leben, und dann die Hochzeit, farblos, sie begann zu singen. Ein jiddisches Lied.

Sie sprang von Lied zu Bild, von Bild zu Lied, einen Fluß an Worten dazwischen warf sie dir in den Schoß und flog dann mit einem neuen Lied davon, als hätte ein Wort sie an etwas erinnert, wofür es keine Worte gab. Viele Wörter erinnerten sie und führten sie in andere Länder, ein polnisches Lied, dann wieder ein russisches, ein jiddisches, danach ein deutsches, und wieder von vorn und wieder neu. Sie hauchte dir Melodien in die Ohren, die deutschen taten dir weh, du lauschtest, ließest sie fliegen und sich wieder niederlassen auf dem Stuhl am Tisch des Cafés, ich saß daneben, wir sprachen nicht. Eine unerschöpfliche Quelle an Liedern und Ländern belebten ihre Pariser Nächte, die Sprachen ihres Lebens. Französische Lieder sang sie nicht.

Sie öffnete ihre Handtasche und ihr Herz einen Spalt weit und kramte hervor, was sie mit sich trug, ihren Besitz, und der war nicht aus dieser Zeit. Briefe, Fotos. Ein Foto zeigte eine blonde Schönheit mit dunklen, verführerischen Augen. Das war in den dreißiger Jahren, sagte sie, bin ich nicht schön. Einmal im Jahr ließ ihr Freund, der Portier der Folies-Bergère, sie durch eine Seitentür umsonst hinein in die Revue, das ist ein Fest. Da erfaßte sie der Glimmer ihrer Jugend. Das ist wie damals, sagte sie. Immer schon hatte sie in diesem Viertel von Paris gewohnt. Immer, ihre französische Zeit. Davor waren Lieder, und sie sang ein polnisches. Mitte der dreißiger Jahre war sie nach Paris gekommen, und vorher, ein deutsches Lied, ein russisches. Sie hatte die Zeit an sich vorüberziehen lassen. War geblieben und hatte allen Veränderungen und Greueltaten ein Schnippchen geschlagen. Nur ihr Körper hatte das Experiment nicht mitgemacht. Doch die alte Frau bekam immer noch Küsse und Blumen geschenkt. Das Foto war so wirklich wie ihr faltiges Gesicht.

Und treu war sie geblieben, treu der alten Zeit und ihrem Ehemann. Ein Russe, ein jüdischer Russe. Der war mit ihr, der Polin, nach Paris gegangen. Ein hartes Gesicht mit Spitzbart und stechenden, strengen Patriarchenaugen lag vor uns. Wir bekamen eine Gänsehaut, und sie schwärmte: Nie hat er mich arbeiten lassen, so gut ist er gewesen. Sie hatten geheiratet kurz nach der Ankunft in Paris, und dann zwei Jahre Flitterwochen, sie malte rosa Wolken in dic Luft. Der beste Mann auf Erden. Ihre Stimme zitterte, sie weinte, dann lachte sie auf, wir waren glücklich. Vor uns das Hochzeitsfoto.

Ein jiddisches Lied. In Israel, da möchte sie leben, aber sie könne Paris nicht verlassen. Jeden Tag ginge sie in die Synagoge, singe, bete und lausche ihren Gedanken nach. Vielleicht machte sie jeden Abend ihren Rundgang an den Folies-Bergère entlang, der sie am Café vorbeiführte, setzte sich zu jemandem an den Tisch und sang. Um die alte Zeit und ihren toten Mann lebendig zu halten. Sie summte leise und war schon wieder in weiter Ferne, die schöne alte Frau.

Wir mochten nicht fragen. Wir saßen ihr gegenüber und sagten kein Wort. Jede Frage hätte einen Schmerz aus ihr herausgekitzelt in dieser sternenklaren Nacht in Paris, hätte Wunden aufgebohrt, über die sie hatte Lieder wachsen lassen. Und sie erzählte weiter, zwischen den Liedern und dem Kuß und dem Flirt mit dir, als erzähle sie ein Märchen von einem Prinzen und einer Prinzessin, die nicht zueinander kommen konnten: Dann habe sie ihn zum Zug gebracht. Er war ja Jude. Mit eigenen Händen und Füßen und Blicken zum Zug begleitet, zum Ab transport. Nie wieder eine Nachricht. Sie sang ein Lied, wie sie es vielleicht damals nicht gesungen hat, auf dem Bahnsteig, am Zug, der nach Deutschland ging, und von dort nach Polen. Sie sang ein Lied zu diesem Grauen, und wir weinten, tränenlos. Sie lachte und freute sich über die weiße Blume, die sie errungen hatte. Sie klagte nicht. Sie erzählte.

Ralf Rothmann

Die Männer von morgen

Ihr Frauen, allein mit dem Eisschrank,
ans Staubtuch gebunden, an ein liebloses Leben,
nehmt euch der Jünglinge an,
die sich in Seitenstraßen langweiln
und euch beim Fensterputzen zusehn, verstohlen
eure Busen bewundernd, eure himmlischen
Hüften – schenkt ihnen ein Lächeln,
denn sie träumen von euch.
Lindert die Qualen des Sommers in ihnen:
schält sie aus ihren Lederjacken,
ihrem Wortschatz aus Blech,
den verchromten Gefühlen, bedeckt
ihre zitternde Blöße mit Küssen.
Seid gut zu den Männern von morgen, ihr Guten,
erfüllt ihnen eure Wünsche; verhindert,
daß sie wie üblich werden, voll Härte und kalt
und ihre blühenden Frauen verzweifeln
an Eisschrank und Staubtuch, an einem lieblosen Leben.

SENTIMENTAL JOURNEY

Gabriele Wohmann

Sentimental Journey

Da täuschen Sie sich sehr
Sie sind im Irrtum, leider
Muß ich Sie dringend bitten
Sich schnell davonzumachen
Wie meinen Sie? Ach töricht
Sie kennen sich nicht aus
Wir machen jeden Abend
Und oft die Nacht durch auch
Das Herr-und-Diener-Spiel
Ungern, im Ernst, verrate
Ich fremden Menschen uns
Den dort und mich, ich spiele
Klavier, er, der mein Herr ist
Hört
Mir zu, auch wenn er einschläft
Man sieht ja, ich serviere
Ihm zwischen Swing und Tango
Weißwein, auch Wasser, stilvoll
Und britisch, Kolonialzeit
Geht es bei uns zu abends
Und oft die Nacht durch, wirklich
Ich möchte Sie jetzt bitten, rasch
Von diesem Sofa dort
Ja sehr rasch zu verschwinden
Er schläft oft fest, mein Spiel
Auf dem Pianoforte
– So sagen wir, ganz recht! –
Dient der Entspannung, früher
War ich in Bars, Hotels
Und Kaffeehäusern tätig
Mein Herr ein Offizier
In Indien oder sonstwo

Bei Whisky-Soda, Wein
Trinkt er in unsern Breiten
Verstanden, daß er schläft
Und Ruhe braucht? Ich bitte
Sie abzutreten, Nachbarn
Mein Herr und ich, wir sind
Von anderem Kaliber
Ich muß jetzt weiter spielen
Er liebt es so, Musik
Die Oldies, schläfern ein
Auch SENTIMENTAL JOURNEY
Wie bitte? Er ist tot?
Er lebt nicht mehr? Seit Stunden?
Das haben Sie gesagt, denn ich
Sein Diener, ich nur kenne ihn
Und habe ihm schon manchen
Tiefen Schlaf erfunden.

Thommie Bayer

Hotel Central

Er schaut dem Regen vor dem Fenster zu
wie der die Blätter von den Bäumen wischt
und in den Rinnstein spült.
Er hat ein Bild in seinem Kopf und das bist du
wie du die Nässe von den Haaren schüttelst
und er dich, unterkühlt,
in das große weiche Badetuch wickelt.

«Hotel Central», das Tuch ist weiß, der Name blau.
Ganz normal, eine nasse schöne Frau.

Er schaut dem Rauch der Zigarette hinterher
wie der nach oben steigt,
je weiter, desto weniger zu sehn.
Inzwischen friert das Bild in seinem Kopf nicht mehr,
hat einen Morgenmantel an
und einen Pagen vor sich stehn.
Der zerkleinert Eis mit silbernem Pickel.

«Hotel Central» im Silber eingraviert mit Blau.
Ganz normal, eine durstige schöne Frau.

Er sieht das Zittern seiner Finger auf dem Tisch
und er zerreißt ein Stück Papier
und wirft es wütend fort,
denn das Bild in seinem Kopf hat sich verwischt.
Kaum noch Konturen, kaum noch Farben,
keine Uhrzeit und kein Ort,
nur diese Ahnung noch und die ist wie zerstückelt.

«Hotel Central» steht am Portal, das Taxi ist grau,
und du fährst weg, ganz normal, eine reisende schöne Frau.

Allen Ginsberg

Letzte Nacht in Kalkutta

Noch immer Nacht. Das Ticken der alten Uhr,
morgens halbdrei. Waches Grillenzirpen
an der Zimmerdecke. Das Tor ist geschlossen
draußen auf der Straße – Schlafende, Bärte,
Nacktheit, aber kein Verlangen. Einige Moskitos
wecken den Juckreiz, der Ventilator dreht sich langsam –
ein Auto rast donnernd den schwarzen Asphalt hinunter,
ein Stier schnaubt, irgend etwas wird erwartet –
Die Zeit erstarrt in den vier Wänden.
Hier ist niemand, in die Leere fallen Zug
Signale und Hundegebell, das eine Straße weiter
beantwortet wird.
Puschkin steht auf dem Bücherregal, Shakespeares
und Blakes gesammelte Werke – ungelesen –
O Geist der Poesie, wie sinnlos dich stammelnd anzurufen
in dieser mit Betten möblierten Leere
unter dem hellen ovalen Spiegel – für Schlafende
eine vollkommene Nacht sich in starres Dunkel
aufzulösen und sich dort acht Stunden auszuruhn
– Erwachen zu farblosen Fingern, ein bitterer Geschmack
im Mund
und eine Lunge die nach Zigaretten schreit,
was tun mit diesem großen Zeh, diesem Arm
diesem Auge im hungernden von Skeletten von
verwundeten Pferden und heißen Straßenbahnen belebten
ewigen
Kalkutta – schwitzend und mit ausfallenden verfaulten Zähnen –
Rilke wenigstens konnte von Liebenden träumen,
in der Brust die alte Erregung und ein zitternder Magen,
ist es das? Und der endlose gestirnte Raum –
Wenn das Gehirn sich verändert atmet die Materie
furchterregend auf den Menschen zurück – Doch jetzt

der große Einsturz von Gebäuden und Planeten,
bricht durch die Mauern der Sprache und ertränkt
mich für immer unter dem Gewicht seines Ganges.
Flucht nur noch durch Bangkok und Tod in New York.
Haut muß nur Haut sein, das ist alles
was sie jemals sein kann, Schmerzensschreie in den
Nieren
die ihren eigenen Ekel fühlen, ein tobender Traum
im Sterben sein allzu berühmtes Elend zu beenden
– Laß die Unsterblichkeit einen andern Narren erleiden,
bleib nicht hängen an dieser Ecke des Universums
spritz Morphium in den Arm und iß Fleisch.

ALTE FILME

Bertolt Brecht

Der abgerissene Strick kann wieder geknotet werden
Er hält wieder, aber
Er ist zerrissen.

Vielleicht begegnen wir uns wieder, aber da
Wo du mich verlassen hast
Triffst du mich nicht wieder.

Margaret Atwood

Kleine Gedichte zum Winteranfang

1
Ein unbeschriebenes Blatt: was
in dir scheint, ist nicht nichts,
wenn auch gleichermaßen klar & blau,

und ich bin alt genug zu wissen,
daß ich den Wunsch aufgeben sollte,
dieses Licht zu berühren.

Was leuchtet denn schon?
Sterne, geschliffenes Glas und Wasser
und du in deinem lichtblauen Hemd,

wenn du bei Regen
am Fenster stehst und weiter
nichts passiert, ungreifbar.

*

Deine Hand, ins Licht
gehalten, enthüllt
die Hand und auch das Licht:
ein Leuchten in der Berührung.

Andere Dinge aus Licht:
Halluzinationen & Engel.
Löst du dich auf, wenn ich
meine Hände in dich tauche?

2
Freier Fall
heißt fallen, aber wenigstens
frei. Ich weiß nicht einmal, bin ich
gesprungen oder gestoßen worden,
aber was macht das jetzt,
hier oben. Keine Flügel,

kein Netz, aber einen Moment lang
diese großartige Aussicht: das Meer,
die Linie der Brandung, braune Klippen,
büschelweise Gestrüpp, dein nach oben
gewandtes Gesicht ein weißes Oval.
Ich wünschte, ich wüßte,
ob du auffängst oder zuschaust.

3
Mund zu Mund
hole ich dich ins Leben zurück.
Warum bist du einfach ertrunken,
ohne ein Wort zu sagen?
Was hat dich betäubt?
Was über deinem Kopf
allmählich wuchs, war nur
die Luft, die alle atmen,
genormt & mörderisch.
Dein Kopf schwimmt auf deiner Hand,
auf Wasser, du drehst dich
um, dein Herz findet stockend
seine zwei starken Töne wieder.
Ich hole dich ins Leben
zurück, es ist gegenseitig.

4
Zu meinem kühlen Haus in diesem Matschwetter,
Hände am kalten Lenkrad, hoffentlich brennt das Feuer;
Schlackerschnee an der Scheibe, da war ein Unfall,
dann ein zweiter. Irgendwo noch einer,
meiner. Beim Menuett verfehlen wir uns
knapp, bei einem Unfall
nicht. Tanz ist kein Zufall;
aber – hast du mich verfehlt
oder nicht, ging's dir zu tief
unter die Haut, war das
ein Schmerz, bin ich weg? Keine
Scherben, trotzdem bin ich gehäutet,
der leiseste Hauch wühlt mich auf.
Ruhig, ruhig, bloß keine Scherereien.
Ich gleite über die schwarzen Straßen, reines Eis.

5
Kein Weg frei,
schreibe ich auf dieses linierte
gelbe Papier. Gedichte. Das sind die
Details, die an mir
zerren; und die aufdringlichen Glöckchen
an den Ecken, die ich auf meinem Weg
zu dir umrunde: sie singen von Hunger,
Armut & Dunkelheit.

6
Die Wochen flackern aus: die Wintersonnenwende
mit ihren abgeschlagenen Tannenzweigen
und kleinen verzweifelten Feuern
steht uns bevor

wieder & wieder. In fünfzig Versionen:
Die Bäume in stumpfem Blau, die Felder

ein letztes Mal schwarzbraun.
Wir haben noch eine Minute, vielleicht auch zwei,

um uns Hand in Hand
dem Rand des immergrünen Waldes zu nähern,
den wir niemals betreten werden,

durch den verwehten Schnee,
der farblos ist,
der frisch gefallen ist,

der frisch gefallen ist,
in dem wir keine Spuren hinterlassen.

7
Dieses Gedicht ist traurig
& sentimental und voller
Klagen. Wo bist du gewesen,
als ich dich brauchte?

Ich würde gern einen Strauß
hübsche saubere Wörter für dich pflücken,
ihn dir überreichen und wieder gehen,
Zweck erfüllt. Ich bring's nicht
fertig. Heute ist der kürzeste Tag

des Jahres, verschrumpelt,
blaugefroren & kalt, taubstumm.
Da an der Ecke, das bin ich, Eis-
regen im Nacken, wortlos. Wo bist du?

8
Du glaubst, ich wohne in einem Turm aus Glas,
in dem das Telefon nicht klingelt
und niemand ißt? Doch, es klingelt, man ißt
und läßt Krümel & verschmierte Messer liegen.

Im Wohnzimmer: Hundegestank
dringt durch die Tür,
schmutzige Felljacken & die aufgesperrten
Rachen fleischfressender Tiere. Schlamperei
& Unordnung, kalte Asche treibt
vom Holzofen auf den Boden.
Katzen mit weichen Wirbelsäulen
drapieren sich in jeder freien Ecke.
Wer hat sie gefüttert? Wer weiß.

Was ich dir zeigen möchte,
ist die Alltäglichkeit hier, auch
während ich schreibe, schrillt da unten
die Türklingel, ständige Angriffe
aus dem Radio, schon wieder ein
schuldlos zerschlagenes Gesicht, noch ein
Paar tropfnasse Stiefel im Flur.

Da ist kein Geheimnis, sage ich
dir, nicht das geringste,
auch sonst nirgendwo. Ich mache
etwas ganz Normales, nichts Überraschendes,
genau wie du, nicht aufregender
als jeder beliebige Sonnenaufgang.

9
Manche werden sagen, es gibt keine Entschuldigung
für diesen Betrug: während Männer sich gegenseitig
töten & verstümmeln, sprich Politik machen,
Häuser & Kinder verbrennen, Frauen die
Augen oder Bäuche durchbohren, halten

wir uns in Kneipen die Hände.

Eine Zerstreuung – lenkt dich ab
von der Arbeit, dem flimmernden Bildschirm,
auf dem Tod ein Ereignis ist, Liebe
nicht, es sei denn doppelter
Selbstmord. Wie rechtfertige ich dann
dieses sanfte Gedicht bei so viel
Schrecken? Heuchlerisches Getue,
Ahnungslosigkeit auf der rissigen Erde,
im grauen Schlamm, wo aufgedunsene Kinder
verenden und der Hunger nur einen einzigen
schnellen Ausweg läßt.

Händchenhalten ist Luxus.
den die Satten sich leisten.
Und wenn keine andere Wahl bliebe
als töten oder getötet werden – warum
dann nicht töten? Ich kenne von dir nur
das Negativ. Ich kenne deine Abwesenheit.

10
Natürlich erzähle ich
irdische Lügen, wie: Ich will versuchen,
dich niemals anzuschwindeln. Oder:
Noch ein Tag, und die Erde kippt
auf ihre Achse wieder der Sonne
entgegen, das Licht wird heller,
es wird Frühling, und du
wirst froh. Oder:
Ich kann fliegen. Ich wünschte, ich könnte es
glauben. Statt dessen sitze ich hier fest
in diesem Wust aus Kleinkram,
Wahrheiten, Fakten. Zähne, Handschuhe & Socken.
Ich traue der Liebe nicht,
sie hat weder Form noch Farbe.

11
Und doch hätte ich gern, daß du
überrascht bist, und gierig wie ein Kind,
das sich nicht festlegen muß, weil jede
Entscheidung möglich ist, und einfach

wie Bonbons. Eine Handvoll
Ballons, greif zu, und schon
bist du mitten in der Luft. Pures
Vergnügen, das stünde dir zu,
nicht diese verwickelten
Ketten & Netze an den Händen,
keine verworrenen Zukunftsfäden.

Sieh, ich halte dir meine Hände entgegen,
faltenlos, wie mit kochendem Wasser übergossen,
gescheuert. Welche Unschuld!
Angenommen, ich könnte das,
wolltest du mich so?

12
Nachmittag: ein Wrack aus Papier
& bunten Bändern.
Es regnet & regnet. Und du so weit weg,
als wärst du nicht auf der Welt. Um uns
wimmelt Familie, summen Maschinen:
gespültes Geschirr & Musik, Abendbrot,
beschlagene Fenster. Und was ist
bei dir los? Dasselbe,
nehme ich an. Derselbe Traum.
Heute bist du die leere
Hälfte vom Mond.

Hier: ein gebratener Vogel, ein scharfes Messer –
das ist real,
etwas zum Anfassen.

Ich bilde mir
nicht ein, dich zu kennen
oder auch nur ein Stück deines Lebens.

13
Du hast mich in der Hand, sagst du und meinst
etwas ganz anderes: eine Möglichkeit,
der Entscheidung auszuweichen. Trotzdem,
du wurdest mir in die Hand gedrückt,
ohne daß ich es wollte, wie die Karten
zur Erklärung der Fingersprache,

mit denen Taubstumme dich an der
Bushaltestelle festnageln. Irritierend
und doch mehr: ein Gegenstand
aus Glas, leuchtend & leicht,
ohne Namen oder erkennbare
Funktion. Durch Berührung
& Rätselraten werde ich schlau aus dir,
oder auch nicht. Solange halte ich dich
in der Hand, stimmt, und frage mich, was
ich wohl aus dir mache, und du
aus mir. Eine Geste
der Hände, so klar
wie Wasser. Der Buchstabe A.

14
Ist es wirklich dein Schicksal,
in die Dichtung einzugehen und durchsichtig zu werden?

Kein Boden unter dir, weder Füße noch Schuhe,
keine Teppiche, Brotkrusten, Kalender, keine Knöpfe,
Taschen, Haare, kein Fell auf dem Körper, kein Blut,
wenn ich's nicht erfinde?

Als bloßes Gerücht, leer & zeitlos,
kann ich dich nicht brauchen. Das Jahr
ist kein glatter Kreis, nicht der vage Traum
von einer Uhr, sondern ein schattiger
Moment nach dem andern.
Es bleibt keine Wahl, ich muß dich nehmen
mit all dem Schrott,
den Ängsten, berechtigt
oder nicht, den verräucherten Möbeln,
dem schwachen Fleisch, der Mühsal, den ewig
nörgelnden Stimmen mit deinem verborgenen Herzen,
das wir beide nicht sehen können, das sanft
schlägt unter meiner Hand,
im Dunkeln fliegt. Nehmen wir an,
du weißt deinen Weg.

Bernd Jentzsch

Immer sind es die Annen

Meine Großmutter hieß Anna; das bedeutet «Gnade». Sie war eine grundgütige Frau, ihr Wesen und ihr Name waren eins. Jedoch nicht in jedem Fall, wie die Erfahrung lehrt, bewahrheitet sich das Sprichwort: Nomen est omen. In den nachfolgenden Frauengenerationen scheinen sich schleichende genetische Veränderungen vollzogen zu haben. Bedenklich stimmt bereits, daß Großmutters jüngere Schwestern, denen ich in die Finger geriet, den letzten Buchstaben dieses wundervollen Namens gegen ein neumodisches «e» eingetauscht haben, wie Emanzipation oder Euroscheck. Und ich weiß, was ich klage, denn ich bin von Annen regelrecht umstellt gewesen. Sie breiteten sich epidemisch um mich herum aus.

*

Der ersten Anne begegnete ich mit acht. Sie war ein ätherisches Geschöpf, das offenbar unter dem Vitaminmangel der Nachkriegszeit litt. Der Musiklehrer forderte mich auf, vor die Klasse zu treten, und ich sang an der Melodie vorbei: «E Annel mit 'n Kannel in de Blaubeer gieh.» Von nun an stellte ich mir alle Mädchen als Anneln mit süßen blauen Schnuten vor. Die Infektion folgte auf dem Fuße: ein Annel mußte her. O Verderben bringende Ungeduld des blöden Knaben! Obwohl meine früheste Annen-Phase rein theoretisch endete: dieses Glück des Verzichts hat sich schnell als unwiederholbar erwiesen. Denn es gab sie ja schon, die leibhaftige Anne der Kindheit. Sie lauerte springlebendig im Nebenhaus.

Eines Tages kam ein neues Spiel in Mode: Wir spielten Indianer. Anne und ich, die Tomahawks streitbar erhoben, hatten den Häuptling zu beschützen, der im Wigwam mit seinen Squaws, zwei vorzeitig entwickelten Mädchen – wie er uns einbleute – Kriegsrat hielt. Die Lage muß verzwickt und heiter zugleich gewesen sein. Wir vernahmen ein endloses Gekicher, das sich zum Feldgeschrei steigerte. Manchmal stießen die strategischen Planspiele des Häuptlings wohl direkt bis ins Zentrum der Natur vor, so daß die Zeltbahn am Eingang eine Handbreit aufschlug und wir ein Gefilz von Armen und Beinen zu erkennen meinten. Anne flüsterte mir schwärmerisch ins Ohr: «Die machen Schweinereien!»

Die telepathische Übereinstimmung funktionierte sofort. Wir verließen unseren Posten und krochen bei mir zu Hause unter den Küchentisch. Die Anwesenheit meines Vaters, der sich auf dem Sofa zur Mittagsruhe niedergelegt hatte, störte uns als Angehörige eines Naturvolkes durchaus nicht. Im Gegenteil: in falscher Auslegung des nationalen Kulturerbes und in Unkenntnis über meinen biologischen Standard begann ich jenes Gefäß zu erforschen, von dem es im Lied heißt, daß es Annel stets bei sich trage.

Plötzlich fuhr Vater, der uns eine Weile beobachtet haben mochte, entgeistert hoch und forderte Aufklärung über unser Tun. Da wir verstockt schwiegen, lieferte er uns den eilig alarmierten Müttern aus, die uns verlegen gegenüberstellten. Das Blut schoß uns bis in die Ohrenspitzen. Nun waren wir wirklich zwei Rothäute: Kleine Versuchung und Großer Schafskopf.

Die Zeit verging, aus mir war ein Milchbart geworden. «Jetzt bist du mannbar», sagte meine Mutter feierlich. Und wie in einer Schmierenkomödie grollte ein Donner am Horizont.

Schon eines der nächsten Gewitter war gefährlicher. Mitten in meiner Leipziger Studentenbude wurde ich das Opfer eines Blitzschlags. Der Blitz hieß, selbstredend, Anne und hatte schwere kordiale Folgen. Weil ich so entschlossen wie noch nie war, schien mir in meiner unverderbten Einfalt das Problem um so heikler: Ich verzweifelte an der Differenz unserer Körpermaße – ganze 14 Zentimeter! Nachdem sie, die Erfahrene, mir die Kompatibilität des Menschengeschlechts (welch ein Wort!) mit unmißverständlicher Liebe zum anatomischen Detail verdeutlicht hatte, klopfte es an die Tür. Meine Zimmerwirtin, die das Zwitschern unserer Bettstatt mit dem Gequietsche ihres Kanarienvogels verwechselt haben mußte, war just in einem nicht unwesentlichen Moment aus ihrem postlibidinösen Dämmerzustand erwacht und erbot sich nun, unser Feuer mit einer ostindischen Spezialmischung zu löschen.

Der Tee war vorzüglich, aber Anne war wütend davongelaufen. Ich vermute, sie hat in mir nicht nur einen funktions-ungläubigen Thomas, sondern auch einen unverbesserlichen Vegetarier gesehen. Zu unserem gemeinsamen Vergnügen ist es mir dennoch gelungen, ihr mein Gelüst auf Geselchtes einprägsam zu vermitteln, bei einer Fuge von Bach: con affetto.

Alle Wohlgerüche Arabiens: Ich träumte nicht nur davon, ich wollte die Verfügungsgewalt über sie, meine taktischen Leimruten in langer enthaltsamer Zeit. Die Postwurfsendung eines speziellen Versands warb in den höchsten maskulinen Benutzer-Tönen für ein aphrodisierendes Wasserstoff-Sauerstoff-Gemisch. Ich spürte, wie ich zum Don Juan zu mutieren begann und bestellte die größere Abfüllmenge.

Acht Tage nach der Lieferung traf ein Brief ein, dem ein Foto beigelegt war. Es stellte ein Melonen austragendes Weib dar. Was sage ich: ein servierendes! Dazu ein paar handgeschriebene Zeilen, eine Telefonnummer. Das Früchte-Stilleben auf den Knien, rief ich an. Eine samtweiche Stimme verwickelte mich zielstrebig in ein Fachgespräch über nichtkanonische Festkörper-Physik und über den Freizeitwert von Wäldern. Ob ich denn Waldspaziergänge liebte? Ich antwortete auf ihren forstlichen Vorstoß wahrheitsgemäß mit «Ja». Dabei rutschte mir der Demo-Rubens von den Knien, und ich konnte ihn gerade noch an der Stelle erwischen, an der sie sich mit mir zum besagten Spaziergang verabreden wollte. Hellseherisch fügte sie hinzu, daß «für so was» (Tremolo ihrerseits) «Schonung doch nun wirklich der falsche Ausdruck» sei (Tremor meinerseits). Soviel stand fest, wenn nicht mehr: Ihr Name war Anne, und sie hatte keine anderen Hobbies.

Ich fragte mich schließlich, wie das Gesetz der schicksalhaften Serie zu durchbrechen wäre. Priester auf dem zweiten Bildungsweg? Brom in den Whisky? Ganz einfach den «toten Mann» markieren?

Der Mensch denkt, Amor lenkt: Auf einem Computer-Lehrgang widerfuhr mir die Umprogrammierung des Goetheschen Satzes «Kommt den Frauen zart entgegen». Ich reagierte zunächst wie ein abgestorbener Baum, aber im großen Hohlmuskel erhöhte sich bald darauf der osmotische Druck ebenso furcht- wie erregend. Ich war ausgeliefert. Ich schmolz dahin bis zum Sockel, ein sächsisches Schokoladenmännel, als in mir ein schrecklicher Verdacht aufstieg. Und in der Tat, heilige Einfallslosigkeit der Namensgebung: Anne die Fünfte! Seitdem beschäftigt mich die Frage: Anne summarum? I hope it, Fatum! Obwohl: ein Gleichnis aus der älteren Waschmittelwerbung sollte mir eigentlich zu denken geben – Persil bleibt Persil.

Joni Mitchell

Chinese Café
Unchained melody

Caught in the middle
Carol, we're middle class
We're middle aged
We were wild in the old days
Birth of rock 'n' roll days
Now your kids are coming up straight
And my child's a stranger
I bore her
But, I could not raise her
Nothing lasts for long –
Nothing lasts for long –
Nothing lasts for long –
Down at the Chinese Café
We'd be dreaming on our dimcs
We'd be playing –
«Oh my love, my darling»
One more time.

Uranium money
Is booming through the old home town now
Putting up sleek concrete
Tearing the old landmarks down
Paving over brave little parks
Ripping off Indian land again
How long – how long
Short sighted business men
Ah, nothing lasts for long –
Nothing lasts for long –
Nothing lasts for long –
Down at the Chinese Café
We'd be dreaming on our dimes

We'd be playing –
« You give your love, so sweetly »
One more time.

Christmas is sparkling
Out on Carol's lawn
This girl of my childhood games
Has kids nearly grown and gone
Grown so fast
Like the turn of a page
We look like our mothers did row
When we were those kids' age
Nothing lasts for long –
Nothing lasts for long –
Nothing lasts for long –
Down at the Chinese Café
We'd be dreaming on our dimes
We'd be playing
« Oh my love, my darling
I've hungered for your touch
A long lonely time
And time goes by so slowly
And time can do so much
Are you still mine?
I need your love
I need your love
God speed your love to me. »
(Time goes – where does the time go –
I wonder where the time goes ...)

FRAUEN,
ROMANE
& ROMANZEN

Lutz Rathenow

Erster Liebesbrief

Kräftiger das Schreiten über Pfützen
Regen kommt als süßer Saft von oben und
jeder Tümpel wird zum Bottich, aus dem
ich trinken könnte. Es knallt am Himmel
Öffnet da wer die Wolkenflasche Sekt?
Und Autos auf der Straße spritzen, was
sie können. Zwei Polizisten gehen auf
und ab. Ich grüß mit einem *Prost,*
was von oben kommt, dürfen Sie auch schon
im Dienst genießen. Ein Hund nickt
und will von der Leine weg. Hör ich
seine Frau dann keifen, faß ich schnell
in meine Tasche, spür das streichel-
knisternde Papier

Pieke Biermann

Kaleidoskop

17. Juni
Aber er hält es nicht für möglich. Daß er Zähne hat wie Perlen. (Perlen! Ihre Perle. Und meine. Damals.)

Hinter dem Elbtunnel wird Hamburg surreal. Oder die Musik aus den Türen neben den Polstern. Im Auto. Oder ihre Sehnsucht, angefaßt zu werden von Händen, die nicht ihre sind. Angesehen von Augen, die nicht aus dem Spiegel kommen. Fahren soweit die Musik reicht. My arrows are made of desire. Damals. Werden wir. Kommt die Zeit ins Spiel und frißt es weg. Keine Zeit. Schluß. Aus. Nichts mit der zu tun haben. Nur diese Szene jetzt. In Szene setzen. Alles andere gehört nicht. So fern. Daß er ihr naherückt. Nahe erscheint. Sie ihn nahe will. Keine Geschichte. Es wird dann irgendwann eine Geschichte gewesen sein. Die eine Geschichte gehabt haben wird. Was immer sie jetzt tut. Wieder eine.

Aber die Perlen!

Verlockend kostbar wie die Bewegungen seiner Hände am Lenkrad und am Knüppel der Gangschaltung.

Und ein Körper, der androht, schön sein zu können.

Gelächter. Ausschweifend. So ängstlich werden wir gewesen sein. Damals. Als wir die Köhlbrandbrücke nicht wiederfanden.

I'm a million miles away.

And at the same time right here in your picture-frame.

21. August
Warum Amrum, steht auf einem Bauzaun. Gute Frage. Und von immenser Bedeutung für die Geschichte der Menschheit.

Keine Brücke nach Amrum. Man läßt sich überführen. Man hält dafür ein. Die Abfahrtszeiten der Fähren. Und dann wird man rasch überführt. Als normal. Eine Frau und ein Mann. Das trägt. Bei korrektem Einhalten. Die Chefin des Hotels erteilt dafür «unser romantisches Zimmerchen». Das mit dem «französischen Bett». Unterm Dach. Und mit den tanzenden Spiegeleiern auf der Tapete. «Das geben wir immer unsern netten jungen Paaren.» Normal. Eine Frau und ein Mann. Man findet Verständnis, wenn man morgens als letzte in den Frühstücksraum wankt. Übernächtigt. Man wird aufgehoben. In der Großen Normalen Familie. Mit äußerster Liebenswürdigkeit. Verwechselt. Entstellt. Bis zur Kenntlichkeit. Das Junge Paar. Geht meistens schief. Nett, nicht?

Man ist, was die standardisierten Blicke sehen. Augen, die in einen vermeintlichen Spiegel gaffen. Hände, die vorgeben, ein Phantom berühren zu können. Erkennungsdienste. Erfaßt und aufgehoben. Kein Aufhebens.

So etwas hebt man auf.

(Nur nachts, in der Stunde der Vampire, wenn die Spiegeleier auf der Tapete den Veitstanz proben, nur nachts, wenn die Große Familie schnarcht, nur nachts, wenn die Zeit sich erholt und die Räume ihr Eigenleben inszenieren, nachts, zwischen drei und vier, fragt sie ihn, wie das war, damals, unter dem zarten weißen Hemdchen des Meßknaben, unter dem Duft des Weihrauchs und im Anblick der unverschämten Pracht des Ritus, schwellend, und er liefert sich aus, liefert ab, Szenen, nahe, in angstloser Scheu, jamais retour, und die Brüste seiner Mutter, in die er sterbend gern versunken wäre, damals.

Ach, wer da mitsinken könnte!

Er faßt sich an mit Händen, die nicht seine sind, jetzt, er sieht sich mit Augen, die den Spiegel noch einmal wieder durchqueren, sie sieht ihm zu, sieht eine neue Gestalt von sich, sieht sich, mit kurzen Haaren und in einem Herrenanzug und an einem Brückengeländer lehnend, von hinten, von hinten nicht zu identifizieren, geschlechtlich, und im Spiegel bewegt sich nur ihr eigener Blick, begehrlich, wollüstig, unersättlich.)

Darum Amrum.

14. Oktober

«Du, die Herren wollen meinen Artikel, aber ich soll dich verreißen.»

«Typisch. Sie versuchen's halt immer wieder, das Spalten. Machst du's?»

«Quatsch! Obwohl, da zu veröffentlichen ...»

«Wäre wichtig für dich.»

«Nein. Ich *muß* nicht für die schreiben. Das macht mir nichts aus.»

«Es macht immer etwas aus. Jeder geschriebene Text macht verletzbar.»

«Nein, nein. Solidarität ist wichtiger. Ich bin solidarisch.»

«Eine teure Solidarität, nicht?»

«Es macht mir wirklich nichts aus. Mir macht eine andere Spaltung viel mehr Angst. Du bist in Gefahr.»

«Ich? Wieso, ich bin doch gerade frisch verknallt, Mensch, endlich mal wieder!»

«Eben. Du arbeitest seit einiger Zeit mit Männern zusammen, und du mußt dich nach deren Maßstäben behaupten.»

«Das stimmt. Aber ich finde, ich bin doch ganz gut trainiert im Umgang mit mächtigen Herren, findest du nicht? Bis jetzt haben sie jedenfalls noch nicht geschafft, daß ich mir untreu werde.»

«Und dann diese Liebesgeschichte, mit einem Mann.»

«Sie gefällt mir. Und er gefällt mir auch, bis jetzt.»

«Aber mich hast du dafür verlassen.»

«Wie bitte?»

«Ja, du hast mich verlassen. Du bist dauernd in Hamburg und kaum noch in Berlin.»

«Aber du weißt doch ganz genau, warum ich in Hamburg bin und daß ich hier auch für dich arbeite, an deinem Buch.»

«Aber mich hast du verlassen.»

«Das klingt, als wären wir vorher Geliebte gewesen. Hättest du das gern gehabt?»

«Jetzt muß ich mich wieder allein organisieren.»

«Das ist doch nichts Neues! Wir haben uns immer jede für sich organisiert. Was machst du denn mit unserer Geschichte?»

«Wenn es wenigstens eine Frau wäre, mit der du...»

«Wenigstens?»

«... dann müßte ich mir weniger Sorgen um dich machen.»

«Was maßt du dir an? Mach uns nicht zu Schwestern-im-Leid. Das wollten wir nie sein. Gerade du nicht.»

«Ich habe zwei Freundinnen wegen Männern verloren.»

«Bitte, verwechsel mich nicht.»

«Aber meine Gefühle.»

«Ja, ich weiß. Ängste. Aber du wirst sehen, es gibt kein Naturgesetz, daß eine Frau der Männerwelt anheimfällt, bloß weil sie mit einem Mann vögelt. Ich habe auch Gefühle, und wenn ich mir nehme, was mir offenbar gut tut...»

«Der tut dir nicht gut.»

«Woher weißt du das denn?»

«Deine Augen leuchten nicht.»

«Und das siehst du gerade durchs Telefon?»

«Ein Mann macht zuviel Arbeit.»

«Der bis jetzt noch nicht. Und du weißt ganz genau, wenn das einer tut, dann bin ich immer ganz schnell weg.»

«Ach, das sagt man immer, am Anfang. Laß uns über etwas anderes reden. Ich brauche die 3000 DM zurück, die ich dir geliehen habe. Ganz schnell. Du kannst ihn ja fragen...»

11. November

In Flammen stehen und einen Eimer Wasser über dem Kopf balancieren. Langsam ganz langsam die Flammen anfachen. Nicht den Eimer aus dem Sinn verlieren. Du kannst ihn neben dich stellen. Du brauchst den Mann nicht. Du kannst ihn wollen. Er hat etwas riskiert. Er riskiert. Arbeit. Um deine Nähe zu erhalten. Er kann arbeiten. Du hast dein eigenes Geld. Du brauchst niemanden. Du kannst etwas riskieren. Weil du etwas zu verlieren hast. Du kannst es darauf ankommen lassen. Die Angst verschwindet, sobald du hineingehst. In die Bedrohung. Da steht der Eimer. Die Flammen sind warm. Laß sie hoch schlagen. Laß sie. Die Haut hat kein Gedächtnis. Du bist stark. Weil du etwas zu verlieren hast. Du hast die Freiheit geschmeckt, nicht schwanger werden zu können. Du hast Frauen geliebt. Du hast dich von Frauen lieben lassen. Diese Freiheit gehört dir. Du hast die Lust sich selbst übereignet und dich mitreißen lassen. Ohne Rechnen. Ohne Angst. Ohne Wassereimer. Flammen einfach, immer höher. Flammen, die ihre eigene Nässe mit sich bringen. Namenlose Flammen zwischen Perlen und Spalten und Brüsten und Händen und Augen und Hirnen. Du wirst sie inszenieren, die Freiheit. Der Mann wird dir nicht gefährlich. Laß *ihn* die Arbeit übernehmen. Laß *ihn* aufpassen. Du wirst dich inszenieren. Niemand kann dich schwächen, weil du so tust, als könnte niemand dich schwächen. Tu so. Tu so. Tu, als gäbe es den Augenblick ohne Geschichte. Inszenier ihn. Tänzelnd auf der Grenze zur Erschöpfung. Die Zeit der Geschichte und die Zeit deiner Lust stehen fremd voreinander. Du wendest dich ab. Du bist atemlos ruhig. Du feierst frenetisch mit. Du hast keine Arbeit. Er wird einfach nur das Richtige tun. Das willst du sehen. Wie er sich inszeniert. Wie er sich ergibt. Von hoch oben wirst du ruhig zusehen, wie er riskiert, leer und nackt im eigenen Saft zu liegen. Sein Risiko. Seine Lust. Seine Arbeit.

Seine Tränen. Sein Selbstmitleid. Eiserner Vorhang nach einer schlechten Operette. Er hatte nur so getan, als ob er nur so tut. Der Geruch von Sperma kommt nicht aus dem Laken. Er kommt aus dir. Dein Körper das Trümmerfeld seiner Niederlage. Der Eimer umgestürzt und ergossen. Kalt. Feindselig. Du bist nur eine Frau. Zu schwängern. Mit Arbeit zu überschütten.

Sie steht auf, um den Eimer nachzufüllen. Er aalt sich in seinem Schamgefühl. Sie hat keine Lust, sich darum zu kümmern. Sie wird entscheiden, ob sie daran arbeiten will oder nicht. Es wird darauf ankommen.

22. März

«... mein Junge, darf ich das wohl sagen? Ich hatte ja nie einen Sohn. Eins wollte ich dir schon lange mal sagen, das kannst du ja nicht wissen, und sie ist ja bestimmt zu stolz. Es freut mich so, für euch beide. Ich hatte es ja geahnt, damals schon. Sie hat mal erwähnt, daß im selben Haus ein junger Mann. Ich habe da einen siebten Sinn, vor allem bei ihr. Ist ja meine letzte, nicht. Sollte ja gar nicht sein. Kam aus Versehen. Hat mein Mann nicht aufgepaßt. Ist ja dann auch bald gestorben. War das einzige Mal, daß ich was davon hatte, denn während der Ehe, mein Gott, entschuldige, so was erzählt man ja eigentlich nicht in der Weltgeschichte herum, nicht? Aber ich muß dir das mal sagen, ich meine, so ein Mann wie du ... wer macht das schon? Jedenfalls, meine andere Tochter hat vielleicht geguckt, als ich ihr erzählt habe, wie du gekocht hast, und hinterher war die ganze Küche wieder sauber. Und selber eingekauft und alles. Und wir haben dagesessen und uns bedienen lassen von hinten bis vorne! Du bist ja schließlich auch noch berufstätig, nicht? Ja ja, sicher, sie auch. Eine Frau kann das. Muß das ja auch können. Das ist doch nicht zu vergleichen. Wenn wir das nicht könnten, dann würde aber alles drunter und drüber. Ich habe so was jedenfalls noch nicht erlebt. Und sie auch nicht. Ich kenne sie doch. Männer – das war immer ein wunder Punkt. Gab immer Ärger. Ist ja auch bei keinem geblieben. Die waren ihr alle zu, wie soll ich sagen, unreif. Sind ja ewige Kinder, nicht? Konnten nichts und waren nichts und wußten nicht mal, wo der Staubsauger steht, geschweige denn ... Wir hatten ja auch keinen Mann im Haus. Ist ihr fremd. Will die gar nichts von wissen, daß zu einem Mann im Haus immer auch die dreckigen Schlüpfer gehören, nicht? Da ist sie, wie soll ich sagen, die hat ihren eigenen Kopf. Sehr selbständig. Das muß man natürlich aushalten können. Ich kann dir sagen! Zwanzig Jahre lang haben wir uns gekloppt wie die Kesselflikker. Ich habe manches einstecken müssen, ich bin ja nicht mehr die Jüngste, nicht? Vierzig war ich, sollte ja gar nicht sein, aber ich wollte nun eben auch mal und der Mann arbeitslos und aus der Gefangenschaft und krank. Hatte ja nichts mehr zu erwarten, der Mann, denn ich hatte ja nun bewiesen, daß ich klarkomme, nicht? Vor aller Welt. Es war ja Krieg, und er weg. Und ich die beiden Kleinen. Na, sollst mal sehen, wie ich mit Geld umgehen konnte! Vorher hat er mir was zugeteilt, für den Haushalt und das, und den Rest hat er verjubelt. Aber jetzt ging das ja andersrum. Und das andere eben auch. Jetzt wollte ich mal. Der hat vielleicht geguckt! Denn früher war ich ja immer zickig gewesen. Und er hat ja auch keine Rücksicht genommen. Zack-zack-zack und rumgedreht und geschnarcht. Aber diesmal ging das andersrum. Konnte ja keiner ahnen, daß da gleich was bei rauskommt! Ich habe dann ja auch alles probiert, Schränkerücken und Chinin. Ich hatte schon Angst, daß es eine Bauchhöhlenschwangerschaft ist. Die war ja nicht kleinzukriegen, damals schon nicht. Du, die ist mit neun schon allein Straßenbahn gefahren. Sonstwohin. Und abends allein in den Keller, Gurken holen. Feige war die nicht. Gegen's Schienbein treten, habe ich ihr beigebracht. Wenn dich jemand festhalten will, mit der Kante vom Schuh gegens Schienbein. Mein Gott, was erzähle ich dir da. Erzähl ihr das aber nicht, daß ich dir das alles erzählt habe, nicht? Ich wollte dir ja nur sagen, da kannst du dir was drauf einbilden, also, das soll jetzt ein Kompliment sein, denn wenn die einen Mann neben sich ... Also, jedenfalls, einfach ist es nicht. Da mußt du ran, und zwar nicht zu knapp. Mit der kannst du dein blaues Wunder erleben.»

9. Mai
Augenblick unter der Tanne vor dem Haus neben dem Friedhof. Geburtshaus. Zufall. Ein überfüllter Kreißsaal.

Nachdenken über den Ort; seine Nähe von Leben und Tod; die schwarzen Lackschuhe mit Riegeln, viel zu klein geworden; weiße Söckchen; die Schubkarre mit Eimerchen und Schaufel; der Weg allein zum Grab des Vaters; Friedhofsruhe und nie wieder so erregende Stille; Geräusche von Tieren, Wasser, Harken, Gattern versteckt hinter dem irisierenden Mittagslicht.

(Bei wem möchtest du sein, wenn einer von all den häßlichen Greisen an den Hebeln von Leben und Tod die falsche Bewegung macht? – Bei ihren zwei Katzen. Ohne Zögern. Sonst nirgends. Nichts könnte sie beruhigen außer diesen kleinen beiden Leben-im-Glück, die dann beruhigt werden müßten.)

Darüber muß sie weinen.

5. Juni
Wenn ich sage ich bin eine Frau taktiere ich.

Ich glaube nicht an die Existenz von Weiblichkeit. Es sei denn als falsche Realität. Wenn ich auf Weiblichkeit bestehe, dann nur, solange ich nach ihren Regeln spielend sie unterhöhlen kann. Nicht im Sinne einer Ehrenrettung für ein leider desavouiertes Konzept. Ich habe keinen Bedarf an vorgezeichneten Bahnen.

Wenn ich sage ich bin eine Frau taktiere ich.

Denn ich weiß, daß ich nie eine werden will.

Ich sage es denen, die so generös sind zu übersehen, daß es hier und da einen existenziellen Unterschied bedeutet, Frau oder Mann zu sein. Wenn ich sage ich bin eine Frau.

Kein Mann.

Keine / r hat nach dem Warum zu fragen. Wenn jemand denkt, ich sei jetzt / endlich / wieder: eine Frau, habe ich taktiert.

Wenn ich eine Frau bin taktiere ich. Ich wollte nie eine Identität. Keine Einzige Geschlossene Gestalt. Wollte ausweichen können. Bilder stören. Fallen verhöhnen. Alle zum Narren halten, die festhalten. An gelenkten Bahnen, stählernen Schubladen und ewigen Ordnungen. Oben auf den Rändern der Schublade balancieren und lauthals lachen. Immer schon. Nicht enden wollend.

Wenn ich taktiere. Bin ich eine Frau.

Es fängt schon damit an, daß ich Raum brauche. Den ich nicht vermessen werde. Er wird mein Geheimnis sein.

Wenn ich sage.

Aber was, wenn es keine Geheimnisse mehr geben darf, nur Bedürfnisse? Kann ein Mann eine Frau lieben wegen ihrer Autonomie? Kann ein Mann die Autonomie einer Frau lieben? Kann ein Mann?

Sich allein feiern?

Falsche Fragen? Kommt darauf an.

Wenn ich sage ich bin eine Frau taktiere ich. Generös. Taktlos. Eine Inszenierung. Perlenkette.

Margaret Atwood

Frauenromane
Für Lenore

1. Männerromane handeln von Männern. Frauenromane handeln ebenfalls von Männern, aber unter einem anderen Gesichtspunkt. Es gibt Männerromane, in denen keine Frau vorkommt, ausgenommen vielleicht die Zimmerwirtin oder die Stute, aber es gibt keinen Frauenroman, in dem keine Männer vorkommen. Manchmal bringen Männer in ihren Romanen Frauen unter, übergehen aber gewisse Körperteile, die Köpfe, zum Beispiel, oder die Hände. Auch Frauen übergehen in ihren Romanen Teile der Männer. Manchmal ist es der Abschnitt zwischen Bauchnabel und Knien, manchmal ist es der Sinn für Humor. Es ist nicht leicht, bei stürmischem Wind in einem weiten Umhang auf dem Moor Sinn für Humor zu entwickeln.

Frauen schreiben gewöhnlich keine Romane, wie sie von Männern bevorzugt werden, aber Männer schreiben bekanntlich Romane, wie sie von Frauen bevorzugt werden. Es gibt Leute, die das seltsam finden.

2. Ich lese gern Romane, in denen die Heldin ein Gewand hat, das diskret über ihren Brüsten knistert, oder diskrete Brüste, die unter ihrem Gewand knistern. Auf jeden Fall müssen ein Gewand, ein Paar Brüste, ein Knistern und vor allem Diskretion vorkommen. Diskretion vor allem – wie Nebel, wie giftige Dünste, durch die die Umrisse der Dinge nur schwach zu erkennen sind. Ein blaßrotes Schimmern im Finstern, schweres Atmen, Seide, die zu Boden gleitet – und was enthüllt? Ganz unwichtig, sage ich. Ganz, ganz unwichtig.

3. Männer mögen Helden, die stark und hart sind: stark im Umgang mit Männern, hart im Umgang mit Frauen. Manchmal geht der Held sanft mit einer Frau um, aber das erweist sich immer als ein Fehler. Frauen mögen keine Heldinnen, die stark und hart sind. Statt dessen müssen sie stark und sanft sein. Das führt zu sprachlichen Schwierigkeiten. Als wir letztes Mal nachschlugen, waren viele einsilbige Wörter Männerwörter und noch dominierend, verloren jedoch rapide, umwo-

ben von den Fangarmen labialer vielsilbiger Wörter, die ihnen mit dem Charme von Spinnen *Liebling, Liebling* zuflüsterten.

4. Männerromane handeln davon, wie man Macht erobert. Töten und so weiter, oder Siegen und so weiter. Auch Frauenromane handeln davon, doch die Methode ist anders. In Männerromanen geht die Eroberung der Frau oder der Frauen einher mit der Eroberung der Macht. Sie ist eine Zugabe, kein Wert für sich. In Frauenromanen eroberst du die Macht, indem du den Mann eroberst. Der Mann ist die Macht. Aber Sex allein genügt nicht, er muß dich lieben. Was meinst du denn, worauf das abzielt, auf den Knien zu liegen da unten zwischen den Krinolinen auf dem persischen Teppich? Sag es doch wenigstens. Wenn alles andere fehlt, kann das Aussprechen genügen. *Liebe*. Das wär's, jetzt kannst du wieder aufstehen, es hat dich nicht umgebracht. Oder doch?

5. Ich will nichts Trauriges mehr lesen. Nichts Brutales, nichts Beunruhigendes, nichts dergleichen. Keine Beerdigungen am Ende, in der Mitte meinetwegen. Wenn Tote vorkommen müssen, soll es auch Auferstehungen geben, oder wenigstens einen Himmel, damit wir wissen, wo wir uns befinden. Depressionen und Elend sind etwas für Leute unter fünfundzwanzig, sie können sie verkraften, sie finden sogar Gefallen daran, sie haben noch genug Zeit vor sich. Aber das wahre Leben bekommt dir nicht, hältst du es zu lange in den Händen, dann bekommst du Pickel und wirst schwachsinnig. Du wirst blind.

Ich will Glück, garantiertes Glück, rundum Freude, auf den Buchumschlägen Krankenschwestern oder Bräute, intelligente Mädchen, aber nicht zu intelligent, mit ebenmäßigen Zähnen und Schneid und gleich großen Brüsten und nicht zuviel Gesichtsbehaarung, eine, auf die man sich verlassen kann und die weiß, wo sie die Bandagen findet, und die den Helden, diesen potentiellen Wüstling und Mörder, in einen gepflegten Landedelmann mit sauberen Fingernägeln und einem entsprechenden Wortschatz verwandelt. *Für immer*, muß er sagen. *Auf ewig*. Ich will keine Bücher mehr lesen, die nicht mit den Worten *auf ewig* enden. Ich möchte zwischen den Augen gestreichelt werden, in einer Richtung nur.

6. Manche Leute glauben, ein Frauenroman sei etwas, in dem Politik nicht vorkommt. Manche glauben, er sei etwas, in dem es um Beziehungen geht. Manche glauben, er sei etwas, in dem unzählige Operationen vorkommen – medizinischer Art natürlich. Manche glauben, er

sei etwas, das kein umfassendes Panorama unserer so aufregenden Zeit vermittelt. Ich, nun ja, ich möchte nur etwas, das man auf dem Wohnzimmertisch liegenlassen kann, ohne sich zu sehr zu sorgen, falls die Kinder hineinsehen. Du glaubst, das sei kein stichhaltiges Argument? Du irrst dich.

7. *Sie hatte die erschreckten Augen eines wilden Vogels.* Das ist einer von den Sätzen, nach denen ich verrückt bin. Ich wünschte, ich könnte solche Sätze schreiben, ohne in Verlegenheit zu geraten. Ich wünschte, ich könnte sie lesen, ohne in Verlegenheit zu geraten. Könnte ich doch nur diese beiden einfachen Dinge tun – ich glaube, ich wäre imstande, die mir bewilligte Zeit auf der Erde wie eine in Samt gehüllte Perle zu verbringen.

Sie hatte die erschreckten Augen eines wilden Vogels. Ja, aber welchen Vogels? Einer Schleiereule etwa, oder eines Kuckucks? Es ist ein großer Unterschied. Wir brauchen nicht noch mehr Wortklauber, die die Phantasie wörtlich nehmen, die *ein Körper einer Gazelle* nicht lesen können, ohne an Darmparasiten, Zoos und Gestank zu denken.

Sie hatte einen gierigen Blick wie ein ungezähmtes Tier, lese ich. Zögernd lege ich das Buch nieder, den Daumen noch immer zwischen den Seiten auf der aufregenden Stelle. Er will sie gerade in seine Arme reißen, seinen heißen, gierigen, harten, fordernden Mund auf den ihren pressen, während ihre Brüste oben aus ihrem Kleid hervorquellen, aber ich kann mich nicht konzentrieren. Die Metapher führt mich an der Nase herum, sie verwirrt mich, und plötzlich liegt der ganze Garten Eden vor mir, Stachelschweine, Wiesel, Warzenschweine und Stinktiere, deren gierige Blicke boshaft oder sanft oder teilnahmslos oder schweinchenhaft oder listig sind. Eine Qual, die Erfahrung machen zu müssen, wie der fast greifbare romantische Schauder davonbebt, ein Schmetterling mit dunklen Flügeln, der an einem überreifen Pfirsich klebt und nicht schlucken und nicht schwelgen kann. *Welches Tier?* murmele ich in die Luft, die nicht antwortet. *Welches Tier?*

Lioba Happel

Aber du kamst nicht

Nicht war ich in himmelblaue Gewänder gekleidet
und nicht in purpurfingriges Gold

aber du bist nicht gekommen

und ich sagte dir nicht ins Herz
wer du seist, bestürzend war nicht
mein Mund und ich war nicht schwarz
wie die Traumkönigin und nicht
die Schneekönigin

aber du bist nicht gekommen
du bist nicht gekommen und ich

trug kein sanftes, ich trug ein Feuerhemd
nicht, aus meinen Haaren
floß Asche ins Auge

MÄNNER,
GESCHICHTEN

Günter Grass

Mannomann

Hör schon auf.
Machen Punkt.
Du bist doch fertig, Mann, und nur noch läufig.

Sag nochmal: Wird gemacht.
Drück nochmal Knöpfchen und laß sie tanzen die Puppen.
Zeig nochmal deinen Willen und seine Brüche.
Hau nochmal auf den Tisch, sag: Das ist meiner.
Zähl nochmal auf, wie oft du und wessen.
Sei nochmal hart, damit es sich einprägt.
Beweise dir noch einmal deine große, bewiesene,
deine allumfassende Fürundfürsorge.

Mannomann.
Da stehst du nun da und im Anzug da.
Männer weinen nicht, Mann.
Deine Träume, die typisch männlich waren, sind alle gefilmt.
Deine Siege datiert und in Reihe gebracht.
Dein Fortschritt eingeholt und vermessen.
Deine Trauer und ihre Darsteller ermüden den Spielplan.
Zu oft variiert deine Witze; Sender Eriwan schweigt.
Leistungsstark (immer noch) hebt deine Macht sich auf.

Mannomann.
Sag nochmal ich.
Denk nochmal scharf.
Blick nochmal durch.
Hab nochmal recht.
Schweig nochmal tief.
Steh oder fall noch ein einziges Mal.

Du mußt nicht aufräumen, Mann; laß alles liegen.
Du bist nach deinen Gesetzen verbraucht,
entlassen aus deiner Geschichte.
Und nur das Streichelkind in dir
darf noch ein Weilchen mit Bauklötzen spielen. –
Was, Mannomann, wird deine Frau dazu sagen?

Nicolas Born

Säfte

Da habe ich wieder
was ich nie haben wollte
ein Frühstück
und so einen
Sonntag
(wirklich
    ich wollte das nicht)
sie meint
das gehöre alles dazu
(mit allen
    Schikanen)
ah schwarzer Kaffee
Säfte (Säfte)
Schinken und
was soll ich sagen
die Finger
unter so einem Rock
das/ist/Frühling
es zwitschert
das ist
alles
unter einem Dach
das Denken in Zeilen
die Stimmungen
von Schallplatten
das gelegentliche
Geficke
hier mal da mal
das Nur-so-tun

Christoph Meckel

Daß die Frau, die ihn liebte, nach ein paar Tagen
als Gesprächsthema auftaucht, daß er Geheimnisse
ihres Bettes preisgibt und weitermacht
in anderen Betten und ihrer Beschreibung, und nichts
bringt ihn aus der Fassung außer der Tatsache
daß ich, bevor der Brechreiz kommt, verschwinde.
Und nichts bleibt übrig, als wortlos weiterzumachen.

Peter Rühmkorf

Der getreue Don Juan

Keinen Grund gefunden habend,
kein *Warum*? und kein *Voran*! –
Aber so und so heut abend
kommen wir und sehn uns an.

In den letzten Kunstlachsröten
dreimal ums Karree gelatscht;
keinen Lebensbund zu löten,
nichts! das Lied ist ausgebratscht.

Gib die Königinpastetchen,
nimm mein schräges Flageolett...
Ewigkeitsmusik, mein Mädchen,
macht den Glauben auch nicht fett.

Brandy-Cola nachgetrichtert,
schön, bis Faß und Korken tanzt!
Aufgeklärt und ausgenüchtert
kuckt die Welt aus Blei gestanzt.

Komm, die Füße auf den Ecktisch,
häng dich aus ins Einerlei,
unfreiwillig dialektisch
schwabbelnd zwischen Form und Brei.

Einfach nur mal so heut abend,
kein *Woher*? und kein *Voran*! –
Ausflucht suchend sich vergrabend:
Dein – getreuer – Don Juan.

ICH BIN,
WAS DU
VERGESSEN HAST!

Hans Magnus Enzensberger

Ich bin was du vergessen hast

Ich bin die Hure an der Bar
die ich vor hundert Jahren war
ich bin was du vergessen hast
der ausgestorbene Palast

Der Mund bin ich der dich verzehrt
ich bin die Nacht die wiederkehrt
ich war ich werde sein ich bin
die maulbeerfarbne Negerin

Ich bin das Rauschgift das du rauchst
und der Strom den du verbrauchst
das Meer das dir zu Füßen schäumt
ich bin der Hund der von dir träumt

Ich bin der Tropf an dem du hängst
der Haufen Geld an den du denkst
ich war ich werde sein ich bin
die maulbeerfarbne Negerin

Ich bin das Auge das dich sieht
die Zarin die vor dir hinkniet
das Fleisch das du zu Abend ißt
ich bin dein Abgott und dein Mist

Ich bin dein Engel und dein Marx
ich bin der Deckel deines Sargs
ich bin ich werde sein ich war
die Fledermaus in deinem Haar

Christoph Meckel

Licht

...und wäre jetzt gern bei Dir. Sehr gern würde ich etwas für Dich tun, Dir eine Zeitung mit guten Nachrichten kaufen, Frühstücksbutter aus Deinem Mundwinkel küssen, vielleicht Deine Kniekehlen streicheln, irgendwas. Ich bin fast umgefallen, als Du mich angerufen hast, Deine Stimme so nah und so schrecklich weit weg. Dir zuliebe kann ich alles tun, arbeiten, früh aufstehn, vernünftig sein. Ich bin ganz benommen, wenn Du mich anrufst. Alles ist gut, solange es mit uns stimmt, gleichgültig ob ein Glück dabei herauskommt. Ich brauche kein Glück, ich kann auch ohne Illusion mit Dir lachen.

Hast Du mein blaues Feuerzeug bei Dir? Vermißt Du mich? Bist Du wieder in Deiner Wohnung gewesen? Und ob wir zusammen nach San Francisco fahren (gibt es dort Straßencafés wie in Paris)? Ich möchte so gern mit Dir nach San Francisco fahren, chinesische Zeitungen lesen, die Seehunde bellen hören und mich mit Dir auf der Himmelfahrtsbahn fotografieren lassen. Denkst Du noch an das Haus in Bercy-les-Landes und an die vielen Schuhe im Flur? Die Fahrräder im Anbau, der Autofriedhof neben dem Schloß, die Sommernachtsfrösche im Wasserbassin und die vielen, nach Staub und Jod riechenden Brennesseln dort? Und die Nacht, als wir aufwachten, weil es zu regnen anfing, und Du ranntest barfuß die dunkle Treppe hinunter und hinaus in den Regen, weil wir vergessen hatten, das Autodach zuzumachen. Aber es war schon zu spät, der Vordersitz triefnaß, die Zeitungen und Landkarten aufgeweicht. Und wie Du naß zu mir in das Bett zurückgekommen bist! Und als wir zum erstenmal nach Tagen wieder Zeitung lasen im Café an der Küstenstraße, im heißen hitzigen Wind mit dem vielen Staub, aber wir blieben vorm Café sitzen und lasen Zeitung, jeder die Hälfte, und die Seiten flatterten über die Hände und ließen sich nicht mehr richtig zusammenlegen. Dann flog die halbe Zeitung weg und Du ranntest hinter den Seiten her über die Straße, ein Lieferwagen stoppte im letzten Moment, und Du ranntest ziemlich weit auf den Strand hinaus und kamst mit zerknüllter Zeitung ins Café zurück und warst fast beleidigt, weil ich lachte.

Ich denke daran und nichts fehlt mir. Ich möchte immer an solche Sachen denken, und ich möchte mich immer auf etwas freuen. Ich muß diese Freude empfinden, wenn ich nicht nur ein Mensch sein soll, der mehr oder weniger einseitig funktioniert. Funktionieren, schon das Wort ist schrecklich. Ich funktioniere nicht. Ich will nichts geschenkt bekommen und ich will nichts auslassen, aber ich will, daß es das jederzeit für mich gibt: Freude, mit oder ohne Grund, mit Dir und allein – vielleicht nur einen Moment lang wie im Februar, als wir von der Party bei Mona nach Hause kamen und Hunger hatten und im Küchenschrank die Rosinen fanden, die ich für die Amseln in Deiner Straße gekauft hatte – erinnerst Du Dich? Wir standen in Mänteln in der Küche und waren todmüde, gleichzeitig überwacht, auf verrückte Weise unruhig und glücklich und hatten auf einmal Lust, die Rosinen selber zu essen. Wir aßen die Rosinen am Fenster und hörten die Amseln draußen im Schnee, in der Morgendämmerung, und dann wolltest Du keine Rosinen mehr und standest bloß da und sahst mich an, ununterbrochen, direkt wie Du mich noch nie angesehn hattest – und daß Du mich dann in die Arme genommen hast! Sag mir, daß wir lebendige Menschen sind. Schreib mir, nein schreib mir nicht gleich. Zuerst ruf mich an, ich warte so sehr auf...

Sarah Kirsch

Datum

Der kam am 28. Februar, stellte
Sich mir vors Fenster in einem Bärenfell sagte
O wie mir schwindelt. An diese Höhe
Könnte ich dich gewöhnen, Schöner
Lerne mich tragen und ich
Mache mich leicht. Auch soll dir dafür
Manches Wunder passieren: mein Haar
Wird dir durch die Finger wachsen dein Mund
Der Abdruck des meinen du hörst mich fortan
Wenn ich nicht da bin. Sprichst meinen Namen
Hin in die Winde: alles gelingt.
Herzschöner wollen wir Julia und Romeo sein?
Der Umstand
Ist günstig, wir wohnen
Wohl in der gleichen Stadt, aber die Staaten
Unsere eingetragenen Staaten gebärden sich, meiner
Hält mich und hält mich er hängt so an mir wir
Könnten sehr unglücklich sein ach du sprachest
Eben noch mit mir

Hannelies Taschau

Das ist das Kreuz des Südens

Und ich
armlos
ganz schmal
auf deinen Schultern
auf den lidlosen Augen kleine Halbschirme
aus bemaltem Blech
Ach das war nicht der Traum
Kennst du das man fällt aus den Wolken
man hatte einen Traum den man keinem
erzählt
Es ist immer das falsche Kreuz des Südens
das einem gezeigt wird sage ich in dem
Traum mit nie gekannter Bitterkeit
das bestreitest du
du lachst
auch dein schlichtendes Gaumenlachen
Das Segel deines Gaumens
Du kommst
gut
weg

Gerlind Reinshagen

Die große Liebe

Nicht, daß ich sagen könnte, daß er meine große Liebe war, nie in der Art natürlich, wie wir sie uns dachten, du weißt schon, an den Abenden auf der Veranda bei euch, vielleicht war es gar keine Liebe oder nur eine kleine, nicht sehr bedeutende, irgendwie seltsam doch aber schon, wenn du ahnst, was ich meine, ich hab ihn nun mal genommen und hab ihn noch immer, zehn Jahre sind eine ziemliche Zeit, und natürlich merk ich, wie die Leute lauern, ich bin nicht aus Holz, wie sie mir auflauern, wenn sie fragen, was jetzt zum Beispiel der Nottebohm macht oder ob ich denn nichts mehr von Hannes höre, mit dem wär ich doch einmal so und so, bloß von ihm, von Jojo, der neben mir sitzt, von dem redet keiner, ich seh dieses Glitzern in ihren Augen, als ob ihre Augen herausspritzen wollten, wenn sie den Namen Hannes erwähnen, mir Hannes servieren, so ganz nebenbei, seine irre Karriere nach dem Krieg, einmal erfolgreich, immer erfolgreich, und wär ich nicht die, die es wissen müßt, ich sei doch gewiß über alles im Bilde – oh, gewiß, sag ich, Hannes, erinnere mich dunkel, der Blonde mit den Koteletten, sag ich, der immer mit seinen Abschüssen protzte, der mit nem seidnen Halstuch statt 'ner Kragenbinde unterm Uniformrock rumlief.

Und dann dreh ich mich um und laß sie stehen, die gemeinen Fratzen, die mir ins Gesicht schauen, als ob sie hineinschneiden wollten, mich mit Blicken wie mit Spicknadeln stechen, ich aber zuck mit keinem Augenlid bei Hannes' Namen, wenngleich es noch brennt, wenn ich an ihn denke, noch immer zieht wie eine Wunde, eine ganz frisch geschnittene, zehn Jahre danach, und ich brauch einen Tag oder mehr, bis ich das Brennen gelöscht hab, die Fragen, warum und wieso, die Gedanken...

An solchen Tagen, und das sind mehr, Lissie, als du dir denken kannst, aber vielleicht kannst du's d o c h denken, wie ich da gar nichts anfangen kann und herumrenne und am Fenster steh und schließ mich auf den Abend in der Küche ein, und Jojo hält den Mund und läßt mich in Ruhe, weil er merkt, daß ich gar nicht bei mir bin, oder schon bei mir, doch als einer anderen, als der vielleicht, die ich damals war, und ich versetz mich ins Städtchen zurück, in Belfis Eiscafé, ins Hinterzimmer, wo wir so viele Abende verschwatzten, ich grübele und grübele, wie alles kam und auch nach dem Grund, warum es ausgerechnet *er* sein mußte, nach Nottebohm, nach Hannes, der einmal eine Schleife überm Schuldach flog, ausgerechnet Jojo, der so ein stadtbekannter Kindskopf war von Anfang an, so ein Witzbold, du weißt ja, erinnerst dich, der in der Tanzstunde immer rennen mußte, um überhaupt eine abzukriegen, bis er einmal der Länge lang hinschlitterte. Jojo, der immer den Clown machen mußte, daß überhaupt jemand nach ihm hingeguckt hat...

Ja, der ausgerechnet, dachte ich gestern, wie wieder so ein Elendsabend war, doch plötzlich, wie ich aus dem Küchenfenster guck und hör die Stadt allmählich leiser werden, fällt's mir, du mußt nicht lachen, wie Schuppen fällt's mir von den Augen, als würd vorm Krieg ein Vorhang weggezogen, und ich seh alles noch einmal, doch vollkommen stumm, das war es, Lissie, ach, lach ruhig, Lissie, ich hatte diese Erleuchtung plötzlich, daß alles so grauenhaft still und stumm war, den ganzen Krieg hindurch diese Stille, in den Straßen am Abend, wenn schon Verdunklung war, und die Leute mit ihren Leuchtknöpfen gingen, auftauchten wie Fische und verschwanden, oder nachts, bevor die Sirenen heulten, und hinterher, wenn sie aufgehört hatten, da war es *noch* leiser überall, du stelltest deine Ohren auf und sandtest Richtstrahler nach oben in die stumme Luft, und machmal, ob du's glaubst oder nicht, manchmal war ich selbst für das Brummen dankbar, für das Geräusch der feindlichen Bomber am Himmel, für das Fallen der Bombe, endlich, endlich...

Und es war still, Lissie, in den Läden im Krieg, als ob die Verkäufer nur flüsterten, und in den Tanzdielen spielte so leise Musik, selbst bei der Weihnachtsfeier in der Harmonie, wo wie durch Zufall einmal allesamt auf Urlaub waren, Nottebohm, Hannes und Kater Hinze, na, und Jojo mit der Verwundung sowieso, und die Kapelle spielt ROTER MOHN, aber wie durch die Wand, da hätt ich schreien mögen, weil's so still war, mußt ich die Faust vor den Mund halten, so daß ich nicht losbrüllte mittenhinein, rein in das Lied, in den Tanzsaal, ins Stille...

Was erzähl ich dir, Lissie, zum hundertstenmal, was schon lange her und bald nicht mehr wahr ist, aber *dir*, denk ich, kann ich vieles erzählen, denn du warst dabei und kennst mich so lange, und wenn ich verrückt bin, so weißt du den Grund, bist überhaupt die einzige, die's begreifen kann, oder wenigstens ahnen, was Jojo mir damals bedeutet hat. Jojo, fast den ganzen Krieg über immer da, und immer lustig auf seinem einen Bein, auf seinen Krücken, die machten ein Dauergeräusch, der saß ja nicht still, nur ewig in Aufruhr, der Junge, der Schmerzen wegen, aber aufgekratzt und lustig immer, du weiß es ja noch, erinnerst dich, immer klapp-klapp und juchhe, als ob er wußte, daß ich's brauchte, als ob er's extra mit Absicht gemacht hat, daß ich nicht ins Horchen, ins Grübeln kam, und manchmal sogar gesungen dazu, dies idiotische Lied, das konnt ich nicht ausstehn, und hielt ihm den Mund zu, das Krüppellied, wofür ich dennoch dankbar war: HOLZ AUF HOLZ, sang Jojo, DAS KLINGT SO GUT, und dazu das Klapp-Klapp von den Krücken, daß es sich anhört wie Stepptanz, so unfähr, da mußte ich lachen und kam drüber hin, bin über die Stille weggekommen, Lissie, die leisen sechs furchtbaren Jahre, den Krieg...

Also denk ich, hat Jojo mich gerettet, daß ich nicht gänzlich durchgedreht bin, wie seinerzeit der kleine Sommer, du weißt schon, erinnerst dich, und mir ist klar, ich müßt ihm ewig dankbar sein, Jojo, doch Dankbarkeit, sagt man, ist ja nicht Liebe, Lissie, und kann zudem nicht ewig währen, das ist, so heißt es, der Lauf der Welt, aber wenn es nun keine Liebe ist, und Dankbarkeit auch nicht, weil ich ihn ja eigentlich jetzt nicht mehr brauch, und wenn es nun aber immer noch währt – so frag ich dich, Lissie:

Was ist es dann?

Elisabeth Plessen

Der Widerspenstigen Zähmung

Ins Fegefeuer mit dir!
Daß du es weißt
wohin du gehörst
zum Schmoren und Braten
in welche Gesellschaft
Hauptteufel!
Ach, und du lachst.
Dir macht es Spaß
weil ich es dir sage
Schon sagst du
ich finde es lustig
dir mit dem Feuer zu drohen
mußt nicht mehr fragen
weshalb ich es tu.
Grüne Gründe
Augen
Abgründe.
Ich frag dich
wer zähmt bitte wen.
Ich falle auf dich zu
schon kniest du vor mir
vorm Haus
auf der Straße
und hältst um mich
Theater!
betest mich an.
Ach, und ich lache,
komm
komm
kommst du
komm du zu mir.

SCHMERZLICHE TREUE

Marlen Haushofer

Schmerzliche Treue

Im letzten Kriegswinter reiste eine junge Frau mit ihrem dreijährigen Sohn aus Norddeutschland in ihre österreichische Heimat. Ihr ganzes Bestreben war, das Kind heil nach Hause zu bringen. Sie hatte nur das Notwendigste in ihren Rucksack verstaut, denn sie mußte die Arme frei haben, um den kleinen Jungen, der zart und übermüdet war, tragen zu können.

Die Züge waren vollgestopft mit Militär und Flüchtlingen aus den zerbombten Städten. Es wurde sehr wenig gesprochen, und alles vollzog sich in grauer Gleichgültigkeit. Die junge Frau sah die Mütter kleiner Kinder besessen von dem Willen, ihr Kind zu retten, bereit, zehn fremde Kinder verhungern zu lassen, um das eigene füttern zu können. Sie sah es mit durch Erschöpfung gedämpftem Entsetzen und wußte, daß diese Wilden ihre Schwestern waren und daß sie selbst im Ernstfall nicht anders handeln würde. Schon jetzt hatte sie gelernt, sich ihren Weg mit vollkommener Rücksichtslosigkeit zu bahnen. Sie hatte immer als schüchtern gegolten; das Kind auf ihrem Arm ließ sie zu einer gereizten Löwin werden.

Übrigens ging es ihr besser als vielen anderen. Oft half ihr ein Soldat weiter oder überließ ihr seinen Platz. Einer schenkte ihr Traubenzukker, einer getrocknete Apfelschnitze, immer wieder zeigten sich Spuren von Ritterlichkeit bei den Männern, allerdings nicht allen Frauen gegenüber. Es war ein Glück für ihren kleinen Sohn, daß seine Mutter jung und anziehend war und schutzbedürftig wirkte. Und sie lächelte wie ein Automat in die fremden Männergesichter, schlug groß und hilflos die Augen auf und dachte nur daran, wie es ihrem Kind von Nutzen sein konnte. Manchmal versuchten die Soldaten, mit dem Kleinen zu scherzen, lachten dröhnend und kniffen ihn in die Wange. Er verzog keine Miene, lachte nicht, weinte nicht und sah nachdenklich und unbeteiligt in die fremden Gesichter. Er war ein sehr vernünftiges und angenehmes Kind und hatte begriffen, daß er still sein mußte.

Manchmal blieb ein Zug auf offener Strecke stecken, stundenlang, einen Tag, eine Nacht, nie erfuhr man, warum oder nur in Gerüchten.

Eine Stadt war nachts bombardiert worden, ein Militärtransport blokkierte die Strecke. Einmal mußten sie nachts aussteigen und sich in ein Rübenfeld legen. Die Erde war kalt und feucht, der Himmel hing in der Ferne voll weiß gleißender Kugeln, und hin und wieder heulten Sirenen auf, erzitterte der Boden von Detonationen, Bombeneinschlägen und bellten Schüsse auf.

Trotz dieser Anstrengungen war etwas Anheimelndes an dieser Reise zu zweit. Sie waren Tag und Nacht beisammen, so eng waren sie noch nie verbunden gewesen, zumindest nicht seit seiner Geburt. Es war süß, ihn im Arm zu halten, seine Wange an der Schulter zu spüren und den Geruch seiner Haare in der Nase zu haben. Sie mochte sich nicht an den spärlichen Gesprächen beteiligen und empfand alles, was um sie vorging, als Störung. Fremde Gesichter zogen an ihr vorüber, ein ständiger Menschenstrom, und sie mitten darin, den Rucksack auf den Schultern und den Kleinen auf dem Arm. Sie trug ihn fast immer, denn er konnte nicht so schnell laufen wie sie und wäre nur gestoßen und gequetscht worden. Die Menschen um sie herum redeten in verschiedenen Dialekten, sehr vieles verstand sie überhaupt nicht. Erst als sie weiter nach Süden kamen, konnte sie sich besser verständigen. Alles wurde vertrauter, und die Leute im Zug neigten jetzt eher dazu, laut zu fluchen, als mit steinernem Gesicht zu schweigen. Allgemein hieß es, daß der Krieg zu Ende gehe, es könne sich nur noch um kurze Zeit handeln. Darüber wurde gelegentlich heftig gestritten. Einmal schlug ein riesenhafter Feldwebel, dem der rechte Arm fehlte, einen Zivilisten mit der Faust auf den Mund. Etwas sprang klirrend auf den Boden, es war ein Zahn des Zivilisten, aber nur ein falscher Zahn, darüber brach rund um die Streitenden Gelächter aus. Jemand ließ Schnaps herumgehen, und die beiden mußten sich die Hände schütteln, was nicht gelingen wollte, weil der Zivilist immer mit seiner Rechten nach der nicht vorhandenen Rechten des Feldwebels griff.

Sie sah dies alles sehr deutlich und völlig unbeteiligt. Solange ihr Sohn schlief und nichts davon hören und sehen konnte, mochten sich die Leute um sie herum gegenseitig erschlagen. Aber obgleich sie unbeteiligt war, blieb sie immer auf der Hut. Sie trug in der Tasche ihres Rockes ein kleines scharfes Messer, mit dem sie Brot oder andere Lebensmittel schnitt, das man aber bestimmt sehr gut zu anderen Zwekken verwenden konnte.

Wenn der Kleine schlief, fühlte sie sich manchmal verlassen und kraftlos. Da sie ihren Mann nicht bei sich haben konnte, er stand im Osten an der Front, und sie wußte seit Monaten nichts von ihm, war es ihr einziges Ziel, das Kind gesund nach Hause zu bringen. Wirkliche Sicherheit gab es ja keine mehr, aber sie kannte eine Gegend in ihrer Heimat, in der, nach allem, was sie jetzt gesehen hatte, beinahe Frieden herrschte. Dorthin mußte sie das Kind bringen, und dann, wenn es stimmte, was die Leute sagten, mußte dieser Krieg aufhören und ihr Mann würde zu ihr zurückkommen. Niemals erlaubte sie sich, an diesem Gedanken zu zweifeln, aus irgendeinem unbewußten Aberglauben heraus. Während das Kind auf ihrem Schoß, unter dem Mantel geborgen, ruhig atmete, dachte sie an ihn. Er war ein paar Jahre älter als sie, ein schmaler Junge mit einem dunklen Haarschopf und einem Grübchen im Kinn. Und er war sehr leichtsinnig und verspielt und konnte nichts auf der Welt wirklich ernst nehmen. Dies war einer der Gründe gewesen, warum sie ihn sofort geheiratet hatte. Sie war allein aufgewachsen, ohne Geschwister und Freunde, und dieser junge Mann hatte die Freude in ihr Leben gebracht und zum erstenmal hatte sie laut und herzlich gelacht. Sie liebte ihn sehr, er war ein wunderbares Wesen, mit dem man fröhlich sein konnte, das man aber immerzu vor seinem eigenen Leichtsinn beschützen mußte. Und sie haßte den Krieg und alle jene widerlichen alten Männer, die ihr den Spielgefährten genommen hatten. Aber keine Minute durfte sie daran zweifeln, daß er zu ihr zurückkommen würde.

Manchmal träumte sie von einer ganz bestimmten Scheune, die in der Nähe eines Wäldchens stand. Ihr Mann befand sich in dieser Scheune, und sie selbst stand vor dem Tor und wehrte mit einem Maschinengewehr einen Haufen bärtiger Soldaten ab, die in die Scheune eindringen und ihn holen wollten. Wenn sie sah, wie die Männer reihenweise ins Gras sanken, durchbohrt von ihren Kugeln, spürte sie wilden Triumph. Diesen Traum hatte sie ihrem Mann nie erzählt. Sie hatte überhaupt wenig Gelegenheit gehabt, ihm Träume zu erzählen, während ihrer Ehe waren sie nicht länger als ein halbes Jahr zusammengewesen. Im übrigen hatte es nur seine Briefe gegeben, Briefe, in denen er immer versucht hatte, sie aufzuheitern und zum Lachen zu bringen. Man hätte nach seinen Schilderungen glauben können, an der Front gehe es zu wie in einem Kabarett. Sie wußte, daß er diese Geschichten zum größten Teil erfunden hatte, er konnte einfach nicht aufhören zu spielen, nicht einmal im Krieg.

Sie dachte: Er und ich und der Kleine, wir werden leben und beisammen sein, und alles wird werden wie früher. Aber es blieb bei den Gedanken, es wurden keine Bilder daraus, und das war bestürzend für sie, die fast nur in Bildern dachte. Er, ich und der Kleine, versuchte sie es noch einmal, aber da war nichts als das Rattern des Zuges in ihren Ohren, und, als sie die Augen schloß, schwarzrotes Nichts. Sie preßte erschrocken das Kind an sich, bis es im Schlaf zu murmeln begann, und beruhigte sich erst, als sie seine Stimme hörte. Sie wollte jetzt nicht mehr an später denken, nur an heute, morgen und übermorgen, höchstens drei Tage voraus.

Allmählich schien es ihr, als nehme diese Reise kein Ende. Sie wußte den Wochentag nicht mehr und auch kein Datum, und sie fragte auch nicht danach, es schien nicht mehr von Bedeutung zu sein. Graue Gesichter, schäbige Mäntel, Soldaten, einbeinige und einarmige Soldaten, Kindergeplärr, dicke schlechte Luft im Abteil und nasse Kälte auf den Bahnsteigen. Vielleicht mußte sie ewig so weiterfahren, in eine Ecke gedrückt, voll Ruß, das Kind an sich gepreßt unter dem weiten Mantel. Froh war sie, wenn sie einen Sitzplatz bekam und das Kind sich auf ihrem Schoß einrollen und schlafen konnte. Aber manchmal mußte sie stundenlang stehen. Dann saß der Kleine auf dem Rucksack und lehnte seine Wange gegen ihre Beine. Sie selber schlief sehr wenig, immer nur ein paar Minuten, und diese Schlaflosigkeit machte sie körperlich zerschlagen, aber unnatürlich gespannt und hellwach. Alles, was vorging, sah sie überdeutlich, dabei schien es ganz unwirklich.

Einmal, als sie sich der alten österreichischen Staatsgrenze näherten, sie nahm jedenfalls an, daß sie endlich so weit sein mußten, nickte sie ein und träumte von bärtigen Männern, die ins Abteil sprangen und das Kind von ihr wegreißen wollten. Sie schrie auf und blickte wild um sich nach den Eindringlingen. Das ganze Abteil schlief; nur eine alte Frau mit einem schwarzen Kopftuch, die an einer Brotkruste nagte, sah sie mißbilligend an und schüttelte den Kopf. Das Kind schlief ruhig, atmete aber lauter als sonst, und auf seiner Wange lag fiebrige Röte. Sie spürte, wie sie vor Angst ganz starr wurde. Vielleicht hätte sie die Reise doch nicht wagen sollen. Er war so zart und hatte im vergangenen Winter eine Bronchitis überstanden. Außerdem mußte er endlich besseres Essen bekommen. Sein rundes Gesicht wurde von Tag zu Tag eingefallener und blasser.

Der Zug rollte jetzt langsam dahin. Das konnte alles mögliche bedeuten, hoffentlich eine große Station, an der sie ihr Eßgeschirr füllen und für das Kind eine warme Mahlzeit bekommen konnte. Ihr Reiseproviant war längst aufgebraucht.

Es war wirklich ein Bahnhof. Sie erhob sich steif von ihrem Sitz und ließ den Kleinen zur Seite gleiten. Er erwachte nicht, seufzte nur mit zurückgesunkenem Kopf. Seine Kehle war sehr weiß und klein. Sie schob die Hand unter sein Hemd und spürte Feuchtigkeit. Es war unmöglich, ein fieberndes Kind auf den kalten Bahnsteig zu bringen. Sie legte ihren Mantel um ihn und bat die alte Frau im schwarzen Kopftuch, auf ihn zu achten. Die Alte, die eben noch mißbilligend gelächelt hatte, nickte ernst, und wer sie so sitzen sah, eine knochige, unfreundliche Person, wußte, daß sie kein Auge von dem Kind lassen würde. Immer waren die Unfreundlichen die Verläßlichen, das hatte die junge Frau auf dieser Reise erfahren.

Sie beeilte sich sehr, aus dem Zug zu kommen, wurde aber dauernd behindert, ohne Kind auf dem Arm nicht länger mit übernatürlichen Kräften ausgestattet; es dauerte eine ganze Weile, bis sie ihre Flasche und das Geschirr gefüllt bekam. Sie hatte sich den Waggon genau eingeprägt. Als sie auf den Bahnsteig trat, zählte sie automatisch bis acht, stieg ein und sah sich völlig fremden Gesichtern gegenüber. Schließlich stellte sich heraus, daß es sich um einen ganz anderen Zug handelte. Ihr Zug war aus unbekannter Ursache früher abgefahren, sie und noch ungefähr zehn Leute hatten ihn versäumt. Ein Beamter, der dem Zusammenbruch nahe schien, telefonierte mit einer anderen Station und gab Weisung, sich um das Kind und das Gepäck der anderen Reisenden zu kümmern. «Sie sehen, junge Frau», sagte er, «ich tue, was ich kann, morgen wartet Ihr Kind schon auf Sie.» Sie sagte gar nichts, weil sie seine Worte nicht richtig begriff. In der Nacht, auf einer Bank im Wartesaal liegend, hörte sie das Dröhnen der Flugzeuge, fernes Grollen und Murren, und manchmal schien es ihr, als bebe die Erde in schwachen Stößen. Sie konnte nichts sehen, denn die Fenster waren verdunkelt. Und dann schlief sie ein, zum erstenmal nach vielen Tagen den Schlaf tiefer Erschöpfung. Es gab nichts, was sie auch im Schlaf noch beschützen mußte, und sie ließ sich fallen.

Sie sah ihren Sohn nie wieder. In der Nacht waren zwei Bahnhöfe bombardiert worden, von den Zügen war nicht viel übriggeblieben, und es ließ sich nicht einmal feststellen, ob jener bestimmte Zug getroffen worden war. Auch ihr Mann kam nicht zurück, er wurde als vermißt gemeldet. Nachdem sie sieben Jahre lang die beiden gesucht hatte, heiratete sie den Mann, der ihr bei dieser Suche sehr geholfen hatte, teils weil sie müde und allein war, teils aus Dankbarkeit. Er war ein Mensch, auf den man sich verlassen konnte, ein vollkommen erwachsener Mann. Sie achtete ihn, und die Ehe verlief ganz gut. Sie hatte einen Sohn und eine Tochter, und ihr Verhältnis zu den Kindern blieb gemäßigt. Das schien ihnen sehr gut zu tun, denn sie entwickelten sich erfreulich und wurden früh selbständig. Beide waren sie gesund und kräftig gebaut und ähnelten ihrem Vater.

Die ehedem junge Frau, jetzt in mittleren Jahren, wurde oft von sonderbaren Anwandlungen befallen und bildete sich für Minuten ein, bei ihrer Familie nur als Gast zu sein. Überhaupt konnte sie ein schwaches Gefühl der Unwirklichkeit nie mehr loswerden. Dies alles behielt sie natürlich für sich, sie wollte ihren Mann und die Kinder nicht kränken. Sie konnte ja nichts dafür, daß sie ihre wirkliche kleine Familie nicht vergessen konnte, jenen mageren jungen Mann mit dem schwarzen Haarschopf und dem Grübchen im Kinn, der das Leben an der Front so von der leichten Seite genommen hatte, und den kleinen Jungen, der nicht gelacht hatte zu den Späßen der Soldaten und so leicht gewesen war in ihren Armen; leicht wie eine Feder, ein Windhauch, und er war fortgeflogen.

Manchmal, wenn sie sah, wie ihre Kinder sich mit Schokolade, Bananen und Orangen vollstopften, dachte sie an ihn, der diese Dinge nie gekannt hatte und für den es nur Brot mit Margarine und Graupensuppe gegeben hatte. Und es fiel ihr ein, wie sie auf der Reise ihre gemeinsame Zukunft nicht hatte sehen können, wie hinter ihren geschlossenen Lidern kein Bild erschienen war, nur das schwarzrote Nichts.

Sehr oft sah sie aus dem Fenster auf einen bestimmten Baum im Vorgarten, der in ständiger heimlicher Bewegung zu sein schien. Niemals war er ganz ruhig. Es war gut, ihm zuzusehen, aber nicht in Ordnung. Abends war sie dann immer besonders freundlich zu ihrem Mann und den Kindern, und es beruhigte sie, daß alle so zufrieden und glücklich schienen, freilich auf eine Weise glücklich, die in ihren Augen gar nichts mit Glück zu tun hatte.

Und immer noch träumte sie manchmal ihren alten Traum. Sie stand vor jener Scheune mit einem Maschinengewehr in den Händen und wehrte eine Horde bärtiger Soldaten ab, die auf sie losstürmten und reihenweise getroffen in den Schnee sanken. Alles geschah ganz lautlos, nur der Schnee färbte sich rot. Und sie durfte nicht müde werden, denn in der Scheune saßen an einem rohen Tisch ihr Mann und ihr kleiner Sohn und spielten mit einer Kindereisenbahn. Es kam noch immer vor, daß sie aufschreiend erwachte, wenn die bärtigen Gesichter ganz nahe kamen.

Ein fremder Mann legte dann seine breite Hand auf ihre Wange, streichelte sie und murmelte schlaftrunken tröstende Worte. Dann war sie nahe daran, zu einer neuen Wirklichkeit durchzubrechen, zu Wärme, Glück und dem Gefühl, endlich daheim zu sein. Aber es gelang ihr nie, diese Schwelle zu überschreiten und ihrer schrecklichen Treue zu entkommen.

Reinhard Mey

Fast ein Liebeslied

Ich wollte Dir ein Liebeslied schreiben,
eines, das nur von Dir erzählt,
in dem nicht die «Triebe» die «Liebe» vertreiben,
und das nicht unter die Schnulzen fällt.

Es sollte Dir einfach «Ich liebe Dich» sagen
mit ein paar Worten und Tönen dazu.
Doch ist's gar nicht einfach, es einfach zu sagen,
mir fehlen ganz einfach die Worte dazu.

Ich wollte Dir ein Liebeslied schenken,
so wie man einen Strauß Blumen verschenkt.
Ich wollt tausend Bilder für Dich erdenken
und hab meine Liebe in Reime gezwängt.

Ich habe gegrübelt in langen Stunden,
hab Bogen und Blätter mit Zeilen gefüllt
und hab sie nicht neu genug für Dich gefunden,
enttäuscht hab ich sie zerrissen – zerknüllt.

Man hat mir erklärt, Probleme zu nennen
und wie man heiße Eisen anfaßt
und losläßt, ohne sich dran zu verbrennen,
so wie es einem gerade paßt.

Ich habe gelernt, gescheit zu erzählen
mit feinen Leuten um Mitternacht,
für jeden das richtige Klischee auszuwählen
und zu tun, als hätt ich es selber erdacht.

Hab Lieder von weltbewegenden Dingen,
nur das, was mir am nächsten liegt,
ganz einfach «Ich liebe Dich» zu singen,
das hab ich bis heut noch nicht fertiggekriegt.

Jürg Amann

Die Hochzeit

Oh, oh, oh, tut das weh! schrie ich in mich hinein, als ich den Brief in den Händen hielt, den ich aus dem Kasten genommen hatte, den ich auf den Boden hatte fallen lassen, der mir aus den Händen gefallen war, weil ich mir an ihm sofort die Hände verbrannt hatte, an diesem blütenweißen Kuvert mit dem goldenen Aufdruck, das ich nun wieder in den Händen hielt, preßte ihn mir ans Herz, schrie noch einmal, oh, tut das weh! und, als ich mich etwas beruhigt hatte, als sich der Brief etwas abgekühlt hatte: sag mir jetzt bitte nicht, daß du heiratest. Aber genau das hatte sie mir geschrieben.

Ich hatte sie natürlich sofort angerufen, hatte sie auf der Stelle zu sprechen verlangt, aber sie war nicht zu Hause gewesen. Ich rief wieder an. Sie war da. Da kann man nichts mehr machen? fragte ich. Da kann man nichts mehr machen, sagte sie. Zu spät? fragte ich. Zu spät, sagte sie. Na dann, viel Glück uns beiden, sagte ich noch, nachdem sie längst eingehängt hatte.

Und hatte dann also, am Tag vor der Hochzeit, Blumen bestellt, telefonisch, für alle Fälle, in der dem Dorf, in dem die Trauung stattfinden sollte, benachbarten Stadt, und hatte sie hinschicken lassen, für den Fall, dachte ich daß ich doch nicht selber da hinfahre, und hatte natürlich erklären müssen, was für ein Bouquet, was für eine Art Blumen ich wünschte, in welcher Preislage etwa, Lilien und Rosen natürlich, aber nicht rot, höchstens weiß oder rosa, da es sich ja offensichtlich nicht um meine eigene Hochzeit handelte, und den Begleittext diktieren, und hatte also etwas diktiert aus dem Stegreif, und hatte aber sofort gefragt, ob sie glaube, daß das gehe, diese Floristin, mit der ich telefonisch verbunden war, dieser Text, zusammen mit den Blumen, oder ob das am Ende zu aufdringlich sei oder zu eindringlich, da es sich ja um eine andere, um eine fremde Hochzeit handelte, nicht um die eigene, an der ich nur teilnahm, vielleicht, wenn überhaupt, aber sie wußte es nicht.

Und ich hatte gedacht, ob ich da hinfahre, weiß ich noch nicht, die Blumen sind jetzt bestellt, da kann nichts mehr schiefgehen, der Höflichkeit ist Genüge getan, jetzt gehst du zu Bett und ziehst den Wecker auf keinen Fall auf und machst die Läden zu und ziehst auch die Vorhänge vor, damit dich kein Licht aufweckt, und läßt es ganz einfach draufankommen, ob du trotzdem rechtzeitig erwachst. Wenn du rechtzeitig erwachst, gehst du hin. Sonst eben nicht. Sonst schläfst du weiter. Und war dann zu Bett gegangen und hatte – wie üblich – noch ein Kapitel gelesen und hatte das Licht dann gelöscht. Hatte auch prompt, wie vorauszusehen, verschlafen.

War aber doch und erst recht aufgestanden und hatte mich notdürftig gewaschen und hatte mich ungekämmt und unrasiert sogleich ins Auto gesetzt und war losgefahren, ohne ein Frühstück, bettwarm, aber mit schlotternden Beinen. War also vage in die entsprechende Richtung gefahren und hatte mich, wie zu erwarten, sogleich verfahren. War durch eine Umleitung schon nach wenigen Minuten gänzlich aus der Orientierung und also genau in die entgegengesetzte Richtung gebracht. Das war mir klar. Das hatte mir auch ein Blick auf die Landkarte leider bestätigt. Ich drehte also, fuhr zurück, nahm einen neuen Anlauf. Und hatte mich natürlich schon nach der kürzesten Zeit wieder verfahren, weil ich keinen Anhaltspunkt hatte, weil ich in dieser Gegend noch gar nie gewesen war. Und hatte wieder gewendet, und wieder, und war auf diese Weise allmählich in den Genuß dieser ganzen, mir völlig fremden Landschaft gekommen, war kreuz und quer durch diese sanfte Hügel- und Tallandschaft gefahren, die an diesem sonnigen Herbstmorgen von einer seltenen Reinheit gewesen oder mir wenigstens erschienen war, dampfend und duftend, ich hatte ja die Fenster natürlich heruntergelassen, den Arm auf der Türkante, das Radio an, und hatte mich durchgefragt, bei Bauern und Kindern, die mich natürlich ausgelacht hatten, denn ihnen schien ja alles ganz leicht, und war also zu spät, aber doch noch, weil die Beerdigung, die vor der Trauung angesetzt gewesen war, länger gedauert hatte, rechtzeitig gekommen.

Trat in die Kirche, die eine Kapelle war. Sah mich um. Stellte mich in die hinterste Reihe. Während vorne die Zeremonie im Gang war. Sah sie. Ihre hohe Gestalt. Das Licht auf ihrem geflochtenen Haar.

Sah meine himmlische Braut. Sah sie an. Und wurde ganz ruhig. Wenn ich jetzt weinte, war es vor Glück.

Ich hatte ja natürlich nicht wissen können, ob ich mich nicht im letzten Augenblick noch dazwischen werfe, aufschreie, dem Treiben Einhalt gebiete, zu einer Entführung schreite. Immerhin war es ja doch in gewisser Hinsicht meine eigene Hochzeit gewesen, zu der ich gegangen war, die ich früher jedenfalls einmal ins Auge gefaßt und seither nie mehr ganz aus dem Auge verloren hatte, die ich nun als Besucher also sozusagen endgültig verpaßte.

War aber ganz ruhig geblieben. Sah nur zu. Sah, wie sie da stand. Sah, wie sie kniete. Sah, wie sie die Ringe mit einem anderen tauschte, den ich nicht kannte. Fragte mich nur, wer ist dieser Mann, was sucht dieser Mann hier, was tut er an ihrer Seite, was tut er an meiner Stelle? An seiner Stelle hatte ich es aber ja nicht getan, und darum war alles wohl so gekommen, wie es gekommen war. Mich irritierte nur dieser Mann. Warum war ihm erlaubt, was mir nicht erlaubt war, durfte er, vor meinen Augen, neben ihr stehen, da vorne, neben ihr knien, ihr den Ring anstecken, sich den Ring von ihr über den Finger streifen lassen, ihre Hand mit seiner Hand ergreifen, ihr in die Augen schauen, sie küssen, sich von ihr küssen lassen, sie umarmen, mit ihr die Kommunion empfangen, mit ihr singen, jubeln, leben? Und zu ihrer Linken unter dem orgiastischen Läuten der Glocken an mir vorbei aus der Kapelle hinaus treten und in den Car einsteigen und in die Welt hineinfahren?

Und sie schien nichts dagegen zu haben, tat jedenfalls nichts, um ihn daran zu hindern, ließ es zu, hatte offenbar sogar ihre Freude daran, lächelte dazu, lächelte mir zu, als ob ich auch meinen Segen dazu zu geben hätte. Und ihre Schwester, die ihr den Schleier trug, die ich auch kannte, die mich auch kannte, die auch längst natürlich inzwischen verheiratet war, zum zweitenmal schon, wenn mich nicht alles täuschte, unterstützte das Ganze auch? Und Kinder, dachte ich, wird sie auch haben.

Diese Menschen. Was diese Menschen nicht schon alles erlebt haben. Während ich selber immer noch nichts als auf fremden Hochzeiten tanze, hin und her reise von einer Hochzeit zur anderen, weil alle ja ein- oder wegheiraten, die ich einmal besser gekannt habe. Geradezu als ein

Hochzeitsreisender mußte ich mir vorkommen, als einen Hochzeitsreisenden mich vor mir selber bezeichnen, während ich durch diese Landschaft in meinem Wagen zurückschaukelte, die mir jetzt schon etwas vertrauter war. Aber zu der eigenen Hochzeit hatte ich es auf diese Weise natürlich niemals gebracht.

Elisabeth Plessen

Granatapfel

Der Käse flog aus dem Fenster. Der Granatapfel. Und dem Granatapfel, der purpurn, wie ich es nie gesehen hatte, und groß wie ein Kindskopf war, flogen fünf Apfelsinen nach. Linda, schrie David, du könntest damit unten jemanden töten. Wie kannst du das tun. Die Balkontür geriet aus den Angeln und schwang.

Stoppt sie doch einer, sie zerstört hier alles, rief David. Die Tür stürzte in die Tiefe, und brausender ohrenbetäubender Lärm stürzte herauf. Unten fuhren die Autos sechsreihig, auf dem San Diego Freeway, auf dem Sunset Boulevard, in beiden Richtungen. Linda lief auf und ab, Löwin in dem engen verrauchten Käfig, in dem David, mit dem sie seit einem Dutzend Jahren zusammenlebte, seine, ausdrücklich seine, Party gab. Sie wolle ihre Freiheit, schrie sie. Sie haue ab. Davids schmutzige Lügen, sein täglicher kleiner Verrat.

Aber ich liebe dich doch, sagte David.

Aber sie, schrie Linda, liebe nur ihn, und er trete sie mit Füßen, er, er, er, immer nur er, niemals sie beide: seine Party, seine Freunde, seine Apfelsinen, sein Bier, sein Granatapfel, seine Frauen. Jede Frau solle ihn lieben. Linda, sagte jetzt Helen.

Und Linda schrie, sie solle gehen, raus Helen, ihr aus den Augen. Wie zwei Marktfrauen stritten sie, bis Helen die Tränen liefen, und David, der ihnen zitternd zusah, weinte und sich abwandte. Barbara sagte, Linda solle sich besinnen. Barbara sagte, sie habe David gern, aber sie liebe ihn nicht. Und Helen dachte es und Judith dachte es und Ruth dachte es und dizzy Lizzy dachte es und ich dachte es, und Linda sagte, wie könne Barbara sie so beleidigen, wie könne sie David so beleidigen, und ich dachte an den Granatapfel, der jetzt unten auf dem Parkplatz lag. Liebe zerschmettern. Ich hatte nie eine Frucht vorsichtiger und langsamer gegessen als einen Granatapfel. Ich hatte niemals eine Frucht so zelebriert wie diesen Apfel. Mir war nie in den Sinn gekommen, einen solchen Apfel aus dem Fenster zu werfen, auch in der hellsten, mörderischsten Wut nicht, und ich hatte auch nicht vor, jemals davon abzugehen. Aber da lag er jetzt, zerschmettert auf dem Parkplatz des Hotels. Lindas Apfel. Lindas und Davids Apfel. Und beide dachten nicht daran. Sie warfen weiter mit Wörtern um sich. Helen verließ das Zimmer mit ihrem Freund, und Barbara ging und Ruth ging und dizzy Lizzy, Judith, John und Oscar und George. David bat mich mit einem hilfeflehenden Blick, noch zu bleiben, und Stefan räumte die Bierdosen und Weinflaschen und Plastikbecher beiseite und wischte den Tisch mit einem Handtuch ab. Linda sagte er, Linda, beschwörend aus freundlichen, traurigen, sanftmütigen Augen. Jede Frau, rief sie wieder, aber sie sei ein Dreck. Stefan kenne David doch. Kaum daß sie weg sei, renne er schon wieder hinter ihr her, bittend, daß sie nicht gehen möge. Und sie, seine hochbusige Mami, seine Amme, sage da wieder nicht nein, strecke die Waffen, strecke die Hand hin – Friede auf Zeit. Aber sie wolle ihr Leben leben, allein sein, für sich, ihre Bilder malen und nicht des Herrn Direktor Davids Schatten sein. Sie sei ihr eigenes kleines Licht. Stefan, bitte, sagte sie, sag David, er soll gehen. Wenigstens für diese Nacht will ich ein Zimmer für mich allein.

Du bist nur betrunken, sagte David.

Du auch, aber du auch, sagte Linda.

Dann hielt ich sie weinend im Arm. Es geht gar nicht um euch, sagte sie, ich bin nicht eifersüchtig, irgendein böser Geist gibt mir diese Wörter in den Mund.

Später stand ich auf dem Balkon meines Zimmers und sah auf das Geschlinge der Freeways. Höllisch stieg das Gedröhn zu mir auf. Das Hotel stand wie ein Gefängnisturm mitten darin.

Am nächsten Morgen entschuldigte sich Linda bei allen, und alle entschuldigten sich bei ihr. Jeder hatte im Streit zuviel gesagt oder gedacht. Jeder spürte so etwas wie Schuld, weil jeder Linda gern hatte; sie war eine großartige Frau. Ihre Ausbrüche änderten nichts an ihrer Liebe zu David, sie änderten auch nichts an Davids Art. Alle wußten es. Es herrschte hinterher wieder Friede auf Zeit. Erst Annäherung an den Frieden, dann seine Ruhe, bis wiederum die Grenze der Ruhe erreicht war, und für jede Weiterbewegung fanden sie Mittel. Jetzt mieteten sie sich, da es kein Segelboot gab, einen Wagen und fuhren den Tag über in die Wüste. Sie wollten für sich sein.

Liebesgeschichten. Wie ich zum erstenmal einen Granatapfel aß: ihn aufbrach und in seine Kernfächer schaute und anfing, seine roten Beeren zu essen, langsam, abwesend in Gedanken, und mich nicht traute, ihre Ordnung, ihre Anordnung zu zerstören, eine Beere nach der anderen mit den Fingern herauslöste und dann das Fruchtfleisch mit den Zähnen und der Zunge vom Kern abteilte und die Süße schmeckte, die sich in Fadheit und Leere verlor, und ich gab acht, daß ich nicht auf die bitteren weißen Häutchen biß, die die roten Beeren umgaben. Ich liebte den Mann, der mir den Apfel geschenkt hatte und mit dem ich ihn aß, südlich Roms unter einem Baum – irgendwo – in trockenem Gras. Liebesgeschichten: Evas Apfel, Paris' Apfel. Plutos List über Persephone. Es war ein alter Apfel, den ich da aß, ein sehr alter Apfel, mir fiel kein älterer ein. Jetzt lag er auf dem Parkplatz, kaputt, aufgegangen, zerspritzt, aber er hatte niemanden getroffen oder getötet, Lindas Apfel, der letzte bislang in der Reihe, die das Teuerste und Absurdeste symbolisieren: Liebe.

ADIEU
UND VIEL GLÜCK!

Grace Paley

Adieu und viel Glück

Ich war beliebt in gewissen Kreisen, sagt Tante Rose. Ich war damals schon nicht dünner, bloß beständiger im Fleisch. In der Zeit, die da kommen wird, Lillie, wundere dich nicht – Veränderung kommt von Gott. Das geht an keinem vorbei. Bloß eine Person wie deine Mama steht auf einem Bein, sie merkt nicht, wie dick ihr Hintern wird, und singt dem Kanarienvogel ins Ohr, seit dreißig Jahren. Wer hört zu? Papa ist im Laden. Du und Seymour, ihr denkt über euch selber nach. Also wartet sie in einer makellosen Küche auf ein freundliches Wort und denkt – arme Rosie...

Arme Rosie! Wenn mehr Leben in meiner kleinen Schwester wäre, dann wüßte sie, daß mein Herz eine regelrechte hohe Schule der Gefühle ist und daß zwischen meinem Korsett und mir Information steckt, gegen die ihr ganzes verheiratetes Leben ein Kindergarten ist.

Heutzutage könntest du mich jederzeit in einem Hotel finden, in der oberen oder unteren Stadt. Was braucht man eine Wohnung, in der man dann lebt wie ein Dienstmädchen mit einem Putzlappen in der Hand und niest? Ich kann sehr gut mit den kleinen Kellnern, es ist interessanter als zu Hause, jede Sorte Leute, und alle haben ihre Gründe...

Und mein Grund, Lillie, ist, vor langer Zeit sagte ich zur Vorarbeiterin: «Missus, wenn ich nicht am Fenster sitzen kann, kann ich nicht sitzen.» – «Wenn du nicht sitzen kannst, Kindchen» sagte sie höflich, «geh und stell dich an die Straßenecke.» Und so wurde ich arbeitslos bei den Modeneuheiten.

Für meine nächste Stelle antwortete ich auf eine Anzeige, wo es hieß: «Kultivierte junge Dame, mittleres Gehalt, kulturelle Organisation.» Ich fuhr mit dem Trolleybus zu der Adresse, dem Russian Art Theater in der Zweiten Avenue, wo sie nur die besten jiddischen Stücke spielten. Sie brauchten eine Kartenverkäuferin, jemanden wie mich, der das Publikum liebt, es aber mit Schwindlern sehr genau nimmt. Der Mann, bei dem ich mich vorstellte, war der Manager, ein gewisser Typ.

Sofort sagte er: «Rosie Lieber, Sie haben ganz schön Holz vor der Tür!»

«Solche muß es auch geben, Herr Krimberg.»

«Verstehn Sie mich richtig, kleines Fräulein», sagte er. «Alle Achtung, alle Achtung. Eine junge Dame, die vorne und achtern nichts hat, die hat Blut, das ist so damit beschäftigt, die Zehen und Fingerspitzen zu wärmen, das hat gar keine Zeit, da zu kreisen, wo es am meisten gebraucht wird.»

Für Freundlichkeit ist jeder empfänglich. Ich sagte zu ihm: «Werden Sie bloß nicht frech, Herr Krimberg, dann kommen wir schon miteinander ins Geschäft.»

Wir kamen: Neun Dollar die Woche, ein Glas Tee jeden Abend, einmal in der Woche eine Freikarte für Mama, und ich konnte gehen und Proben ansehen, wann ich wollte.

Meine ersten neun Dollar waren in den Händen des Kaufmanns schon bereit weiterzuwandern, als Krimberg zu mir sagte: «Rosie, hier ist ein echter Gentleman, ein Mitglied dieses bedeutenden Theaters, möchte Sie kennenlernen, beeindruckt zweifellos von ihren großen braunen Augen.»

Und wer war es, Lillie? Hör zu, vor diesen meinen Augen stand Volodya Vlashkin, von den Leuten in jenen Tagen genannt der Valentino der Zweiten Avenue. Ich riskierte einen Blick und fragte mich: Wo ist ein jüdischer Junge zu solcher Größe aufgewachsen?

«Ganz in der Nähe von Kiew», sagte er mir.

Wie? «Meine Mama hat mich gestillt, bis ich sechs war. Ich war im Dorf der einzige Junge mit solcher Gesundheit.»

«Meine Güte, Vlashkin, sechs Jahre alt! Sie muß da Weizenbrösel gehabt haben, nicht Brüste, arme Frau.»

«Meine Mutter war schön», sagte er. «Sie hatte Augen wie Sterne.»

Er hatte so eine Art sich auszudrücken, einem kamen die Tränen.

Zu Krimberg sagte Vlashkin nach dieser Einführung: «Wer trägt die Verantwortung dafür, daß diese wunderbare junge Person in einem Käfig versteckt wird?»

«Da verkauft nun mal die Kartenverkäuferin.»

«Also, David geh da mal rein und verkauf Karten für eine halbe Stunde. Ich habe etwas vor im Hinblick auf die Zukunft dieses Mädchens und dieses Theaters. Los, David, sei ein gutes Kind. Und Sie, Fräulein Lieber, bitte, ich empfehle Feinberg's für ein Glas Tee. Die Proben sind lang. Ich liebe ein ruhiges Intermezzo mit einem freundlichen Menschen.»

Also führte er mich hin, zu Feinberg's, dann um die Ecke, ein Lokal so voll von Ungarn, es machte einen ganz taub. Im Hinterzimmer gab es einen Ehrentisch für ihn. Auf der Tischdecke, bestickt von der Dame des Hauses, stand: «Hier ißt Vlashkin.» Wir leerten schweigend ein Glas Tee, aus Durst, dann wußte ich endlich, was ich sagen sollte.

«Herr Vlashkin, ich habe Sie vor ein paar Wochen gesehen, sogar noch, bevor ich hier gearbeitet habe, in *Die Möwe*. Glauben Sie mir, wenn ich das Mädchen wäre, ich würde den jungen bourgeoisen Kerl auch nicht einen Augenblick ansehen. Er könnte überhaupt ganz aus dem Stück verschwinden. Wie Tschechow ihn in dasselbe Stück stekken konnte wie Sie, das kann ich nicht verstehen.»

«Sie mochten mich?» fragte er und nahm meine Hand und tätschelte sie freundlich. «Soso, junge Leute mögen mich noch ... so, und das Theater mögen Sie auch? Gut. Und Sie, Rose, wissen Sie, Sie haben so eine nette Hand, so warm anzufassen, solch eine feine Haut, sagen Sie mir, warum tragen Sie ein Tuch im Ausschnitt? Sie verstecken doch nur ihren jungen, jungen Hals. Dieses sind nicht die alten Zeiten, mein Kind, da man lebte in Zerknirschung.»

«Wer ist denn zerknirscht?» sagte ich und nahm das Tuch weg, aber meine Hand nahm sogleich den Platz des Tuches ein, denn die Wahrheit ist, es waren wirklich alte Zeiten, und es war noch meine Natur, zerknirscht zu sein.

«Nehmen Sie noch Tee, meine Liebe.»

«Nein, danke, ich bin schon ein Samowar.»

«Dorfmann!» rief er laut wie ein König. «Bringen Sie diesem Kind ein Seltzer mit frischem Eis!»

In Wochen, die da folgten, hatte ich die Ehre, ihn als Person besser und besser kennenzulernen – auch die Gelegenheit, ihn in seinem Beruf zu sehen. Die Zeit war Herbst; das Theater voller Kommen und Gehen. Proben ohne Ende. Nachdem *Die Möwe* durchgefallen war, gab es *Der Händler aus Istanbul*, ein großer Erfolg.

Hier verloren die Damen den Verstand. Bei der Premiere, in der Mitte der ersten Szene, fing eine Missus – eine Witwe, oder ihr Mann machte zuviel Überstunden – an zu klatschen und aufzuschreien: «Oi, oi, Vlashkin.» Bald gab es einen solchen Tumult, daß die Schauspieler aufhören mußten zu spielen. Vlashkin trat vor. Bloß dem Aussehen nach nicht Vlashkin ... ein jüngerer Mann mit pechschwarzem Haar, lebhaft auf rastlosen Füßen, ein schlaues Mundwerk. Ein halbes Jahrhundert später, am Ende des Stücks, kam er wieder heraus, ein grauer Philosoph, ein Gelehrter des Lebens, nur vom Bücherlesen, seine Hände weich wie Seide ... Ich weinte, wenn man denkt, wer ich war – nichts – und solch ein Mann konnte mich mit Interesse ansehen.

Dann bekam ich eine kleine Lohnerhöhung, weil, er hat ein gutes Wort für mich eingelegt, und außerdem gewährte man mir für fünfzig Cents pro Abend das Vergnügen, zusammen mit Vettern, Verschwägerten und bloß jungen Theaternarren an einer Massenszene teilzunehmen und so, wie er sie sah, jeden Abend die Hunderte von blassen Gesichtern zu sehen, die darauf warteten, daß seine Gefühle sie zum Lachen bringen oder ihre Köpfe voll Kummer niederbeugen sollten.

Der traurige Tag kam, ich gab meiner Mama den Abschiedskuß. Vlashkin half mir, ein erschwingliches Zimmer in der Nähe des Theaters zu finden, um freier zu sein. Ferner würde mein hervorragender Freund einen Ort haben, um auszuspannen, fern vom Lärm der Garderoben. Sie weinte und sie weinte. «Das ist eine andere Lebensform, Mama», sagte ich. «Außerdem treibt mich die Liebe.»

«Du! Du, ein Nichts, ein verdorbenes Loch in einem Stück Käse, willst du mir erzählen, was das Leben ist?» schrie sie.

Sehr gekränkt ging ich von ihr fort. Aber ich bin gutmütig – weißt du, dicke Menschen sind so –, freundlich, und ich dachte bei mir, arme Mama … es ist wahr, sie hat mehr Ahnung vom Leben als ich. Sie hat einen geheiratet, den sie nicht mochte, ein kranker Mann, sein Geist war schon von Gott verschlungen. Er wusch sich nie. Er hatte einen unglücklichen Geruch. Seine Zähne fielen aus, sein Haar verschwand, er wurde kleiner, schrumpfte nach und nach ein, bis er, adieu und viel Glück, dahin war und Mama nur wieder in den Sinn kam, wenn sie zum Briefkasten unter der Treppe ging, um die Elektrorechnung zu holen. Im Andenken an ihn und aus Achtung für die Menschheit beschloß ich, für die Liebe zu leben.

Lach nicht, du unwissendes Mädchen.

Glaubst du, es war leicht für mich? Ich mußte Mama ein bißchen was geben. Ruthie sparte zusammen mit deinem Papa auf Wäsche, ein paar Messer und Gabeln. Morgens mußte ich Akkordarbeit machen, wenn ich auf eigenen Füßen stehen wollte. Also machte ich Blumen. Bis zur Mittagszeit wuchs täglich ein ganzer Garten auf meinem Tisch.

Das war meine Unabhängigkeit, kleine Lillie, blühend, aber sie hatte keine Wurzeln, und ihr Angesicht war aus Papier.

Mittlerweile war Krimberg auch hinter mir her. Ohne Zweifel beobachtete er den Erfolg von Vlashkin und dachte: «Aha, Sesam öffne dich …» Andere in der Truppe desgleichen. Hinter mir her waren in jenen Jahren die folgenden: Krimberg wie gesagt. Carl Zimmer, spielte unschuldige junge Kerle mit einer Perücke. Charlie Peel, ein Christ, der nur zufällig in die Suppe gefallen war, ein Schöpfer wunderbarer

Ausstattungen. «Farbe steht bei ihm schon im Geburtsschein», sagt Vlashkin, immer den Nagel auf den Kopf.

Ich füge das ein, um dir zu zeigen, daß deine dicke alte Tante nicht verrückt war aus Einsamkeit. In jenen geräuschvollen Jahren hatte ich Freunde unter interessanten Leuten, die mich aus Gründen der Jugend bewunderten und weil ich erstklassig zuhören konnte.

Die Schauspielerinnen – Raisele, Marya, Esther Leopold – dachten nur an morgen. Hinter ihnen her waren die reichen Männer, Produzenten, das ganze Kleiderviertel; ihre Vergangenheit ist ein Nadelkissen, Zukunft ein Nadelöhr.

Schließlich kam der Tag, da konnte ich mein Taktgefühl nicht mehr im Mund behalten. Ich sagte: «Vlashkin, ich höre von Brieftauben, du hast eine Frau, Kinder, die ganze Garnitur.»

«Richtig, ich erzähle keine Geschichten. Ich mach dir nichts vor.»

«Darum geht es nicht. Was ist das für eine Dame? Es ist mir unangenehm zu fragen, aber erzähl es mir, Vlashkin... das Leben eines Mannes ist etwas, wo ich nicht klar sehe.»

«Kleines, ich habe dir hundertmal gesagt, dieses kleine Zimmer ist die klösterliche Zuflucht meines schwergeprüften Geistes. Hierher begebe ich mich unter dein unschuldiges Obdach, mich zu erfrischen inmitten eines vielgeplagten Lebens.»

«Ach, Vlashkin, im Ernst, im Ernst, wer ist diese Dame?»

«Rosie, sie ist eine ordentliche Frau aus den gehobenen Schichten, meinen Kindern eine gute Mutter, drei an der Zahl, alles Mädchen, eine gute Köchin, gutaussehend in ihrer Jugend, jetzt nicht mehr jung. Siehst du, könnte ich offener sein? Ich vertraue dir, Liebe, meine Seele an.»

Es war ein paar Monate später auf dem Neujahrsball des Clubs russischer Künstler, da traf ich Frau Vlashkin, eine Frau mit schwarzem Haar und einem tiefen Knoten, aufrecht und zu stolz. Sie saß an einem kleinen Tisch und sprach mit tiefer Stimme mit jedem, der für eine kurze Unterhaltung stehenblieb. Ihr Jiddisch war perfekt, jedes Wort geschliffen wie ein Edelstein. Ich sah sie an. Sie bemerkte mich, wie sie jeden bemerkte, kalt wie ein Weihnachtsmorgen. Dann wurde sie müde. Vlashkin besorgte ein Taxi, und ich sah sie nie wieder. Arme Frau, sie wußte nicht, daß ich mit ihr auf derselben Bühne stand. Daß ich Gift war für ihre Rolle, das wußte sie nicht.

Später in jener Nacht vor meiner Tür sagte ich zu Vlashkin: «Nicht mehr. Das ist nichts für mich. Mir wird schlecht von all dem. Ich zerstöre keine Familien.»

«Kindchen», sagte er, «sei nicht albern.»

«Nein, nein, adieu und viel Glück», sagte ich. «Ich mein es ernst.»

Also ging ich und blieb bei Mama für eine Woche Ferien und räumte all die Wandschränke auf und scheuerte die Wände, bis die Farbe runterkam. Sie war sehr dankbar, trotzdem ließ ihr hartes Leben sie sagen: «Da haben wir das dicke Ende. Wer wie ein Irrer lebt, der wird auch einer.»

Nach den paar Tagen kehrte ich in mein Leben zurück. Wenn wir uns trafen, ich und Vlashkin, sagten wir bloß Hallo und Adieu, und dann, ein paar traurige Jahre lang, nickten wir mit dem Kopf, als wollten wir sagen: «Ja, ja, ich weiß, wer du bist.»

Mittlerweile herrschte an der Front eine ganz neue Strategie. Deine Mama und deine Großmama trugen Früchte – Knaben. Dein eigener Vater hatte einen Bruder, du hast ihn noch nicht mal gesehen. Ruben. Ein ernster Junge, sein Idealismus war sein Hut und sein Mantel: «Rosie, ich biete dir ein großes neues freies glückliches ungewöhnliches Leben.» Wie? «Mit mir, wir erwecken die Sandwüsten Palästinas und werden eine Nation. Das ist das Land von morgen für uns Juden.» – «Haha, Ruben, dann geh ich eben erst morgen.» – «Rosie!» sagte Ruben. «Wir brauchen starke Frauen wie dich, Mütter und Bäuerinnen.» – «Du kannst mir nichts vormachen, Ruben, was ihr braucht, sind Bierpferde. Aber dafür braucht ihr mehr Geld.» – «Deine Einstellung gefällt mir nicht, Rose.» – «Wenn das so ist, dann geh und mehre dich. Adieu.»

Ein anderer Bursche: Yonkel Gurstein, ein prima Kerl, todschick angezogen, mit so einer erregbaren Natur. In jenen Tagen – mir kommt es wie gestern vor – trugen die jüngsten Mädchen Untergewänder wie Battle Creek, Michigan. Für ihn war es eine Sache von Sekunden. Wo hat er geübt, ein jüdischer Junge? Heute, nehme ich an, ist es leichter, Lillie? Meine Güte, ich sag ja überhaupt nichts – sensibel, sensibel…

Naja, inzwischen wirst du wohl selber wissen, Liebling, was man auch tut, das Leben steht nicht still. Es bleibt nur eine Minute sitzen und träumt einen Traum.

Während ich zu all diesen albernen Jungen, «nein, nein, nein» sagte, ging Vlashkin nach Europa und machte mehrere Saisons Tourneen… Moskau, Prag, London, sogar Berlin – bereits ein pessimistischer Ort. Als er zurückkam, schrieb er ein Buch, du könntest es heute noch in der Bibliothek bekommen, *Der jüdische Schauspieler im Ausland*. Wenn du eines Tages genug Interesse für meine einsamen Jahre hast, könntest du es lesen. Du könntest einen Hauch von diesem Mann mitbekommen aus dem Buch. Nein, nein, ich bin nicht erwähnt. Schließlich, wer bin ich?

Als das Buch herauskam, hielt ich ihn auf der Straße an, um ihm zu gratulieren. Aber ich bin kein Lügner, also wies ich auch auf die Selbstgefälligkeit an vielen Stellen hin – sogar die Kritiker sagten etwas in der Art. «Reden kostet nichts», antwortete mir Vlashkin. «Aber wer sind die Kritiker? Sag doch, sind sie schöpferisch? Ganz zu schweigen davon», fährt er fort, «da gibt es eine Zeile bei Shakespeare in einem der Stücke aus der großen Geschichte Englands. Sie heißt: ‹Geringre Sünde ist's, o Knecht, sich selbst zu lieben, denn zu übersehn.› Diese Idee erscheint in neueren Zeiten auch bei den moralistischen Nachfolgern von Freud... Rosie, hörst du zu? Du hast etwas gefragt. Übrigens, du siehst sehr gut aus. Wie kommt's, kein Ehering?»

Ich ging von diesem Gespräch in Tränen weg. Aber dies Reden auf der Straße eröffnete den glücklichen Weg für weiteren Meinungsaustausch. Im Hinblick auf viele Dinge... Zum Beispiel die Intendanz – sehr engstirnig – wollte ihm gewisse Rollen von jungen Männern nicht mehr geben. Dummköpfe. Welcher ganz junge Mann wußte genug über das Leben, daß er so jung sein konnte wie er?

«Rosie, Rosie», sagte er eines Tages zu mir, «ich sehe an der Uhr auf deinem rosigen, rosigen Gesicht, du mußt dreißig sein.»

«Die Zeiger gehen nach. Vlashkin. Donnerstag vor einer Woche bin ich vierunddreißig geworden.»

«So ist das also? Rosie, ich mach mir Sorgen um dich. Ich wollte schon lange mit dir sprechen. Du verlierst deine Zeit. Verstehst du das? Eine Frau sollte ihre Zeit nicht verlieren.»

«Oi, Vlashkin, wenn du mein Freund bist, was heißt dann Zeit?»

Darauf hatte er keine Antwort, sah mich nur überrascht an. Statt dessen gingen wir, voller Interesse, aber nicht mit unserer früheren Geschwindigkeit, zu meiner neuen Wohnung in der 94. Straße. Dieselben Bilder an der Wand, alle von Vlashkin, bloß jetzt alles rot und schwarz gestrichen, was schick war, und neue Polstermöbel.

Vor ein paar Jahren gab es ein Buch von einem andern Mitglied jener hervorragenden Truppe, einer Schauspielerin, der, die sehr gut Englisch gelernt hat und in die obere Stadt gekommen ist – Marya Kavakaz, in dem sie gewisse Dinge über Vlashkin sagt. Zum Beispiel, daß er elf Jahre ihr Liebhaber war, sie schämte sich nicht, das aufzuschreiben. Ohne Rücksicht auf ihn, seine Frau und Kinder oder auch andere, die bei dieser Angelegenheit ebenfalls Gefühle haben.

Nun, Lillie, du brauchst dich nicht zu wundern. Das nennt man eine

Tatsache des Lebens. Die Seele eines Schauspielers muß wie ein Diamant sein. Je mehr Facetten er hat, desto strahlender ist sein Name. Schätzchen, du wirst ohne Zweifel *einen* Mann lieben und heiraten und ein paar Kinder haben und auf ewig glücklich sein, bis du müde stirbst. Mehr noch, ein Mensch wie wir braucht nichts zu wissen. Aber ein großer Künstler wie Volodya Vlashkin ... wenn er auf der Bühne etwas darstellen will, muß er üben. Ich verstehe es jetzt, Leben ist für ihn wie eine Probe.

Ich jedenfalls, als ich ihn in *Der Schwiegervater* sah – ein älterer Mann liebt ein entzückendes junges Mädchen, die Frau seines Sohnes, gespielt von Raisele Maisel –, ich habe geweint. Was er zu diesem Mädchen sagte, wie er Dinge von solcher Süße flüsterte, wie ihm all seine heißen Gefühle auf dem Gesicht geschrieben standen ... Lillie, all diese Erfahrungen hatte er mit mir. Es waren sogar dieselben Worte. Du kannst dir vorstellen, wie stolz ich war.

So schleicht die Geschichte ihrem Ende zu.

Ich entdeckte sie zuerst auf dem Gesicht meiner Mutter, die elende Handschrift der Zeit, ihre Wangen auf und ab gekritzelt, über ihre Stirn rückwärts und vorwärts – ein Kind konnte es lesen –, es hieß: alt, alt, alt. Aber es betrübte mein Herz am meisten, diese Realitäten in Vlashkins wunderbaren Ausdruck gekratzt zu sehen.

Zuerst fiel die Truppe auseinander. Das Theater hörte auf. Esther Leopold starb daran, daß sie sehr alt war. Krimberg hatte einen Herzanfall. Marya ging an den Broadway. Ferner änderte Raisele ihren Namen in Roslyn und war eine große komische Kanone im Film. Vlashkin selbst, wo sollte er hingehen, zog sich ins Privatleben zurück. In der Zeitung stand: «Als Schauspieler von einsamer Klasse wird er seine Memoiren schreiben und seine letzten Jahre im Schoße der Familie unter seinen blühenden Enkelkindern verbringen, der Augapfel seiner anbetenden Gattin.»

Das ist Journalismus.

Wir veranstalteten ein großes Abschiedsessen ihm zu Ehren. Bei diesem Essen sagte ich zu ihm, zum letztenmal, dachte ich: «Adieu, lieber Freund, Thema meines Lebens, jetzt trennen wir uns.» Und zu mir selbst sagte ich noch: zu Ende. Dies ist mein einsames Bett. Eine Dame, fett und fünfzig, wie man so sagt. Du hast es selbst gemacht. Aus diesem einsamen Bett wirst du schließlich in ein anderes, nicht so einsames fallen, bloß überfüllt mit Millionen Knochen.

Und jetzt kommt? Rate mal, Lillie.

Letzte Woche, ich wasche gerade meine Unterwäsche im Becken, klingelt bei mir das Telefon. «Verzeihung, spricht da Rose Lieber, früher beim Russian Art Theatre?»

«Am Apparat.»

«Nun, nun, wie geht's Rose? Hier ist Vlashkin.»

«Vlashkin! Volodya Vlashkin?»

«Genau. Wie geht es dir, Rose?»

«Ich lebe, Vlashkin, danke.»

«Geht es dir gut? Wirklich, Rose? Du bist gesund? Du arbeitest?»

«Meine Gesundheit ist erstklassig, für das Gewicht, das sie tragen muß. Seit ein paar Jahren bin ich wieder, wo ich angefangen habe, bei Modeneuheiten.»

«Sehr interessant.»

«Hör zu, Vlashkin, sag mir die Wahrheit, was hast du auf dem Herzen?»

«Auf dem Herzen? Rosie, ich melde mich bei einer alten Freundin, einer alten warmherzigen Gefährtin aus schöneren Tagen. Meine Verhältnisse haben sich übrigens geändert. Ich habe mich aus dem Beruf zurückgezogen, das weißt du ja. Außerdem bin ich ein freier Mann.»

«Was? Was meinst du damit?»

«Frau Vlashkin läßt sich scheiden.»

«Was ist über sie gekommen? Hast du angefangen zu trinken oder so was, aus Melancholie?»

«Sie läßt sich wegen Ehebruch scheiden.»

«Aber Vlashkin, entschuldige bitte, ich will dich nicht kränken, aber du bist vielleicht siebzehn, achtzehn Jahre älter als ich, und sogar bei mir, all dieser Unsinn – diese Tagträume und Nachtmare –, das taugt doch im großen und ganzen bloß noch für ein nettes Gespräch.»

«Ich hab ihr das alles auseinandergesetzt. Meine Liebe, sagte ich, meine Zeit ist vorbei, mein Blut ist so trocken wie meine Knochen. Die Wahrheit ist, Rose, sie ist nicht daran gewöhnt, den ganzen Tag einen Mann um sich zu haben, der aus der Zeitung laut die interessanten Ereignisse unserer Zeit vorliest, aufs Frühstück wartet, aufs Mittagessen wartet. So wird sie im Laufe des Tages immer wütender. Gegen Abend gibt eine wildgewordene alte Dame mir das Nachtessen. Sie hat Informationen aus den letzten fünfzig Jahren, mit denen sie meine Suppe pfeffert. Es gab da natürlich einen Judas im Theater, der jeden Tag sagte: ‹Vlashkin, Vlashkin, Vlashkin . . .› und während mein Herz von seinem Lächeln lebte, hing er am Draht und gab den Zauber an meine Frau weiter.»

«So ein albernes Ende, Volodya, nach so einer lebhaften Geschichte. Was sind deine Pläne?»

«Erstens, darf ich dich zum Essen einladen und ins Theater, in die Oberstadt natürlich? Nach all dem ... wir sind doch alte Freunde. Ich habe Geld wie Heu. Was dein Herz begehrt. Andere sind wie Gras, der Nordwind der Zeit hat ihnen das Herz herausgeschnitten. Aus dir, Rosie, schöpfe ich nur Freundlichkeit. Was eine Frau einem Mann sein soll, das warst du mir. Glaubst du nicht, Rosie, daß ein paar alte Kameraden wie wir noch hin und wieder ein paar schöne Stunden haben könnten mit den materiellen Dingen dieser Welt?»

Meine Antwort, Lillie, stehenden Fußes, war ganz und gar. «Ja, ja, komm rauf», sagte ich. «Frag in der Telefonzentrale nach meiner Wohnung, wir wollen reden.» Also kam er den Abend und jeden Abend in der Woche, wir sprachen von seinem langen Leben. Sogar am Ende der Zeit ein faszinierender Mann. Und wie die Männer sind, versuchte er auch bis ans Ende der Zeit ungeschoren davonzukommen.

«Hör zu, Rosie», erklärt er neulich. «Ich war mit meiner Frau verheiratet, ungefähr ein halbes Jahrhundert, ist dir das klar. Wozu war es gut? Sieh nur all die Bitterkeit. Je mehr ich darüber nachdenke, desto mehr glaube ich, es wäre dumm von uns zu heiraten.»

«Volodya Vlashkin», sagte ich ihm geradeheraus, «als ich jung war, habe ich deinen kalten Rücken manche Nacht gewärmt, ohne Aufhebens. Das mußt du zugeben, ich hab nichts verlangt. Ich war weichherzig. Ich wollte nicht, daß man Rosie Lieber nachsagte, sie zerstöre Familien. Aber jetzt, Vlashkin, bist du ein freier Mann. Wie könntest du mich mit dir in Zügen fahren und in fremden Hotels übernachten lassen, unter Amerikanern, ohne daß ich deine Frau bin? Schäm dich.»

Nun also, liebste Lillie, erzähl deiner Mama diese Geschichte aus deinem jungen Munde. Von mir will sie ja kein Wort hören. Sie kreischt nur: «Ich kann nicht mehr, ich kann nicht mehr.» Erzähl ihr, daß ich schließlich doch noch einen Mann haben werde, was, wie allgemein bekannt ist, eine Frau sollte, mindestens einen, bevor die Geschichte zu Ende ist.

Meine Güte, ich bin schon spät dran. Gib mir einen Kuß. Schließlich hab ich dich aufwachsen sehen vom Samenkorn an. Gib mir also ein paar gute Wünsche zum Hochzeitstag mit. Ein langes und glückliches Leben. Viele Jahre voller Liebe. Nimm Mama in die Arme, sag ihr von Tante Rose adieu und viel Glück.

Nicolas Born

Ein Lied das jeder kennt

Diese Nacht
die ist so zauberhaft
wirklich
(wir haben Glück mit dem Wetter)
ein bißchen kühl
für die Jahreszeit
        (man zieht besser
noch was drüber)
aber schön
sie hat sich
untergehakt
hüpft ziemlich lustig
        (schon wieder Vollmond
was hab ich gesagt)
wir haben Schatten
sie summt
ein Lied
        (das jeder kennt)
dazu die Schritte
auf Kies
wie Obsttorte
mit Sahne

Michael Wildenhain

August

Sie fragt wie ist das – liebst du mich
Ich sage wie soll ich das sagen
Manchmal an warmen Tagen
Sie sagt das reicht mir nicht

Edith Piaf

Ich bereue nichts

Wenn ich tot bin, wird man schon so viel über mich geredet haben, daß schließlich niemand mehr weiß, wer ich wirklich war. Sie werden mir sagen, das sei nicht so wichtig. Gewiß, aber der Gedanke daran tut mir weh.

Darum will ich von mir erzählen, solange es noch Zeit ist – auch wenn ich dadurch viel Staub aufwirbeln sollte.

Auch auf die Gefahr hin, daß man mich bemitleidet.

Ich liege im Krankenhaus und diktiere diese Erinnerungen, welche scharenweise aufsteigen, mich bestürmen, umzingeln, überfluten. Die Vergangenheit ordnet sich nicht hübsch der Reihe nach um mich her: Gesichter und Gestalten drängen sich und rufen: «Mich, mich nimm zuerst!»

Da kommen glückliche Stunden, aber auch all die anderen, und ihrer sind viel mehr.

Doch was auch immer noch geschehen mag bis zu dem Tage, an dem ich Rechenschaft ablegen muß – ich weiß genau, daß ich mich da oben wie in meinem Chanson unermüdlich wiederholen werde: «Nein, ich bereue nichts!»

Für diesmal habe *ich* den Kampf gegen Krankheit und Tod gewonnen, aber das wird nicht immer so sein. Deshalb drängt es mich heute, die Bilanz meines Lebens zu ziehen. Wohl sollte ich zuerst meine Kindheit beschwören, meine Jugend, aber sie scheinen mir so fern, so unwirklich manchmal. Ich habe das Gefühl, daß selbst ich unwillkürlich lügen müßte, wenn ich davon erzählte.

Was mich bedrückt, das sind die intimeren Geheimnisse, welche man entstellt der Öffentlichkeit preisgegeben hat.

Aber durch dieses Bekenntnis möchte ich mich gern ein für allemal davon befreien, natürlich in der Hoffnung, daß mir vergeben wird.

Ich möchte gern die Frau ergründen, die ich gewesen bin, alle Frauen, die ich schon war, soweit man sich eben selbst zu erkennen vermag: die Göre Piaf, Piaf, Edith …

Es ist wahr, daß ich ein schreckliches Leben geführt habe; aber es war zugleich herrlich, weil ich es geliebt habe – ja, das Leben vor allem.

Und dann, weil ich die Menschen geliebt habe, die Männer, meine Liebhaber, meine Freunde, aber auch all die unbekannten Männer und Frauen meines Publikums, für das ich selbst an der äußersten Grenze meiner Kraft noch gesungen habe und für das ich auf der Bühne sterben möchte, am Schluß meines letzten Chansons.

Und ich liebe alle, die bei Tag und bei Nacht im Vorübergehen meine kleine Gestalt und meinen Gang wiedererkennen.

Und die Menschenmenge, die mir hoffentlich am letzten Tage folgen wird, denn ich mag nicht allein sein. Ich fürchte mich vor der Einsamkeit, vor dieser schrecklichen Einsamkeit, die einem im Morgengrauen das Herz zusammenschnürt oder in der Abenddämmerung, wenn man sich fragt, ob es sich noch zu leben lohnt, und warum man lebt.

Ich wollte, daß jemand, der meine Beichte gelesen hat – denn es ist wirklich eine, und alles, was ich von nun an sage, gehört vielleicht zu meiner letzten –, ich wollte, daß jemand, der mir zugehört hat, wie zu Maria Magdalena sagen könnte:

«Ihr sind viele Sünden vergeben, denn sie hat viel geliebt.»

Joyce Carol Oates

Einen Mann lieben, verlieren, lieben

In ihrem Herzen hatte sie schon Angst; sie hatte Angst, daß sie sich bei seinem Anblick verlieren würde.

Ein-Foto, das ein Zeitungsreporter von ihr gemacht hatte, zeigte Ruth, einst, nicht, wie sie war, sondern hysterisch und außer sich, kaum wiederzuerkennen. Sie hatte zu einer Streikpostenkette gehört, die gegen den Krieg protestierte. Eine Gruppe Streikbrecher aus einer Organisation mit dem Namen «Durchbruch» hatte versucht, die Kette zu sprengen, war auf sie losgegangen, mit lautem Gebrüll. Ein Mann hatte ihr das Schild entrissen und über dem Knie entzweigebrochen. Und da hatte sie ihm in einem rasenden Anfall von Wut und Haß ins Gesicht geschrien und versucht, ihm das zerbrochene Schild wieder wegzunehmen – in diesem Augenblick hatte der Fotograf sie aufgenommen. Die Überschrift, auf das lokale Pro-Kriegs-Blatt zugeschnitten, hatte «Passiver Protest» oder so ähnlich gelautet, mit leichtem Sarkasmus, den zu vergessen sie sich bemüht hatte. Aber die Scham darüber blieb, denn sie hatte erkennen müssen, daß die junge Frau auf dem Foto in Wirklichkeit gar keine Frau war, sondern eine Kraft, eine Stimme, hysterisch, erstickt, häßlich, rohe Gewalt, die außer Kontrolle geraten war. Sie haßte es, so auseinandergenommen zu werden, in zwei Teile zerlegt. Sie haßte es, außer sich zu geraten und in einen unkontrollierbaren Wirbelsturm zu geraten.

In dem Krankenhaus war nicht viel Betrieb. Eines Tages würde sie hier ein Abenteuer erleben, dachte sie. Sie war auf dem Weg zu ihrem Geliebten, der seit zehn Tagen im Krankenhaus lag, zur Untersuchung, schmerzhaften und erniedrigenden Untersuchungen ausgeliefert... in diesem Augenblick wartete er oben auf sie, in einem halbprivaten Zimmer, wach. Sie spürte Erregung und Furcht bei dem Gedanken, zum Fahrstuhl gehen zu müssen, in den fünften Stock fahren zu müssen, zu seinem Zimmer gehen und ihm gegenübertreten zu müssen. Ihre Besuche richteten sich nach seinen Anordnungen. Er hatte gesagt: «Du kommst jeden Tag um zwei; alle andern werden da nicht kommen.» Und es stimmte: «alle andern» waren seine vielen Freunde und Bekannten, die ihn vor zwei Uhr besuchen kamen, aber nie später, bemüht, ihn zu besuchen, ihm ihre Zuneigung zu zeigen, jetzt, da er krank war. Das Geheimnis seiner Krankheit machte ihn begehrenswerter. Sie begegneten einander im Gang und tauschten Blicke und sagten: «Was glaubt du, daß es ist? Krebs? Eine Lähmung?»

Harry in einem Krankenhausbett ... Harrys Blut in kleine Flaschen gefüllt ... Harrys Wirbelsäule punktiert ... Harrys Augäpfel von einer zwei Tonnen schweren Maschine untersucht ... Harrys gute Laune zu laut in diesem engen Zimmer ... Harry, der seine Schmerzen überwindet und eine Hand schüttelt. Seine Augenlider fingen leicht an zu flattern.

«Komm um zwei. Jeden Tag um zwei», hatte er zu ihr gesagt.

Und so mußte sie ihn jeden Tag sehen, um zwei. Bereits um zwölf schlang sie die Arme um die Knie und saß in kaltem kristallklarem Kummer da, schaukelte vor und zurück, starrte auf die Uhr. Sie liebte ihn und doch hatte sie Angst vor ihm. Manchmal war ihre Liebe zu ihm in ihr selbst, tief in ihr eingebettet, und manchmal war ihre Liebe draußen, ein Gegenstand des Schreckens, der drohte, sie aus ihrem Körper herauszuziehen und sich selbst einzuverleiben.

... Die Gesichter der Schwestern glänzten vor geheimnisvoller Gesundheit. Die Fenster standen offen, damit die Nachmittagssonne hereinkonnte; das Krankenhaus war alt, antiquiert, doch jetzt ein wenig vom Frühling berührt; die Fußböden waren gebohnert und rochen nach antiseptischen Mitteln, eine Tür schwang hinter einer Schwester zu einem Waschraum auf und gab Ruth den Blick auf rauhe graugrüne Wände frei, Anstaltswände, in der Decke steckte eine nackte Birne ... Sie kannte inzwischen alles auf ihrem Weg durchs Krankenhaus, als wäre sie ihn schon länger als sechs Tage gegangen.

Was Harry betraf: sie liebte ihn, konnte aber nicht an ihn glauben. Sie schien nicht wirklich, seine Liebe zu ihr, und seine Krankheit schien auch nicht wirklich. Ein Mann, der immer so lustig war, kann nicht wirklich krank werden. Harry war nicht unsterblich, dann war wohl niemand unsterblich? ... Jetzt, seit sie allein schlief, hatte sie seltsame, häßliche Träume, Halluzinationen, die eigentlich nicht wie Träume waren. Sie stellte sich Harry als Lokomotive vor, die über Gleise in die Nacht hinein fuhr. Harry war eine Lokomotive, oder war es gewesen, aber die Gleise hatten sich im Nichts verloren, in der Dunkelheit, hatten keine Verbindung mehr, keine Kraft, ihre Phantasie setzte aus, und die kleine Lokomotive mußte anhalten.

Im Fahrstuhl wurde sie von einer Frau angestoßen, an deren Mantel ein kleiner Blumenstrauß steckte.

Ihre Augen begannen zu tränen. Jemand stieg aus, jemand stieg ein. Krankenschwestern mit kleinen grünen Abzeichen, Plastikdingern, die in ihren Knopflöchern steckten. Was hatte das zu bedeuten? Ruth drückte sich gegen die Rückwand des Fahrstuhls, wollte nicht, daß jemand sie ansah. Das könnte Unglück bringen. Der Fahrstuhl war voll an diesem Nachmittag. Das Krankenhaus überhaupt war voll, ein großes, altes im Stadtzentrum gelegenes Krankenhaus, berühmt wegen seiner hervorragenden Ambulanz, die jede Nacht, vor allem samstags, heftig in Anspruch genommen wurde. Die Stadt war Detroit. Das bedeutete ihr nicht viel, existierte außerhalb von ihr – Detroit, ein Ort, an den sie vor drei Jahren gekommen war, nicht einmal mit besonderer Absicht. Harry stammte nicht aus Detroit, war weit entfernt geboren worden. Alle ihre Freunde waren von anderswo her, niemand schien hier geboren zu sein. Ruth erinnerte sich an ihren Geburtsort, wenn sie gezwungen war, ihn hinzuschreiben, auf all den unzähligen Formularen, die für unzählige Büros ausgefüllt werden mußten, dann abgelegt und vergessen wurden.

Sie ging leise zu ihm hin, obgleich sie sah, daß er wach war. Das andere Bett war leer; den alten Mann, der darin gelegen hatte, hatte man in ein nahegelegenes Genesungsheim geschafft. Harry lag im Bett und starrte zum Fenster, seine Hände vorm Mund. Als er sie sah, als er den Kopf drehte, nahm er die Hände sofort herunter.

Irgendwie ist all das ein Irrtum, dachte Ruth.

Alles war graugrün. Das Innere eines Schädels auf die Wände projiziert, graugrün. Die Hoffnung sei das Grausamste, was es gebe, hatte eine Frau im Fahrstuhl gesagt, als Ruth zum erstenmal zu Besuch gekommen war. «Die Hoffnung ist das Grausamste, was es gibt», hatte die rundliche kleine Frau zu einer anderen Frau neben ihr gesagt, und Ruth war erschrocken, hatte sie nicht ansehen können, war zutiefst bewegt. Warum sagten ganz gewöhnliche Leute, von denen man ganz gewöhnliche Gedanken erwartet, manchmal solche Sachen? Es erschreckte sie; es legte alles bloß. Ihre Liebe zu Harry hatte sich stets auf Hoffnung gegründet – die Hoffnung, daß sie einmal heiraten würden –, jetzt gründeten sich ihre Erwartungen für seine Zukunft wieder auf Hoffnung, nämlich daß es ihm besser ging, daß er zu ihr zurückkehrte. Er hatte eine Frau und ein Kind, irgendwo an der Pazifikküste, in einer herrlichen Gegend, blauer Himmel und gesunder weißer Sand. Er war seit fünfzehn Jahren verheiratet, wie er sagte. Aber die Jahre waren von ihm abgeglitten, nichts war geblieben, und als sie ihn in Detroit kennenlernte, sprach er ganz ungezwungen und freimütig von seiner Frau, als existierte sie in einer anderen Dimension und hätte nichts mit Ruth oder ihm selbst zu tun.

Sie begrüßten sich. Ruth beugte sich über ihn, klammerte sich an ihm fest, küßte ihn auf den Mund. «Liebling?...» sagte sie. Sein Mund wirkte trocken; woher kam das? Harry sah, wie ihr Tränen in die Augen stiegen, und lachte auf, um sie abzulenken. «Setz dich, bitte, du siehst müde aus», sagte er.

Sie setzte sich auf einen Stuhl, auf dem Stuhl lagen Illustrierte, die sie kaum bemerkte, sie war verwirrt. Wie immer starrte sie in sein Gesicht, um zu sehen... zu sehen, ob sie Anzeichen für Hoffnung darin entdekken konnte. Eines Tages würde er ihr sagen, wie die Diagnose lautete. Und dann würde in ihrer Brust Hoffnung aufsteigen wie eine Blume bei einem Zaubertrick.

«Wie geht's dir?»

«Immer dasselbe.»

«Haben sie heute morgen was gemacht?»

«Noch mehr Blut entnommen. Frag nicht.»

Seine dunkelblonden Haare wurden dünner. Er hatte ein kräftiges, falkenhaftes Gesicht, in letzter Zeit stachen die Knochen schärfer vor, irgendwie bedrohlich. Um seine gefurchte Stirn und die Augen schien sich eine merkwürdige Kraft zu sammeln, vor allem wenn er sprach, der Druck seiner Worte sammelte Kraft im Innern seines Kopfes. Seine Augen waren dunkel, selbst das Weiße war dunkel geworden wie bei einer Verletzung. Er war kein schöner Mann; sie fand ihn häßlich, sogar ein bißchen abstoßend; es erregte sie, an seine Häßlichkeit zu denken und zu wissen, daß sie ihr gehörte, durch ihn. Was häßlich war an ihm, zog sie an, die Kraft in ihm zog sie an: Er war kein gewöhnlicher Mann. Er hatte sich als Schriftsteller und Journalist einen Namen gemacht, ein Mann, der vom Schreiben besessen schien, von der Gewalttätigkeit in Amerika. Er hatte eine Anzahl Illustriertenartikel geschrieben und ein Buch über die Watts-Krawalle, das für den Pulitzerpreis nominiert worden war, und jetzt, erst seit kurzem, gehörte er dem Detroiter Mitarbeiterstab einer berühmten Zeitung an. Was er von Amerika gesehen hatte auf seinen vielen Reisen, hatte seinem Aussehen etwas permanent Ironisches verliehen.

«Erzähl, bitte, erzähl mir alles, was geschehen ist...» flüsterte sie.

«Die Infektion habe ich offenbar überstanden. Ich esse jetzt wieder mit dem Mund.»

Zwei Tage lang war er fast ohne Bewußtsein gewesen, wegen einer Mageninfektion, die im Krankenhaus grassiert hat. Die Krankenschwestern waren fröhlich und machten sich deswegen keine Sorgen. Das passierte immer mal wieder. Harry, bereits geschwächt, hatte die Infektion schwer mitgenommen, und er mußte intravenös ernährt werden.

Sie sprach mit ihm. Er antwortete. Ängstlich dachte sie: *Was soll ich als nächstes sagen?* Am liebsten hätte sie nur von Liebe geredet, aber das würde ihn irritieren. Manchmal sprach sie vom Heiraten, das war ein Spiel von ihr: *Wenn wir verheiratet wären*... und ihm schien das Spiel zu gefallen, er schien davon irgendwie belebt, verjüngt. Er war über vierzig. Was würde es für ihn bedeuten, mit diesem vierundzwanzigjährigen Mädchen verheiratet zu sein, diesem Mädchen, das echte blonde Haare hatte und ein gutes Benehmen, eine hingebungsvolle junge Frau, die an allem in seinem Leben Anteil nahm, die sogar Mitleid für den Vater aufbrachte, den er selbst längst vergessen hatte – sein Vater war in einer Nervenheilanstalt irgendwo in Kalifornien –, und die es gar nicht abwarten konnte, alles in ihrem eigenen Leben für ihn aufzugeben, nur für ihn?... Er war schon zweimal verheiratet gewesen, und keine der Ehen hatte richtig funktioniert. Er führte das auf ein Versagen der beiden Frauen zurück, sie auf deren Mittelmäßigkeit. In dem Spiel *Wenn wir verheiratet wären* machte sie immer aus sich eine Frau, die es mit seiner Energie aufnehmen konnte, die ihm vorauseilte, die eine unerschöpfliche Phantasie besaß.

... Zu ihm ins Bett kriechen, wie eine Schwester, krank aus Liebe, wie er jetzt krank war von einem Geheimnis...

Er fragte nach Martin. Nach Toni. Die Unterhaltung ging weiter: er besaß die Neugier des Schreibenden, selbst bei wertlosen Nachrichten. Er liebte Klatsch. Sie beantwortete all seine Fragen, sie bemühte sich, ihm zu gefallen. Sie fühlte sich weicher in seiner Vorstellung von ihr; sie liebte sich, weil sie von diesem Mann geliebt wurde.

«Übrigens, es steht ziemlich schlecht», sagte er unvermittelt.

Sie hörte nicht genau, was er sagte. Er hatte ihren Bericht von Martins Autounfall auf der Schnellstraße unterbrochen; nach einem Augenblick der Verwirrung fuhr sie fort, hielt sich getreu an Martins eigene Erzählung. *Er wartete eine Stunde, daß jemand kam und ihn auflas... die ganze Zeit glaubte er, er hätte einen Schädelbruch, aber das stimmte nicht... er hatte Schüttelfrost und wartete.* Harry schien diese Geschichte sehr interessant zu finden. Er unterbrach sie nicht mehr.

Als die Geschichte zu Ende war, lächelte er sie an, als wäre er stolz auf sie. Er streichelte ihr Gesicht. «Mein Liebling, mein kleines Mädchen...» sagte er zart. Sie stand auf und beugte sich über ihn, bemühte sich, auch zart zu sein; sie preßte ihr Gesicht an seine Brust. Die Krankenhausdecken waren aus sehr dünner Wolle. Sie konnte hören, wie das Herz dieses Mannes in seinem Brustkorb hämmerte; es erschreckte sie, die Trockenheit dieses Brustkorbs und die Trockenheit dieses Herzens.

«Oh, ich liebe dich so...» flüsterte sie.

Was konnten sie anderes tun, als sich aneinanderzuklammern, in ihrer Angst? Aber er würde ihr seine Angst nicht zeigen; er entzog sich ihr mit steifem Lächeln.

«Gib mir mal die Ausgabe von der *Nation* da», sagte er.

«Steht was Interessantes drin?» fragte sie.

Er schlug die Seite mit den Rezensionen auf. Er reichte sie ihr. Sie versuchte zu lesen, aber ihre Augen tränten wegen der kleinen Buchstaben, sie nickte, tat so, als würde sie verstehen. Sie wollte die Zeitschrift wegwerfen und sich in seinen Armen ausweinen. Irgendwie ist alles in diesem Zimmer ein Irrtum... «Gregory hat es ganz schön weit gebracht, seit ich ihn in Los Angeles kennengelernt habe», sagte Harry. Unruhig bewegte er seinen langen Körper hin und her, als würde ihn dieser andere Mann, dieser «Gregory», stören. Ruth konnte nicht sagen, ob der Kritiker Gregory war oder ob der Autor des kritisierten Buchs Gregory war.

«Was ich dir noch sagen wollte...» sagte sie.

«Lies es zu Ende. Hast du den letzten Absatz gelesen?»

So zurechtgewiesen, übersprang sie den Text bis zum letzten Absatz. *Die Formen neurotischer Energie sind unterschiedlich und aufrichtig...*

«Was hältst du davon?»

«Sehr interessant.»

«Gregory hat es weit gebracht... dieser Schweinehund...»

Aber Harry lächelte dabei.

Sie legte die Zeitschrift weg. Sie starrten sich an, ohne zu sprechen. Sie spürte, sonderbar, wie ihr warm wurde, als sonnte sich ihr Körper in seinen starren Blicken. Konnte ihr Körper denn nicht verstehen, daß dieser Mann krank war? Sie bearbeitete die weiche Haut um ihre Fingernägel. Es war ein Geheimnis, eine schreckliche Verwirrung. Sie dachte an seinen Körper und an ihren eigenen Körper, an die Einfachheit der Liebe, und an diese seltsame, neue Vielschichtigkeit. Ihr Verstand wurde mit dieser neuen Vielschichtigkeit nicht fertig. Wie bei einem Streit wollte sie ihm zurufen: «Nein! Nein! Du folgst dem falschen Drehbuch, du ergibst dich in ein falsches Schicksal!»

Doch statt dessen sagte sie: «Wenn du die Second Avenue wiedersiehst, wirst du dich wundern. Die haben sie innerhalb einer Woche völlig aufgerissen!»

Er machte ihr ein Zeichen, zu ihm zu kommen. Langsam, liebevoll streichelte er ihr Gesicht, als wäre er blind. Als Harry sie berührte, fühlte sie, wie ihre Schönheit nach innen gekehrt wurde, geheimnisvoll und innig. Sie war wie etwas Hartes, das im Wasser zerfloß, in warmem Wasser, begierig, zurückzukehren in eine ursprüngliche Weichheit. Wenn ihre Augen geschlossen waren, waren sie von einem seltsamen starken Licht erfüllt, das sie blendete.

«Liebst du mich noch?...» flüsterte sie.

«Wie kannst du so etwas sagen!»

Ein starker, süßer Schwindel erfaßte sie in seiner Gegenwart, nicht Verlangen, sondern Erwartung, Hoffnung auf eine komplexe Zukunft. Sie hatte seine Bücher, seine Artikel immer wieder und wieder gelesen. Wie konnte ein so brillanter Mann keine Zukunft haben? Er war eine große, mächtige Lokomotive, und sie war jemand, der sich an seiner Seite festklammerte, sich an ihm anzuhängen versuchte, auf die Gefahr hin, erdrückt zu werden. Sie hatten sich bei irgend jemandem kennengelernt. Die Männer hatten diskutiert. Ruth, die durch etwas, das an dem Tag passiert war, aus der Fassung gebracht war, hatte zu weinen begonnen. Alle im Raum waren Gegner der Auslandspolitik der Regierung; sie wollten, daß der Krieg zu Ende ging. Aber der Haß auf den Präsidenten war auch das einzige, das sie verband, sie konnten sich nicht einigen, welcher Saal für ein «Teach-in» gemietet werden sollte, sie konnten sich auf keine Zeit einigen (Freitag abend, Sonntag abend?), sie konnten sich nicht einigen, wen sie einladen und wem sie die kalte Schulter zeigen sollten, welche Einstellung gegenüber der Polizei einzunehmen war, die sie ja zu ihrem Schutz benötigten. Sie konnten sich auf nichts einigen. Sie haßten einander. Und die weinende Ruth hatte gespürt, was für ein Mißerfolg deren Leben war, verknüpft mit dem Mißerfolg der gesamten Nation, wie alles zu einem törichten Ende zusammenschrumpfte...

Harry hatte ihre Hände ergriffen, um sie zu trösten. Er hatte sich vorgestellt, obgleich sie schon wußte, wer er war.

Nun küßte sie seine Hände. Der Reichtum dieser Geste überwältigte sie; es war genau das Richtige, was sie tat. Aber seine Hände waren so sauber, so blaß. Sie küßte die Finger, die peinlich sauberen Fingernägel. Es paßte nicht zu Harry, so sauber zu sein. Die Ärmel seiner Pullover, besonders seines weißen Pullovers, waren immer schmutzig. Hier im Krankenhaus war er plötzlich sauber geworden. Diese Sauberkeit war ihr verdächtig.

«Es ist unheilbar. Sie wissen nicht, wie sie es aufhalten sollen», sagte er.

Sie hatte sich über ihn gebeugt. Wieder hörte sie ihn nicht genau. Draußen im Gang sprach jemand; etwas wurde vorbeigeschoben – ein Rollstuhl, ein Wagen? Sie sah nicht hin. Dieser Augenblick hielt sie im Bann, die Finger ihres Geliebten an ihrem Gesicht, seine Worte, die in ihr widerhallten und doch keine Bedeutung gewannen, nicht bedrohlich. Zart berührte sie durch die Decke seine Schenkel. Sie dachte an ihre Liebe, wie sie zusammen geschlafen hatten, und die Wohltat seiner Liebe war fest und unvergeßlich in ihr begraben, für immer.

«Und wie ist es draußen so, Liebling?» sagte er.

«Schön.»

«Heute ist St. Patrick.»

«O...»

«Was kann ich für dich tun, Liebes?» sagte er. Obgleich seine Stimme sanft war, schwang Ungeduld mit. Sie war einen Augenblick still, dachte an ihre tödliche Vertrautheit und an die Tatsache ihrer verstrickten Leben, die nicht ungeschehen gemacht werden konnte. Sie wollte ihre Leben nicht ungelebt machen. Sie wollte nicht, daß er aufhörte, ihr Gesicht zu streicheln, obgleich ihre Gedanken nervös vorauseilten zu dem Augenblick, dem genauen Augenblick, an dem er aufhören würde.

«Ich meine, was soll ich tun? Gibt es etwas, das ich tun kann?»

«Was meinst du damit?»

«Gibt es irgendwas, das ich für dich machen kann?»

Noch immer verstand sie ihn nicht. Sie lächelte ängstlich, spürte ihr gespanntes Gesicht, wollte nicht, daß er weitersprach.

«Soll ich dir morgen irgendwas mitbringen?» fragte sie.

Er starrte sie an. «Was? Nein. Nichts Besonderes.» Dunkelheit breitete sich über seinem Gesicht aus. Er starrte sie an und über sie hinaus, nicht, als würde er sie erkennen oder bewerten, sondern als würde er über ihr Dasein entscheiden, über ihre Realität. In den ganzen Monaten ihrer Liebe hatte er das nicht getan; sie war seine Geliebte gewesen, die ihn liebte, die ihm unaufhörlich zuhörte. Jetzt tasteten seine Hände nach ihrem Gesicht, und seine Finger umkreisten ihr Kinn, als wären sie von der Festigkeit ihrer Knochen überrascht.

«Bitte – nicht –» sagte sie plötzlich.

«Was?»

«Du machst mir Angst.»

Sie wollte ihm dieses Starren verbieten, diese Prüfung. Ihre Knochen, ihr Blut, alles widersetzte sich diesem ruhigen Erstaunen über ihr Dasein, ihr gesundes Dasein, getrennt von ihm. Seit sie ihn liebte, war all die Ausgelassenheit ihres früheren Lebens vergangen, jetzt brach sie leicht in Tränen aus, sie wurde von einem Mann geliebt, der der Liebe einer jeden Frau wert war, und diese Tatsache machte die Gesamtheit ihres Daseins aus ... Alles war jetzt zart in ihr. Ohne ihn, vor ihm, hatte sie keine Angst gehabt, nach Einbruch der Dunkelheit einkaufen zu gehen, in den schmutzigen Supermarkt nahe bei ihrer Wohnung, sie war energisch und schnell gegangen in ihren langen Hosen und hatte auf der Straße eine Zigarette geraucht. Jetzt, da er sie so hoch eingeschätzt, sie mit dem Mythos einer schönen Frau umgeben hatte, besaß sie nicht mehr den gleichen Mut wie früher; es würde sie zerstören, wieder zu ihrem alten Selbst gemacht zu werden, nichts weiter als sie selbst. Sie fürchtete ein Dasein getrennt von seinem.

«Ich bin so unglücklich. Ich kann gar nicht mehr schlafen», sagte sie.

Er nickte traurig.

«Ich halte es nicht aus, allein zu sein. Wann lassen sie dich wieder weg von hier?»

Als wäre er enttäuscht, weil sie so schwach war, konnte er nicht antworten. Er schien überwältigt von Kummer.

«Warum siehst du mich so an? Wer ist hier gewesen, wer hat dich besucht?» rief sie. Sie war wütend. Draußen herrschte Krieg, den ihr Land führte; und es herrschte Krieg in ihnen. Frieden war unerreichbar. Sie wollte ihn rütteln, verbittert, ihn zwingen, ihre Abhängigkeit von ihm anzuerkennen, die Tatsache ihrer Liebe. War sie nicht so viele Male in ihrer beider Leben in ihn hineingeströmt? – so viele Nächte mit ihm, wie ein Wunder, ihr Körper durch ihn zu einem Wunder geworden? Aber er trug jetzt ein Krankenhaushemd aus dünnem weißem Material, fadenscheinig vom vielen Waschen. Männer, die jetzt tot waren, hatten das gleiche Hemd angehabt. Er hatte Bücher geschrieben, er hatte viele Seiten lang gelbes Papier vollgetippt, sein persönliches Leben aufgezeichnet, seine Vergangenheit geordnet. Jetzt schien er all dem gegenüber blind, war nicht mehr bei sich und nicht bei ihr, frei.

«Bist du selbst schon mal krank gewesen?» sagte Harry.

«Wie meinst du das?»

«Schwerkrank?»

«Nein.»

Es war ein Zeichen ihrer verzweifelten Unschuld, diese Antwort.

«Nur wenn du weißt, daß du zurück mußt, wenn du die verlorene Zeit wieder reinholen mußt, macht es was», sagte er. Er sprach sanft und vertraut zu ihr, wie aus einer anderen Welt. «Sobald du weißt, daß es aus ist, befindest du dich in einer anderen Dimension, und es ist dir alles egal. Das kannst du mir glauben. Bitte, bring mich nicht mit andern Leuten durcheinander.»

«Wie – wie meinst du das?»

«Darüber bin ich hinaus. Ich mache mir keine Hoffnungen; es ist aus.»

Sie fragte sich, ob er wahnsinnig geworden sei.

«Ich lese diese Dinge mit Interesse, ja, aber nicht mit einem persönlichen Interesse», sagte er. «Die Zeitschriften da, die Briefe ... das sind Dinge für sich. Die stören mich nicht.» Er deutete auf die Zeitschriften auf der Fensterbank und auf dem Stuhl und auf ein paar Briefe auf dem Nachttisch. Ruth starrte diese Briefe an. Schrieb ihm seine Frau? Ein Gefühl reinen, vollkommenen Hasses erfaßte sie, riß sie aus ihrem Schmerz, Haß für eine Frau, der sie nie begegnet war. Sie stellte sich vor, wie Harry mit dieser Frau schlief, Harrys Gewohnheiten und die merkwürdigen kleinen Laute, die er von sich gab und die einer anderen Frau, die sie nie kennengelernt hatte, vertraut und alltäglich gewesen waren.

«Wenn ich morgens aufwache, mache ich zuerst nur ein Auge auf. Mein linkes Auge sieht alles heller als mein rechtes Auge ... in die Linse dieses Auges kommt mehr Licht. Aber ich denke vorher nicht darüber nach, welches Auge ich benutzen werde. Wenn es mein linkes Auge ist, wird mir an diesem Morgen nichts Schlimmes widerfahren; wenn es mein rechtes Auge ist, fängt der Tag bereits trüb an und wird nur noch schlimmer werden ...»

Das war neu für sie, überraschte sie; er wurde abergläubisch. Er war wie eine Mauer, etwas, gegen das sie sich pressen mußte, das aber selbst keinen Druck auf sie ausüben würde, weil sie ihr unbekannt war. Er sagte: «Nichts kann mit der Post kommen, was mich stören könnte. All diese Umschläge kommen ohne Briefe an, leere Umschläge ...»

Er hatte ihr erzählt, daß er in den letzten drei Jahren ab und zu leere Umschläge erhalten hatte. Ein Feind? ... Ein Freund, der ihm einen Streich spielte? ...

«Hast du wieder einen von diesen Briefen bekommen? Hier?» fragte sie.

«Nein. Das hat aufgehört.»

«Wann hat es aufgehört?»

«Ich weiß nicht ... wann war das? Vor ein paar Monaten? Gleich nachdem wir uns kennengelernt haben?»

Die Maske seines Gesichts strengte sich an, sich an diese Zeit zu erinnern. Es war klar, daß er die Einzelheiten einer Vergangenheit aufspürte, die nicht seine eigene war; sie gehörte zur privaten Geschichte, der Geschichte eines anderen. Es war die Autobiographie von irgend jemand anderem.

Er hatte vorgehabt, seine Autobiographie zu schreiben: *Fragmente eines Lebens.*

Damals, als er das Buch erwähnt hatte, hatte es ihr geschmeichelt, sich vorzustellen, daß sie, Ruth, das letzte Kapitel sein würde. Mit ihrem erregten und schönen Gesicht, ihrem ungeduldigen, reinen, jungen Körper hatte sie es mit jedem seiner Träume aufnehmen können: warum nicht? Die Männer flogen kreuz und quer übers Land, sie flogen nach Europa und Asien und wieder zurück, aber ihre Träume führten zurück zu einer Frau, in die Arme einer Frau, und kamen dort zur Ruhe. Sie hatte geglaubt, mit ihm gleichgestellt zu sein.

«Und du hast nie erfahren, wer diese Umschläge geschickt hat», sagte sie.

«Nein.»

«Es war so sonderbar...»

«Ja», sagte er leichthin, ohne Überzeugung. Jetzt kam es ihm gar nicht sonderbar vor; er hatte es vergessen. Oder vielleicht war jetzt alles sonderbar, so daß die Briefe, die leeren Umschläge, nicht mehr die Macht besaßen, ihn zu erschrecken.

«Ruth, möchtest du, daß ich dich heirate?»

«Ja», sagte sie sofort.

Er nickte. Er schien sie zu verabschieden, sie wegzuschicken. Aber sie rührte sich nicht. Sie sagte: «Ja, wenn wir verheiratet wären... wenn...»

Doch dann empfand sie schockartig die Leere seines Seins; er war vor ihren Augen leer geworden. Seine Leere glich der Leere jener merkwürdigen Briefumschläge. Sie konnte sie nicht bewohnen.

«Du machst mir Angst...» flüsterte sie.

Zuerst hatte er vorübergehende Schwindelanfälle gehabt. Schneller, flacher Atem. Die Augen hatten ihm Schwierigkeiten gemacht, eine Taubheit in den Händen hatte ihm Schwierigkeiten gemacht, aber es schien nichts Ernstes zu sein. Keine Schmerzen. Er hatte sich zwingen können, sich zu bewegen, wenn ihm die Beine weh taten, wenn sein Kopf schwerer war als Blei, und dann hatte sein früherer, unbändiger Appetit nachgelassen, worüber er zuerst froh und dann erschrocken war. Als sie sich kennenlernten, hatte er etwas Übergewicht gehabt, mit einem Fettwulst um die Taille; jetzt stachen seine Rippen vor, fühlten sich erschreckend an. Das Fleisch war geschwunden, als gäbe es ihn frei. Sie hatte immer den Wunsch, ihn anzufassen, zu prüfen, ob das Fleisch wieder da war.

«Ich habe mich in meinem ganzen Leben nie einsam gefühlt, und ich fühle mich jetzt auch nicht einsam. Ich habe keine Angst», sagte er.

Sie nickte.

«Ich habe eine Frau und einen Jungen, ich sollte an sie denken, aber ich kann mich nicht auf sie konzentrieren... die Menschen kommen zusammen, sie tun etwas zusammen, dann gehen sie wieder auseinander. Was haben Menschen überhaupt miteinander zu tun?»

Sie schüttelte den Kopf. Sie wußte es nicht.

Jemand klopfte an die Tür. Es war ein Mann namens Federico, ein Freund von Harry. Er kam einen Schritt näher, blieb dann zögernd stehen. «Darf ich reinkommen?...»

«Natürlich, komm rein», sagte Harry.

«Oder soll ich etwas später wiederkommen?»

«Bitte, komm herein.»

«Ich... ich traf Tony in der Stadt... er hat mir von dir erzählt, vom Krankenhaus... ich habe gar nichts davon gewußt...»

«Ich bin seit letztem Dienstag hier. Die Untersuchungen sind fast alle gelaufen.»

Federico starrte von Harry zu Ruth und wieder zurück. Er war ein schmächtiger, nervöser junger Mann, dunkelhaarig, angespannt, ernst. Ruth glaubte, daß er Fotograf sei. Sie war ihm in den letzten Jahren mehrmals begegnet, war ihm immer wieder und wieder vorgestellt worden, war ungehalten über sein nervöses, leises Lachen und seine Bescheidenheit gewesen. Die Männer, die sie kannte, waren nicht bescheiden. Einmal hatte er ihr auf einer Party von einem Jugenderlebnis erzählt – zwei Polizisten hatten ihn zusammengeschlagen, hatten versucht, ihn dazu zu bringen, irgendein absonderliches Verbrechen zu gestehen, die Vergewaltigung eines Kindes oder die unsittliche Belästigung eines Kindes. Aber er hatte nicht gestanden. Als er davon sprach, hatten seine Augen einen glasigen, störrischen Blick angenommen. Es war klar, daß er die Schläge noch einmal erlebt hatte, aber diesmal von außen wie ein Fotograf, der an Details interessiert ist, von einem unpersönlichen Entsetzen gelähmt.

«Wie geht es Ihnen, Ruth? Wie geht es Ihnen?» sagte er. Er sprach zu laut, schrie geradezu, so angestrengt und eifrig bemühte er sich zu gefallen.

«Der Verliebte hat …

... alle seine Sinne, bis auf fünf», sagt die Spruchweisheit zu diesem alten und ewig neuen Thema.
Wünschen wir dem Wonnegeplagten also, daß er mit seinem sechsten Sinn sparsamer umgeht!

Er nahm ihre Hand. Er schüttelte sie. Er drehte sich um und starrte Harry an, wußte nicht, was er sagen sollte.

«Wie fühlst du dich? Ist es – was ist es? Weiß man es schon?» sagte er.

Harry schüttelte den Kopf.

«Ich sollte nicht fragen», sagte Federico, offenbar erleichtert. «Es geht mich nichts an ... Aber dieses Zimmer hier ist nicht schlecht! Ist es teuer, bist du hier allein drin?»

«Heute legen sie einen rein.»

Federico blickte auf das andere Bett, die hochgestellte Matratze. Er nagte an den Lippen; Ruth wußte, was er dachte: *In dem Zimmer ist jemand gestorben, bei Harry.*

«Ich hatte eine Vorahnung, daß mich jemand besuchen kommt, der so aussieht wie du», sagte Harry plötzlich.

Er schien es ernst zu meinen.

«Jemand – wie ich?» Federico grinste.

«Deine Größe. Mit einem bunten Hemd. Aber nicht dein Gesicht, das Gesicht konnte ich nicht genau erkennen ...»

Es folgte ein verlegenes Schweigen. Federico sah Ruth nicht an. Sie mußte an eine alte Tante denken, senil und streitsüchtig, die kurz vor ihrem Ende sehr abergläubisch geworden war... Federico saß auf der Kante der Fensterbank, unbehaglich. Er redete. Sein Geplauder war liebenswürdig und leicht, um die Zeit auszufüllen. Er schien atemlos. Ruth kam der Gedanke, daß ihm dieser Besuch sehr schwergefallen war, daß er ihn seit Tagen vor sich hergeschoben hatte; jetzt war er zur Pflicht geworden. Merkwürdig, wie er es vermied, Ruth anzusehen, wie er sich auf Harry konzentrierte... er sprach schnell, atemlos, über völlig unwichtige Dinge. Sein Trenchcoat stand offen. Er trug ein Hemd aus dicker Baumwolle, mattgold, das in seinem Gesicht zögernde Freude aufflammen ließ. Seine Hosen waren dunkelgrün. Er trug abgetragene graue Wildlederschuhe. Das Wildleder sah leicht aus, weichstes, feinstes Wildleder. Ruth konnte sich nicht erinnern, wie Harrys Schuhe ausgesehen hatten.

Die beiden Männer redeten. Ruth fühlte ihr Herz langsam und matt in ihrer Brust schlagen. Tag für Tag hatte sich das schlaffe Fett am Körper ihres Geliebten verbraucht– einen geheimnisvollen Tag nach dem andern und hatte ihn freigegeben ... Es war Wahnsinn gewesen, sich über diese Befreiung zu freuen.

Sie würde ihre Liebe zu ihm nicht aufgeben.

Während sie sprachen, begann Ruth zu weinen, hilflos. Sie preßte die Hände gegen die Augen. Was wünschte sie sich mehr, als sich gegen

Harry zu pressen, ihr Gesicht gegen sein Gesicht, ihren Körper gegen seinen Körper? Was sonst wünschte sie sich.

Sein Körper hüllte ihn noch ein, es war noch Harry... «Du – du kannst doch nicht –»

Aber sie konnte nicht weiterreden. Sie weinte wütend.

«Sie ist sehr müde. Sie kann nachts nicht schlafen», sagte Harry. Federico war neben ihr, als hätte er Angst vor ihr. Sie fühlte seine Hand auf ihrer Schulter und fuhr zurück.

«Fassen Sie mich nicht an!»

«Ruth», sagte Harry mißbilligend.

Sie sprang auf und drehte sich zum Fenster. Sie weinte mit dem Rükken zu ihnen. Die Körper in diesem graugrünen Zimmer warteten, was sie tun würde; es war eine schwere, dumpfe Scham in ihnen, die Scham von Männern vor dem Entsetzen der Frauen. Sie verabscheute dieses Entsetzen, konnte es aber nicht unterdrücken. Wieder kam Federico näher, wieder wich sie vor ihm zurück.

«Ruth?...» sagte er.

«Ich will nicht gehen. Noch nicht.»

«Möchten Sie, daß ich sie nach Hause bringe?»

«Noch nicht!»

«Bitte, Liebling», sagte Harry. «Wir reden morgen über alles. Komm mich morgen besuchen.» Es klang sehr müde.

«Ich kann noch nicht gehen...»

«Doch, bitte, es ist das Beste für dich.»

Sie drehte sich um. Sie nickte. Als sie an seinem Bett vorbeikam, starrte sie ihn mit erschöpfter, zufriedener Unterwürfigkeit an. Es war gut, ihm zu gehorchen, selbst darin. Aber noch immer starrte sie ihn an, bemühte sich ängstlich, das Leben in ihm ausfindig zu machen. Er mußte sich und sie in Erinnerung behalten, all die Augenblicke ihrer Liebe; diese Augenblicke existierten noch. Es war nichts verloren. Sie starrte ihn an, als wollte sie ihn zwingen, sie anzuerkennen. Er nickte traurig. Federico führte sie aus dem Zimmer.

Draußen im Gang wollte sie umkehren.

«Ich muß ihm noch etwas sagen...»

«Ruth, bitte. Sie sehen ihn doch morgen.»

«Aber...»

«Bis morgen passiert ihm bestimmt nichts.»

Sie ging benommen, zugeschnürt. Um sie herum ragten undeutlich Menschen auf, wichen zurück. Ihre Hand streckte sich zur Wand. Sie hielt sich fest.

«Sie sehen krank aus. Sie sehen aus, als hätten Sie seit Tagen nicht geschlafen», sagte Federico. Seine Füße waren leise auf dem Gang. Er führte sie zum Fahrstuhl, als wüßte er den Weg besser als sie. «Haben Sie geschlafen? Haben Sie gegessen?»

«Ja.»

Sie wollte zurück in Harrys Zimmer; etwas war noch nicht geklärt zwischen ihnen.

«Ich liebe ihn. Ich ertrage es nicht», sagte sie.

Sie rieb mit dem Zeigefinger über ihre Schneidezähne, wischte den Belag der Panik weg.

«Ich will nicht gehen. Wenn er nun stirbt? Ich weiß nicht mehr, was ... was er genau gesagt hat ... Ich muß noch einmal mit ihm reden ...»

«Morgen.»

Sie stand im Fahrstuhl mit ihm, diesem Fremden. Sie zitterte und konnte nicht aufhören. Der Fahrstuhl brachte sie nach unten, sie fielen hilflos, wie benommen. Sie hatte das Gefühl, daß die Bewegung des Fahrstuhls sie hypnotisieren könnte, daß sie sich darin verlieren könnte. Alles sank nach unten, höhnisch.

Beim Verlassen des Fahrstuhls stolperte sie, und Federico hielt sie am Arm fest.

«Sie sind ein so merkwürdiges Mädchen, ein törichtes Mädchen ...» sagte er.

Draußen in der Sonne prüfte sie ihre Augen. Sie konnte noch sehen.

Federico ging neben ihr die Stufen hinunter. Die Hände hatte er in die Taschen gesteckt, als wollte er zeigen, daß er sich keine Gedanken darüber machte, ob sie hinfiel. Seine Schuhe waren leise, seine Füße waren leise. Auf dem Gehweg blieben sie stehen. Sie sahen sich nicht an.

«Einmal sind Sie zusammengeschlagen worden ...» sagte sie langsam.

«Das wissen Sie noch? Das? Ich muß betrunken gewesen sein, daß ich es Ihnen erzählt habe!»

Er gab einen leisen, überraschten Ton von sich, einen überraschten, gutgelaunten Ton. Aber es war auch Erschrockenheit dabei, als fühlte er sich durchschaut.

Sie entfernten sich nicht voneinander. Ruths Augen taten weh, aber sie hatte aufgehört zu weinen; immer wieder prüfte sie ihre Augen, prüfte das Tageslicht. Neben ihr stand Federico mit den Händen in den Taschen. Er war nur ein paar Zentimeter größer als sie. Harry war viel größer gewesen. Federico war schmächtig, sein demütiger, verschmitzter Blick war nach unten, auf seine Beine und Füße gerichtet. Harry war schroff gewesen. Er hatte Türen geschlagen, Schubladen aufgerissen, er hatte immer nach irgendwelchen Dingen gesucht und war wütend gewesen, weil er sie nicht fand... Ruth sah Federico schüchtern an.

«Wir haben uns schon ganz schön oft getroffen, glaub ich», sagte sie.

Er hob die Schultern und lächelte. «Aber meinen Namen wissen Sie nicht mehr, was?»

«Federico Soldati.»

Er lachte. Es war eine freudige Überraschung für ihn, daß sie sich erinnerte.

«Aber Harry ist nicht schlimm krank. Sie brauchen nicht weinen. Sie brauchen sich um ihn keine Sorgen machen», sagte er ernst. «Wie wollen Sie ihm da helfen, so? Er braucht sie doch.»

«Das glaube ich nicht», sagte sie.

«Was? Natürlich braucht er Sie, wie er daliegt, da oben. Schon allein der Gedanke an Sie würde ihm helfen.»

«Ja...»

Aber sie starrte Federico verständnislos an.

«Er braucht Ihre Liebe, das wissen Sie. Er braucht Sie...»

Sie nickte. Langsam, teilnahmslos, drehte sie sich von ihm weg. Sie mußte über die Straße. Ihr Auto stand auf einem Parkplatz auf der anderen Seite.

Sie setzte einen Fuß vom Bordstein. Federico packte sie und zog sie zurück.

«Passen Sie auf! Sind Sie verrückt?» schrie er sie an.

Sein Schreien erschreckte sie, sie haßte es. Und doch war sie mit ihm zurückgetreten, hatte sofort nachgegeben, als er sie berührte. Ein Bus fuhr vorbei. Der schwarze Fahrer starrte sie haßerfüllt an.

«Wollen Sie sich umbringen? Wie wollen Sie ihm dann noch nützen?»

Sie stand am Bordstein und bemühte sich, Klarheit in ihre Gedanken zu bringen. Federico stieß wütend den Atem durch die Zähne.

«Wie sind Sie hergekommen?» fragte er.

«Mit dem Auto.»

«Ich fahr Sie zurück, in Ordnung?»

«In Ordnung.»

«Macht es Ihnen nichts aus, wenn ich mit Ihrem Auto fahre?»

«Nein.«

Er ging mit ihr über die Straße. Am Wagen zögerte er. «Ist das Ihr Auto?»

«Harrys.»

Sie gab ihm die Schlüssel. Der eine Schlüssel war für das Auto, der andere für die Wohnung.

Hinter sich, irgendwo, hörte sie ihren Geliebten weinen, die Maske seines Gesichts wurde endlich rissig, zerbrach zu kleinen schmerzhaften Splittern: *Aber mich, mich mußt du lieben, auch wenn ich dich nicht mehr lieben kann... Wie soll ich sonst unsterblich sein?*

Wenn er tot war, wenn sein Körper tot war, würde sie ihn nicht mehr lieben. Die Zeit ihrer Liebe wäre beendet. Dann würde sie frei sein, über ihn hinaus leben.

Federico nahm ihre Hand. Er hob sie an sein Gesicht.

Er war schmeichelnd, demütig, und doch wissend, sie fühlte sich zu ihm hingezogen, aber ohne jede Vertrautheit. Es bestand eine Zärtlichkeit und Unmittelbarkeit zwischen ihnen, aber Vertrautheit war es nicht... doch vielleicht würde es dazu werden, sie konnte es nicht wissen. Ihre Liebe war unsterblich. Das Geschenk, das Harrys Körper ihr gemacht hatte, durchdrang sie, wuchs in ihr. Tief eingebettet in ihr, in jenem geheimsten Teil ihres Körpers, strahlte es jetzt vielleicht durch ihre Adern und Knochen nach außen und in Federicos Körper und verwandelte ihn.

«Was wollen Sie jetzt machen? Wohin soll ich fahren?» sagte er.

«Es ist mir egal», sagte sie.

Bettina Wiengarn

Alles nocheinmal

Wie warmer Cognac und nackt
Hält uns die Nacht
Tief im Mund
Du wirfst mit Sternen nach mir
Und schnell
Verbrennt auch der letzte
Hell auf der Haut

Später liegen wir warm
Und fühlen ein Leben
Den Anfang und wieder
Ein Ende
Nicht mehr lang
Und du gehst
Als Pfand laß ich dir
Eine Zigarette Wein
Und wenn du willst
Meinen Pullover
Ich bring dich zur Tür
Und spüre nocheinmal
Deinen Mund deine Hände
Alles nocheinmal
Und wieder ein Ende

Die Nacht wäscht den Himmel
Morgen streich ich das Haus
Und alles begänne von vorn

Bertolt Brecht

Morgens und abends zu lesen

Der, den ich liebe
Hat mir gesagt
Daß er mich braucht.

Darum
Gebe ich auf mich acht
Sehe auf meinen Weg und
Fürchte von jedem Regentropfen
Daß er mich erschlagen könnte.

Jan Koneffke

DIES IST DIE ZEIT: schon laufen Spinnen
im Keller überm Vorrat thront eine schwarze
behaarte ach giftige Nacht
flogen eben noch Sonne und Mond durchs Haus
Abende saßen rauchend auf dem Dach
meine Liebste warf Kornblumenhüte zwei Mäuler
einander gewogen keines wollte sich mehr vom
andern reißen und es verfing sich
ein Leib in einem Leib
dies ist die Zeit mit den Hähnen zu fluchen
immerverwünschtes Herz schlägt ein
Leben zu schnell

Gunhild Bohm

Sommer

Und die geprügelte
herumgestoßene Liebe
legt sich auf eine Wiese
nahe dem Himmel

und singt

Autoren- und Quellenverzeichnis

Emil Ajar, geb. 1940 in Nizza, lebt heute als freier Schriftsteller in Cahors in Südfrankreich

Auszug aus: Emil Ajar. «Du hast das Leben noch vor dir». © S. Fischer Verlag GmbH, Frankfurt am Main 1977

Jürg Amann, geb. 1947 in Winterthur, lebt als freier Schriftsteller in der Nähe von Zürich

«Die Hochzeit»

Achim Amme, geb. 1949 und aufgewachsen in Niedersachsen. Schauspieler (Engagements im In- und Ausland), schreibt Lyrik, Prosa und Theaterstücke.

«Die Eselshochzeit» aus: Achim Amme. Liebeslieder. LIBRICON 69. © bei Achim Amme 1988

Margaret Atwood, geb. 1939 in Ottawa / Kanada, lebt heute als freischaffende Autorin in Toronto.

«Kleine Gedichte zum Winteranfang» aus: Margaret Atwood. Wahre Geschichten. Gedichte © 1984 by Claassen Verlag GmbH, Düsseldorf

«Frauenromane» (Für Lenore) aus: Die Giftmischer. Horror-Trips und Happy-Ends. (©) 1985 by Claassen Verlag GmbH, Düsseldorf

Bommi Baumann, geb. 1947 in Ostberlin, siedelte 1960 nach Westberlin über, wo er 1967 zur ‹Kommune 1› stieß und später maßgeblich an der ‹Bewegung des 2. Juni› beteiligt war. Von 1972 bis 1981 auf der Flucht vor dem BKA, lebt er heute in Berlin.

«Wenn die Herren aus dem Haus sind, tanzen die Frauen» aus: Bommi Baumann. Hi Ho. Wer nicht weggeht, kommt nicht wieder. © 1987 by Frölich & Kaufmann im Hoffmann und Campe Verlag, Hamburg

Thommie Bayer, geb. 1953 in Esslingen am Neckar, lebt als Liedermacher und Autor in der Nähe von Freiburg

«Hotel Central»

Uli Becker, geb. 1953 im Rheinland, lebt als freier Autor und Übersetzer in Berlin.

«Das wird ja immer schöner»

Katja Behrens, geb. 1942 in Berlin, aufgewachsen in Wiesbaden. Arbeitete als Übersetzerin und Verlagslektorin. Seit 1978 freie Schriftstellerin, lebt in der Nähe von Darmstadt.

«An einen Windigen»

Pieke Biermann, geb. 1950 in Stolzenau an der Weser, lebt und arbeitet seit 1976 als Autorin und Journalistin in Berlin.

«Kaleidoskop» (1982)

Wolf Biermann, geb. 1936 in Hamburg, 1953 Übersiedlung in die DDR, 1976 Ausbürgerung nach West-Berlin, lebt in Hamburg.

«Glückliche Liebe»

«Von mir und meiner Dicken in den Fichten» aus: Wolf Biermann. Verdrehte Welt

– das seh' ich gerne. Lieder, Balladen, Gedichte, Prosa. © 1982 Verlag Kiepenheuer & Witsch, Köln

Gunhild Bohm, geb. 1945 auf Amrum, lebt als Lyrikerin und wissenschaftliche Publizistin in der Nähe von München.

«Sommer» aus: Gunhild Bohm. Lichtkähne. Gedichte. © 1985 by Claassen Verlag GmbH, Düsseldorf

Peter-Jürgen Boock, geb. 1951 in Schleswig-Holstein. Ehemals Mitglied der Rote Armee Fraktion. 1980 von der RAF gelöst, wurde 1981 in Hamburg verhaftet und 1984 in erster Instanz vom Oberlandesgericht Stuttgart-Stammheim zu dreimal lebenslänglich und weiteren 15 Jahren Freiheitsstrafe verurteilt. Nach erfolgreicher Revision ist dieses Strafmaß auf eine lebenslange Haft «reduziert» worden.

«Septemberliebe» aus: Peter-Jürgen Boock. Vogelfrei. Gedichte. © by Lamuv Verlag Göttingen / Bornheim, 1986

Nicolas Born, geb. 1937 in Duisburg, aufgewachsen im deutsch-holländischen Grenzgebiet bei Emmerich, 1950–1965 in Essen. Er lebte bis zu seinem Tod im Dezember 1979 in Berlin und Lüchow-Dannenberg / Niedersachsen.

«Ältere Liebe»
«Ein Lied das jeder kennt»
«Säfte»
«Glücklicher Versuch» aus: Nicolas Born. Gedichte 1967–1978. © Rowohlt Verlag GmbH, Reinbek bei Hamburg 1978

Bertolt Brecht, geb 1898 in Augsburg, er starb am 14.8.1956 in Berlin.

«Der abgerissene Strick kann wieder geknotet werden»
«Sonett Nr. 19»
«Über die Verführung von Engeln»
«Morgens und abends zu lesen» aus: Bertolt Brecht. Gesammelte Werke. Band 1 und 2 Gedichte, (©) Suhrkamp Verlag, Frankfurt am Main, 1967

Rolf Dieter Brinkmann, geb. 1940 in Vechta / Oldenburg, kam im April 1979 bei einem Autounfall in London ums Leben.

«Ihr kleines Gesicht» aus: Rolf Dieter Brinkmann. Erzählungen. Rowohlt Verlag GmbH, Reinbek bei Hamburg, (©) 1985 by Maleen Brinkmann.

Hans Magnus Enzensberger, geb. 1929 in Kaufbeuren / Allgäu, lebt als Schriftsteller und Essayist in München.

«Ich bin, was du vergessen hast» aus: Hans Magnus Enzensberger. Die Gedichte. © Suhrkamp Verlag, Frankfurt am Main 1983

Oriana Fallaci, geb. 1931 in Florenz, lebt und arbeitet in New York

Auszug aus: Oriana Fallaci. Brief an ein nie geborenes Kind. © Goverts im S. Fischer Verlag GmbH, Frankfurt am Main 1977

Ludwig Fels, geb. 1946 in Treuchtlingen, publiziert seit 1973 Lyrik und Prosa, lebt seit 1983 in Wien.

«Schwur» aus: Uwe-Michael Gutzschhahn (Hg.). Die Paradiese in unseren Köpfen.
© 1983 by Arena Verlag Georg Popp, Würzburg

Alice Franck, geb. 1960 in Aachen, lebt und arbeitet in Berlin und Hamburg.

«Herz Kleid Zeit»
«will fliegen Flügel haben»

Allen Ginsberg, geb. 1926 in Patterson / New Jersey, führender Dichter der Beat Generation, bereiste als Lyriker Asien und Europa.
«Letzte Nacht in Kalkutta» aus: Allen Ginsberg. Planet News. (Auswahl) (©) 1969 Carl Hanser Verlag München / Wien. Als Heyne Taschenbuch erschienen unter dem Titel «Gärten der Erinnerung», 1975.

Günter Grass, geb. 1927 in Danzig, lebt und arbeitet in West-Berlin.
«Mannomann» aus: Günter Grass. © 1977 by Luchterhand Literaturverlag, Darmstadt. Der Butt.

Peter Härtling, geb. 1933 in Chemnitz (Sachsen). Seit 1974 arbeitet er nach Verlagstätigkeit als freier Schriftsteller in Mörfelden
«Alte Liebe»
«Eine Art von Dauer» aus: Peter Härtling. Vorwarnung. © 1983 by Luchterhand Literaturverlag Darmstadt.

Lioba Happel, geb. 1957 in Aschaffenburg, lebt heute als freie Autorin und Übersetzerin in Eschede.
«Aber du kamst nicht» aus: Lioba Happel. vers reim und wecker. Gedichte. © LBC-Editionen (Literarisches Colloquium), Berlin 1987

Rolf Haufs, geb. 1935 in Düsseldorf, lebt als Autor und Funkredakteur seit 1960 in Berlin.
«Zeit»

Marlen Haushofer, geb. 1920 in Frauenstein / Oberösterreich. Sie starb 1970.
«Schmerzliche Treue» aus: Marlen Haushofer. Schmerzliche Treue. Erzählungen. © 1986 by Claassen Verlag GmbH, Düsseldorf

Klaus Hoffmann, geb. 1951 in Berlin, arbeitet als Sänger und Schauspieler.
«Eine Schönheit ist sie nicht»
«Für det bißchen Zärtlichkeit»
«Weil du nicht bist wie alle andern» © by stille music GmbH Berlin / Klaus Hoffmann

Bernd Jentzsch, geb. 1940 in Plauen / Vogtland. Lyriker, Essayist, Herausgeber der Reihe ‹Rowohlt Jahrhundert›, lebt in Iserlohn.
«Immer sind es die Annen»

Marie Luise Kaschnitz, geb. am 31. 1. 1901 in Karlsruhe, starb am 10. 10. 1974 in Rom.
«Adam und Eva» aus: Marie-Luise Kaschnitz. Das dicke Kind und andere Erzählungen. © Scherpe Verlag, Krefeld 1952

Sarah Kirsch, geb. 1935 in Limlingerode / Harz, 1977–1983 durch Ausbürgerung Aufenthalt in West-Berlin, lebt heute in Tielenhemme / Schleswig-Holstein.
«Datum»
«Die Luft riecht schon nach Schnee»
«Don Juan kommt am Vormittag» aus: Sarah Kirsch. Rückenwind. Gedichte. © 1977 Langewiesche-Brandt Verlag, Ebenhausen bei München

Christoph Klimke, geb. 1959 in Oberhausen, lebt und arbeitet als freier Autor und Kritiker in Berlin und Rom.
«Siamesische Zwillinge»

Hildegard Knef, geb. 1925 in Ulm, Schauspielerin, Chansonsängerin und Autorin.
«Für mich soll's rote Rosen regnen»
«Laß mich bei dir sein» aus: Hildegard Knef. Ich brauch Tapetenwechsel. Texte. © 1972 by Hildegard Knef.

Jan Koneffke, geb. 1960 in Darmstadt. Arbeitet in Berlin.
«Dies ist die Zeit»

Barbara Krohn, geb. 1957 in Hamburg, lebt seit 1986 als Lektorin in Neapel
«Julinacht in Paris»

Karl Krolow, geb. 1915 in Hannover. Lebt und arbeitet seit 1956 in Darmstadt
«Himmel und Hölle» aus: Karl Krolow. Zwischen Null und Unendlich. Gedichte. © Suhrkamp Verlag, Frankfurt am Main 1982

Michael Krüger, geb. 1943 in Wittgendorf / Kreis Zeitz. Lebt als Lyriker und Verleger in München.
«Postkarte nach Berlin» aus: Michael Krüger. Die Dronte. Gedichte. © 1985 Carl Hanser Verlag München Wien
«Ferngespräch über Poesie» aus: Michael Krüger. Aus der Ebene. Gedichte. © 1982 Carl Hanser Verlag München Wien

Anna Langhoff, geb. 1965 in Berlin Mitte (DDR), 1977 Umzug in die BRD, lebt seit 1981 in West-Berlin.
«Schweigsam wirst du mich nicht...»

John Lennon, geb. am 9. 10. 1940 in Liverpool, wurde am 8. 12. 1980 in New York ermordet.
«(Forgive Me) My Little Flower Princess» © 1983 und 1984 by Ono Music. Für Deutschland, Österreich und Schweiz: Chappell & Co., Hamburg

Manfred Maurenbrecher, geb. 1950 in Berlin, wo er auch heute als Liedermacher, Hörspiel- und Romanautor arbeitet.
«Märchen»

Ian McEwan, geb. 1948 in Aldershot, lebt und arbeitet heute in London.
«Zwischen den Laken» aus: Ian McEwan. Zwischen den Laken. Erzählungen. © 1982 by Diogenes Verlag AG, Zürich

Christoph Meckel, geb. 1935 in Berlin, lebt und arbeitet als Zeichner, Lyriker und Erzähler in Berlin und Remuzat / Südfrankreich.
«Daß die Frau, die ihn liebte, nach ein paar Tagen» aus: Christoph Meckel. Souterrain. Gedichte. © 1984 Carl Hanser Verlag, München Wien
«Licht» aus: Christoph Meckel. Licht. Erzählung. © Nymphenburger Verlagshandlung, München 1978

Reinhard Mey, geb. 1942 in Berlin, wo er auch heute als Liedermacher lebt und arbeitet.
«Fast ein Liebeslied». © 1986 Maikäfer Musik Verlagsgesellschaft GmbH Berlin.

Joni Mitchell, geb. 1943 in Fort Mc Leod in der kanadischen Provinz Alberta, lebt und arbeitet heute in Kalifornien.
«Chinese Café»
(©) Geffen. 1986 Vertrieb WEA Deutschland Musik GmbH / Warner Communications Company

Helga M. Novak, geb. 1935 in Berlin-Köpenick. Lebt als freie Schriftstellerin in Berlin und Jugoslawien.

«große entfernung» aus: Helga M. Novak. Legende Transsib». © 1985 by Luchterhand Literaturverlag Darmstadt

Joyce Carol Oates, geb. 1938 in Lockport (New York), lehrt an der Universität Princeton / Newe Jersey.

«Einen Mann lieben, verlieren, lieben» aus: Joyce Carol Oates. Lieben, verlieren, lieben. Erzählungen. © 1980 Deutsche Verlags-Anstalt GmbH, Stuttgart

Gracy Paley, geb. 1922 in New York als Kind jüdischer Einwanderer, lebt heute in dieser Stadt und auf dem Land in Vermont.

«Liebe»

«Adieu und viel Glück» aus: Grace Paley. Adieu und viel Glück. Gesammelte Geschichten. © Suhrkamp Verlag, Frankfurt am Main 1987

Edith Piaf, geb. 19. 12. 1915 in Paris, gestorben 11. 10. 1963 in Paris.

«Ich bereue nichts» aus: Edith Piaf. Mein Leben. © Rowohlt Taschenbuch Verlag GmbH, Reinbek bei Hamburg, 1966

Elisabeth Plessen, geb. 1944 in Neustadt / Holstein, lebt als freie Autorin und Übersetzerin in Berlin und Hamburg.

«Granatapfel»

«Ich will dich nicht kleinlaut» aus:

«Dieses Leben»

«Der Widerspenstigen Zähmung»

Lutz Rathenow, geb. 1952 in Jena, lebt in Ost-Berlin.

«Erster Liebesbrief» aus: Uwe Michael Gutzschhahn (Hg.). Die Paradiese in unseren Köpfen. © 1983 by Arena Verlag Georg Popp, Würzburg

Gerlind Reinshagen, geb. 1926 in Königsberg, lebt und arbeitet als Dramatikerin und Erzählerin in Berlin.

«Die große Liebe»

Arthur Rimbaud, französischer Dichter, geb. 1854 in Charleville, gestorben 1891 in Marseille.

«Spürung» aus: Arthur Rimbaud. Das trunkene Schiff. Gedichte. (Poetische Werke, 2) © Verlag Matthes & Seitz, München 1980.

Ralf Rothmann, geb. 1953 in Schleswig, lebt als freier Autor in Berlin.

«Die Männer von morgen» aus: Ralf Rothmann. Kratzer und andere Gedichte. © Suhrkamp Verlag Frankfurt am Main 1987

Peter Rühmkorf, geb. 1929 in Dortmund, lebt und arbeitet in Hamburg-Altona.

«Aufwachen und wiederfinden»

«Außer der Liebe nichts» / «Der getreue Don Juan» aus: Peter Rühmkorf. Außer der Liebe nichts. © 1986 by Rowohlt Taschenbuch Verlag GmbH, Reinbek bei Hamburg

Helke Sander, geb. in Berlin. Professorin an der Hochschule für Bildende Künste in Hamburg. Mitglied der Akademie der Künste, Berlin.

«Frau K. und der berühmte Mann» aus: Helke Sander. Die Geschichten der drei Damen K.» © Weismann Verlag Frauenbuchverlag, München 1987

Johannes Schenk, geb. 1941 in Berlin, lebt und arbeitet in Berlin und Worpswede.
«Versuch ein Haus zu bewohnen» aus: Johannes Schenk. Café Americain. Gedichte. © 1985 Deutsche Verlags-Anstalt, Stuttgart

Brigitte Schwaiger, geb. 1949 in Freistadt / Oberösterreich. Lebt als freie Schriftstellerin in Wien.
«Zwei silberne Löffel»

Hannelies Taschau, geb. 1937 in Hamburg, lebt in Hameln.
«Äußerungen der Liebe»
«Das ist das Kreuz des Südens» aus: Hannelies Taschau. Wundern entgehen. Gedichte 1957–1984. © 1986 by Luchterhand Literaturverlag, Darmstadt

Volker von Törne, geb. 1934 in Quedlinburg. Er starb 1980.
«Fragmente» aus: Volker von Törne. Im Lande Vogelfrei. Gesammelte Gedichte. © 1981 Verlag Klaus Wagenbach, Berlin

Christof Wackernagel, Jahrgang 1951
«Nadja» aus: Christof Wackernagel. Nadja. Erzählungen und Fragmente. © 1984 by Stroemfeld / Roter Stern, Basel-Frankfurt am Main

Michael Wildenhain, geb. 1958 in Berlin, wo er heute als freier Autor lebt und arbeitet.
«August»

Bettina Wiengarn, geb. 1959, lebt in Berlin.
«Alles nocheinmal»
«L'Amour» aus: Bettina Wiengarn. Alles nocheinmal. Gedichte. © 1984 Verlag Michael Kellner, Hamburg

Karsten Witte, geb. 1944 in Perleberg (Mark Brandenburg). Lebt als freier Autor und (Film-)kritiker in Berlin.
«Zum Ersten» aus: Karsten Witte. Laufpass. Gedichte. © 1985 by Arche Verlag AG, Raabe + Vitali, Zürich

Gabriele Wohmann, geb. 1932 in Darmstadt, veröffentlicht seit den 60er Jahren Romane und Erzählungen.
«Sentimental Journey» aus: Gabriele Wohmann. Passau, Gleis 3. Gedichte. © 1984 by Luchterhand Literaturverlag, Darmstadt und Neuwied

Yoko Ono, geb. 1933 in Tokio, aufgewachsen in den USA, wo sie auch heute lebt und arbeitet.
«Your Hands»
© 1983 und 1984 by Ono Music. Für Deutschland, Österreich und Schweiz: Chappell & Co. GmbH, Hamburg